21世纪教师教育系列教材

# 课程与教学论

## （第二版）

主　编　齐　军
副主编　李　允　赵小凤

图书在版编目(CIP)数据

课程与教学论 / 齐军主编. -- 2版. -- 北京：北京大学出版社，2024. 8. -- (21世纪教师教育系列教材). -- ISBN 978-7-301-35506-0

Ⅰ. G423

中国国家版本馆CIP数据核字第2024SD1286号

| | |
|---|---|
| 书　名 | 课程与教学论（第二版） |
| | KECHENG YU JIAOXUELUN（DI-ER BAN） |
| 著作责任者 | 齐　军　主编 |
| 丛书主持 | 李淑方 |
| 责任编辑 | 李淑方 |
| 特约编辑 | 刘芝贤 |
| 标准书号 | ISBN 978-7-301-35506-0 |
| 出版发行 | 北京大学出版社 |
| 地　　址 | 北京市海淀区成府路205号　100871 |
| 网　　址 | http://www.pup.cn　新浪微博:@北京大学出版社 |
| 微信公众号 | 通识书苑（微信号：sartspku）　科学元典（微信号：kexueyuandian） |
| 电子邮箱 | 编辑部 jyzx@pup.cn　总编室 zpup@pup.cn |
| 电　　话 | 邮购部 010-62752015　发行部 010-62750672　编辑部 010-62767857 |
| 印刷者 | 河北文福旺印刷有限公司 |
| 经销者 | 新华书店 |
| | 787毫米×1092毫米　16开本　17印张　350千字 |
| | 2024年8月第1版　2024年8月第1次印刷 |
| 定　　价 | 69.00元 |

未经许可，不得以任何方式复制或抄袭本书之部分或全部内容。
**版权所有，侵权必究**
举报电话：010-62752024　电子邮箱：fd@pup.cn
图书如有印装质量问题，请与出版部联系，电话：010-62756370

# 前　言

"课程与教学论"是教师教育类课程中的一门必修课程,它是在以往课程论与教学论的基础上经过一定的整合而发展起来的。怎样在一本教材中处理好课程与教学、课程论与教学论之间的区别与联系呢？许多教材编写者进行了一定的探索,有的教材将二者并行排列,先课程论再教学论,或先教学论再课程论,这种排列简单易行,内容结构易于处理,但不能显示二者的内在关联;有的采取完全整合的方式,将课程与教学不做具体区分,这样突出了二者的联系,但有些区别被掩盖或淡化。鉴于上述两种组织方式各有优点和缺点,本教材采用适度整合、有分有合的整体排列方式。合是指在本书的整体框架上,按课程与教学的共性或密切联系点进行设计;分是指在具体的内容组织或问题探讨中,对二者在路径、范畴、策略等具有各自特点的方面,进行分别组织和排列,将二者的区别和特点呈现出来。

本教材编写以习近平新时代中国特色社会主义思想为指导,全面贯彻落实党的二十大精神,充分体现《中共中央　国务院关于全面深化新时代教师队伍建设改革的意见》《新时代基础教育强师计划》等文件中关于高水平教师教育体系建设、高素质专业化创新型中小学教师培养等方面的相关要求。本教材紧扣教育部中小学教师资格考试大纲,根据《义务教育课程方案(2022年版)》《普通高中课程方案(2017年版2020年修订)》和新修订的各学科课程标准中的主要内容及其体现出来的新变化,遵循科学性、时代性、实用性的教材编写原则,在内容的选择和组织上,系统阐述课程与教学基本原理,紧密结合基础教育课程与教学的实践,充分体现近年来国内外基础教育课程与教学改革的新内容、新趋势和新特点。

本教材编委会成员都是从事课程与教学论的教学和研究工作的专业教师,对课程与教学的基本问题有着比较全面的了解和把握,而且具有丰富的教学经验。具体内容及编写者分别是:第一章,课程与教学论概述(李允);第二章,课程与教学目标(赵小凤);第三章,课程与教学内容(刘亭亭);第四章,课程与教学的开发与设计(刘彩祥);

第五章,课程与教学实施(赵小凤);第六章,课程与教学评价(齐军、李凯);第七章,课程与教学管理(齐军、于艳玲);第八章,课程与教学改革(李宁宁、李允)。最后由齐军、李允、赵小凤负责统稿和定稿。

在本教材的编写过程中,我们参考了大量的中外论著,引用了大量的研究成果,尽管我们尽力注明出处,但仍有可能挂一漏万,在此特别加以说明并向它们的作者们致以衷心的感谢。限于时间和水平,书中错漏之处在所难免,恭请读者批评指正,以便今后再次修订时改正、完善。

感谢曲阜师范大学教育学院领导的支持和帮助;感谢北京大学出版社李淑方老师的帮助和指导。

编　者

2024/6/22

# 本 书 资 源

扫描右侧二维码标签,关注"博雅学与练"微信公众号,获得本书专属的在线学习资源。

一书一码,相关资源仅供一人使用。

读者在使用过程中如遇到技术问题,可发邮件至 shf-li2004@126.com。

任课教师可根据书后的"教辅申请说明"反馈信息,获取教辅资源。

# 目 录

## 第一章　课程与教学论概述 … 1
第一节　课程与教学的内涵 … 1
第二节　课程与教学研究的历史发展 … 13
第三节　课程与教学论的研究任务 … 24

## 第二章　课程与教学目标 … 30
第一节　课程与教学目标概述 … 30
第二节　课程与教学目标的确定 … 44
第三节　课程与教学目标的表述 … 50

## 第三章　课程与教学内容 … 56
第一节　课程与教学内容概述 … 56
第二节　课程与教学内容选择的依据与原则 … 62
第三节　课程与教学内容的组织与呈现 … 69

## 第四章　课程与教学的开发和设计 … 86
第一节　课程开发的过程 … 86
第二节　课程设计的模式 … 98
第三节　教学设计的过程 … 108
第四节　教学设计的模式 … 111

## 第五章　课程与教学实施 … 126
第一节　课程与教学实施概述 … 126

第二节 课程实施的取向与模式 …………………………………… 139
第三节 教学过程的原则与方法 …………………………………… 143

## 第六章 课程与教学评价 …………………………………………… 164
第一节 课程与教学评价概述 ……………………………………… 164
第二节 课程与教学评价的类型 …………………………………… 171
第三节 课程与教学评价的实施 …………………………………… 175

## 第七章 课程与教学管理 …………………………………………… 193
第一节 课程与教学管理概述 ……………………………………… 193
第二节 课程管理模式 ……………………………………………… 198
第三节 课堂教学管理 ……………………………………………… 214

## 第八章 课程与教学改革 …………………………………………… 226
第一节 课程与教学改革的动因 …………………………………… 226
第二节 国外课程与教学改革 ……………………………………… 233
第三节 我国课程与教学改革 ……………………………………… 246

# 第一章 课程与教学论概述

**学习目标**

1. 理解课程与教学的内涵,明晰课程与教学的关系。
2. 理清课程与教学研究的发展脉络,了解不同阶段的主要特点。
3. 了解课程与教学论研究的任务,认识学习课程与教学论的意义。

在学校生活中,教师和学生每天都在频繁地接触着课程与教学,但对课程与教学的相关学术问题并不一定都能清楚。那么,什么是课程与教学?课程与教学之间是怎样的关系?课程与教学是怎样发展变化的?为什么要学习课程与教学论?这就是本章需要梳理和回答的主要问题。

## 第一节 课程与教学的内涵

**案例 1-1**

从宏观上讲,课程与教学的理论研究有两类措辞方式:一类是"大教学论"或"普通教育学"的方式,以夸美纽斯、赫尔巴特、凯洛夫为代表的学术措辞对中华人民共和国成立以后四十年教学论的理论话语影响颇深;另一类是"大课程论"或"课程研究"的方式,以博比特、泰勒、派纳、多尔为代表,对我国20世纪90年代以后的课程研究的话语方式影响颇深,使教育学研究队伍的"中生代"(以60后为主)的理论用语带有英语构词法的痕迹。但这两类不同的措辞方式及其形成的关于课程与教学关系的理论成果,都是有争议的,其中主要原因在于两类措辞方式都缺乏本土化语言的历史文化根基。

资料来源:熊和平.课程与教学的关系:七十年的回顾与展望[J].高等教育研究,2019(6):40-51.

什么是课程与教学?这是课程与教学研究的逻辑起点问题。课程与教学是两个普遍存在但又十分复杂的概念,不同时期、不同学者对此有着不同的理解。

## 一、课程的内涵

课程是一个不断发展变化的概念,不同的人从不同的角度对其会有不同的理解。对课程内涵本身的歧见,不仅引起了课程理论研究中的纷争,还导致课程实践重心的摇移。但对课程内涵的揭示又是课程论研究中的一个基本问题,因此,辨析课程概念的内涵,对于课程理论的建构和课程实践的深化具有重要的奠基作用。

### (一)"课程"一词的词源考略

从词源上看,在我国,"课程"一词始见于唐宋期间。据考证,"课程"一词在汉语文献中最早出现在唐朝孔颖达在《五经正义》里为《诗经·小雅·巧言》中"奕奕寝庙,君子作之"句注疏:"以教护课程,必君子监之,乃得依法制。""奕奕寝庙,君子作之"直解为"好大的殿堂,由君子主持建成","奕奕"形容宏伟状;"寝庙"指殿堂、庙宇,比喻伟大的事业;"君子"指有德者。全句的意思是"伟大的事业,乃有君子维持",这里的"课程"指的是"伟业",其含义远远超出了学校教育的范围。宋代朱熹在《朱子全书·论学》中多次提及课程,如"宽着期限,紧着课程""小立课程,大作功夫"等。尽管他没有对课程进行明确界定,但意思还是清楚的,意为功课及其进程。

在西方教育史上,"课程"(curriculum)一词最早出现在英国著名教育家斯宾塞(H. S. Spencer)的《什么知识最有价值》一文中。它是从拉丁语"currere"一词派生出来的,意思是"跑道"(race-course)。根据这个词源,最常见的课程定义是"学习的进程"(course of study),又称为学程,这一解释在英文字典中很普遍。课程既可以是指一门学程,又可以指学校提供的所有学程。

### (二)见仁见智的"课程"概念

对于"课程"一词,无论在意义的广狭上,还是在概念的外延与内涵上,中外课程论研究者有不同的见解。下面对见仁见智的课程定义略加归纳,把有代表性的观点列举如下。

**1. 课程即学问和学科(学科本质观)**

把课程视为学问和学科,在历史上由来已久。我国古代的课程有"礼、乐、射、御、书、数"六艺;欧洲中世纪初的课程有"文法、修辞、辩证法、算术、几何、音乐、天文学"七艺,都是强调学问的分科课程。时至今日,把课程等同于学问和学科的观点仍很普遍。美国哥伦比亚大学荣誉教授费尼克斯(P. H. Phenix)在《课程面临的抉择》一文中明确提出:"一切的课程内容应当从学问中引申出来。或者换言之,唯有学问中所包含的知识才是课程的适当内容。"[1]按照费尼克斯的观点,学问知识是课程的唯一源泉。目前,我国《辞海》《教育大辞典》《中国大百科全书》及众多的"教育学"教材中,也大多将课程等同于学问和学科,或者指学生学习的全部学科——广义的课程,或者指某一门学科——狭义的课程。

对于"课程即学问和学科"这一定义,批评者认为虽然概括了课程的主题,但却是不完全的,因为学校为学生提供的学习已远远超出了课程的学问和学科范围。实际上,在学校中,学生除了从学问和学科课程中学到知识外,还可以通过活动和社会实践等学到更为广泛的知识。另外,如果把课程局限于学科知识范围,把学生的学习生活局限于课堂这一狭小的空间,容易导致学生生活单调枯燥,缺乏生气。因而,完整的课程不应当只是学问和学科。[2]

2. 课程即学习经验(经验本质观)

把课程视为"学习经验"是20世纪30年代以来,相当受重视且影响深远的课程定义。但从其渊源上看,这种定义是由美国实用主义教育家杜威(John Dewey)在20世纪初提出的。杜威根据实用主义的经验论,把课程看作是学生在校内通过各种活动获得的学习经验。这种定义的基本思想是:只有个体亲身的经历才是学习,课程就是让受教育者体验各种各样的经历。鉴于学习经验过于宽泛而难以把握,一些学者试图对学习经验做出"有计划的""有意图的""有指导的"等限定。

把课程定义为学习经验是试图把握学生实际学到了什么,并希望把课程的重点从教材转向个人。从理论上讲,把课程作为个人的经验似乎很有吸引力,但这种定义过于宽泛,在实践中让人难以把握。美国课程专家坦纳夫妇(D. Tanner & L. N. Tanner)就曾列举出经验课程的不足之处:① 未能指出何种经验应由学校或其他机构提供;② 可能排除了系统化的知识;③ 即使在教师的指导下,也可能包含好的和不好的经验;④ 未指出经验所要达到的结果,似乎以学习经验为目标。[3]

3. 课程即预订的教学计划(手段本质观)

这种观点认为,课程即"教育计划""学习计划"或"培养方案"。美国课程论专家比彻姆(G. A. Beauchamp)认为:"课程是书面文件,可包含许多成分,但它基本上是学生注册入学于某所学校期间受教育的计划。"同时还指出,一个理想的课程计划应该包括:① 说明用这个计划文件作为指导规划教学策略的意图;② 说明为学校提出的目的,以及为此目的而设计的课程;③ 说明为实现这个目的可能需要的使用方法;④ 说

---

[1] 钟启泉. 现代课程论[M]. 上海:上海教育出版社,1989:115.
[2] 靳玉乐. 课程定义的批判分析[J]. 焦作教育学院学报(综合版),2001(1):4-9.
[3] TANNER D, TANNER L N. Curriculum Development:Theory into Practice[M]. New York:Macmillan Publishing Co.,1980:15-16.

明测定课程和课程体系的价值及效果的评价方案。① 我国也有一些学者持有类似的观点,如吴杰在其《教学论》一书中称:"课程是指一定学科有目的、有计划的教学进程。这个进程有量、质方面的要求,它也泛指各级各类学校某级学生所应学习的学科总和及其进程和安排。"②

对于这一课程定义,批评者的焦点主要集中在以下三个方面:第一,将课程视为预设的教学计划,而忽视学生的实际体验,从而造成在课程实践中的本末倒置现象,即把教学计划作为目的,而恰恰忽视了这些计划的真正意义——为促进学生的学习与发展服务。第二,实践证明,在教学活动中,事先安排好的计划并不是一成不变的,它常常要根据具体的教学情境进行必要的调整和更改,况且还有许多教学活动是非计划性的,所以,课程体系中不应忽视那些计划外的内容。第三,把教学计划等同于课程,显然混淆了课程与教学的概念。一般说来,教学是课程实施的主要途径,教学计划即课程实施的方案,而把教学计划(课程实施方案)与课程画等号,则明显缩小了课程的外延,犯了包容过小的逻辑错误,导致课程研究的狭窄化。③

4. 课程即预期的学习结果或目标(目标本质观)

这一定义在北美课程理论中有较大影响。博比特(F. Bobbitt)、加涅(Robert Gagne)、约翰逊(M. Johnson)等人认为,课程不应该是教学活动计划,而应该直接关注预期的学习结果或目标,把重点从手段转向目的。这就要求在进行课程设计时,事先制定一套有结构、有序列的教学目标或学习结果,所有教学活动都是为达到这些目标服务的。这一定义的一个主要意图是区分课程和教学这两个概念,如约翰逊认为,课程是教学的指南,课程必须被看作"期待的,而非报告式的",课程"规定教学的结果"但"并不规定教学的手段以及教学的内容",因此,课程只能由"预期的学习结果的构造系列"组成。④

研究表明,所预期应该发生的事情与实际发生的事情之间总是存在着差异。在课程实践中,预期的学习目标是由课程决策者制定的,教师作为课程实施者,尽可能按照这些目标组织课堂教学活动。在客观上,课程目标的制定过程与实施过程是分离的,两者不可能完全一致。因此,有人提出,制定目标与实施目标之间的差距,应该成为课程研究的基本焦点。另外,把焦点放在预期的学习结果上,会忽略非预期的学习结果。而研究表明,师生互动的性质、学校文化或隐性课程对学生的成长有很大的影响。所以尽管从表面看,所有学生似乎都已达到预期的学习结果,但这种结果对不同的学生产生的实际效果是有差异的。

---

① BEAUCHAMP G A. Curriculum Theory(2d.)[M]. Wilmette, IL: Kagg Press, 1968: 6.
② 吴杰. 教学论——教学理论的历史发展[M]. 长春: 吉林教育出版社, 1986: 5-6.
③ 靳玉乐. 课程定义的批判分析[J]. 焦作教育学院学报(综合版), 2001(1): 4-9.
④ JOHNSON M. Definitions and Models in Curriculum Theory[J]. Educational Theory, 1967, 17(2): 127-140.

### (三)课程概念的基本认识

课程作为学科、经验、计划和目标的相关定义,相互之间并非完全对立,事实上,它们在不同形态的课程中,可以各得其所,相互补充,相得益彰。探讨课程本质不是为了寻找一种永恒不变的定义。了解各课程观点有助于我们看到课程的丰富性与复杂性,在进行课程设计和实施时,需要全面考虑学科、经验、社会的作用,吸纳各课程观的合理成分,保持适度平衡,克服实践中的偏颇,从而进行明智的抉择。全面地对课程进行界定,主要从课程的范围和层次两个角度进行把握。

**1. 课程概念的范围**

从课程概念的范围进行分析,课程由小到大可以分为以下四种。

(1) 最狭义的课程概念。课程是指某门学科甚至某本教材。

(2) 狭义的课程概念。课程是指为实现各级各类学校的培养目标而规定的教学科目及其目的、内容、范围和比例的总和。它以课程计划为基本框架,包括各门学科以及各门学科所包含的知识技能、价值观念和行为规范。

(3) 广义的课程概念。课程不仅指在课程计划、课程标准、教材中规定的,有计划实施的显性信息,同时还包含由学校生活质量、教师态度、教学活动等传递的隐性内容,这些内容虽未经计划,但潜移默化地影响着学生的发展。

(4) 最广泛的课程概念。课程既包含校内的正规教育内容,也包含校外非正规、非正式的教育内容。凡是对学生发展产生影响的活动,都可纳入课程的范畴。

**2. 课程概念的层次**

不同的课程有时是指不同层次上起作用的课程。课程从计划、编制到实施,从课程决策者、编制者到教师和学生,经历了多种转换。事实上,有些课程定义关注的是某一层次上的课程,而有些则把焦点放在另一层面上。当然,关注不同层次的课程,本身也反映了定义者的基本观点和取向。

美国学者古德莱德(J. I. Goodlad)认为,人们在谈论课程时,往往是站在不同的层面上去理解。在他看来,课程自上而下,从理论到实践可以分为五个层次。[①]

(1) 理想课程(ideal curriculum)。它是由研究机构、学术团体和课程专家提出的应该开设的课程,他们较多的是从理论和实践的角度论证课程开设的意义或

---

① 靳玉乐.课程定义的批判分析[J].焦作教育学院学报(综合版),2001(1):4-9.

必要性。这种课程能否由理想成为现实,取决于它是否能被官方采纳。

（2）正式课程(formal curriculum)。它是由教育行政部门规定的课程计划、课程标准和教材,也就是已经被列入学校课程表中的课程。

（3）感知课程(perceived curriculum)。它是指被任课教师所感知的课程。由于不同教师对正式课程会有各种不同的理解和解释方式,因此教师对课程"实际上是什么"或"应该是什么"的感知,与正式的课程实践会有一定的差异,从而影响正式课程的某些预期的目标。

（4）运作课程(operational curriculum)。它是指在课堂上实际实施的课程。由于课程的运作需要教师根据学生的实际情况加以调整,教师领会的课程与实际运作的课程也会有一定的差距。

（5）经验课程(experiential curriculum)。它是指学生实际体验到的课程。由于每个学生对事物的看法和理解都有自己的个性特点,不同的学生对于同样的课程会产生不同的体验。

综上可见,课程是一个多角度、多层面且不断发展的概念,永恒不变的课程定义是不存在的。对于教育工作者而言,重要的不是选择何种固定的课程定义,而是要意识到各种定义的指向性。对于学习者而言,也应从多层面、多角度理解和把握课程定义。"广义的课程即学生在校期间所学的内容的综合及其进程的安排""狭义的课程特指一门学科及其进程",这是目前在教科书和一些文件中常见的定义。这种定义既包括静态的"课",又包括动态的"程"。

在我国,课程的具体表现形态有三种,即课程方案、课程标准和教科书。课程类型也是多种多样的,按课程内容的固有属性,可以将课程分为学科课程与活动课程;按课程内容的组织方式,可以将课程分为分科课程与综合课程;按对学生的要求进行划分,课程又可分为必修课程与选修课程;按课程设计、开发管理的主体,课程分为国家课程、地方课程和校本课程;按课程的表现形式或对学生的影响方式,可以将课程分为显性课程与隐性课程。(具体分析参见本书第三章第三节)

## 二、教学的内涵

"教学是什么?"这是教学理论研究中的一个基本问题,是不能避而不答的问题,但教学有关悠久的历史,其内涵丰富,辨析教学概念的内涵,必将有益于教学理论的建构和教学实践的深化。

### (一)"教学"一词的词源考略

在我国,关于"教学"一词,早在商朝甲骨文中就出现了"教"和"学"二字。"教学"二字连用为一词,最早见于《书经·尚书·兑命》:"敩学半"(敩 xiào,同教)。《学记》中引用它作为"教学相长"思想的经典依据:"学然后知不足,教然后知困。知不足,然后能自反也;知困,然后能自强也。故曰,教学相长也。"宋朝蔡沈对"敩学半"的注释是:"敩,教也……始之自学,学也;终之教人,亦学也。"其意为:一开始自学,这自然是学;学了以后去教人,这也是学。这里的"教"与"学"实际上都是指教师的行为,是说教师的"教"与"学"是辩证的、对立统一的,是相互依赖、相互促进的。《学记》开宗明义地指出:"建国君民,教学为先。"这里的"教学"含义非常宽泛,几乎与"教育"同义,与我们今天所指的课堂教学中的"教学"有很大不同。据考证,"教学"一词真正代表教师的"教"和学生的"学"意蕴的是在宋朝欧阳修所写的《胡先生墓表》中:"先生之徒最盛,其在湖州之学,弟子去来常数百人,各以其经转相传授。其教学之法最备,行之数年,东南之士莫不以仁义礼乐为学。"

**知识卡片 1-1**

**教、学的甲骨文写法**

在英语世界里,涉及教学所对应的单词有 teach(教、教导)、learn(学、学习)和 instruct(教导)。Teach 和 learn 最早表达的是同样的意思,也是可以通用的。

Learn 来自中世纪英语中 lernen 一词,意思是学习或教导。Lernen 来源于盎格鲁-撒克逊语言中 lernian 一词,其词干是 lar,lar 是 lore 一词的词根。Lore(经验知识)本来的意思是学习或教导,但现在被用来指所教的内容。因此可以说,learn 和 teach 是由同一词源派生出来的。

Teach 一词还有另一种派生形式。它源于古英语中 taecan 一词,taecan 又是从古条顿语中 taikjan 一词派生出来的。Taikjan 的词根是 teik,意思是拿给人看,它又可通古条顿语以前的 deik 一词,一直追溯到梵语中的 dic。与 teach 一词有关系的还有 token(符号或象征)。Token 来源于古条顿语 taiknom,它与 taikjan 是同源词,古英语中 taecan 的意思是教。所以,token(符号或象征)与 teach(教导)从历史上看是相互联系的。根据这一派生现象,教学就是通过某些符号或象征向某人展示某事物,利用符号或象征唤起某人对事件、人物、观察、发现等的反应。在这一派生现象中,teach 与使教学得以进行的媒介相联系。

与我国古代汉语中的"教"源自"学"不同,英语中的 teach 与 learn 是同一词派生出来的,learn 与所教的内容相联系,teach 与使教学得以进行的媒介相联系。由于词义的发展是基于分析的逻辑,即不是两者兼取(both-and)而是两者择一(either-or),所以英语中的教与学逐渐分化,指的是两种不同的活动、两个不同的概念,与汉语涵盖教与学两方面的"教学"概念存在明显差异。不过,我们有时会在一些英文文献中见到 teaching-learning 一词,这一合成词与我国通常所理解的教学形式可以等同。

至于 teach 和 instruct 这两个词的释义,确实还有分歧。例如,有人认为,前者多与教师的行为相联系,作为一种活动;后者多与教学情境有关,作为一种过程。但绝大多数学者还是把它们当作同义词,可以互相替代。[①]

### (二)见仁见智的"教学"概念

教学是一个发展中的概念,人们对教学的看法由于角度不同,突出点不同,有比较大的差异,从而存在多种定义,其中我国有代表性的定义有如下三种。

#### 1. 教学即教授

19 世纪末 20 世纪初,我国较为流行的观点是教学即教授,意为教师的教。当时由于科举制度刚刚废除,新式学校开始兴办,专职教师极为短缺,加之受德国教育家赫尔巴特教学法的影响,人们非常重视教师的"教"。"怎样教"的问题便使教学演化为"教授"。在西方,"teach"这个词从其词源的词根上分析,也有"说明"的意思。这与我国的教学即教授、讲授有一致之处,偏重教师"教"的一面。

#### 2. 教学即教学生学

教学的这种定义与我国著名的教育家陶行知有关。1917 年,陶行知从美国学成回国后,考察了许多学校,对当时我国的学校教育状况极为不满,认为"先生只管教,学生只管受教","论起名字来,居然是学校;讲起实在来,却又像教校。这都是因为重教太过,所以不知不觉的就将他和学分离了"。在他看来,"先生的责任不在教,而在教学,而在教学生学"[②]。因此,他极力主张把"教授"改为"教学",并将南京高等师范学校全部课程中的"教授法"改为"教学法",这样"教学"就有了"教学生学"的语义。这种语义显然是受美国教育哲学家杜威"学生中心"思想的影响。

#### 3. 教学即教师的教与学生的学

中华人民共和国成立后,我国在全面学习苏联教育学家凯洛夫(Kairov,Ivan Andreevich)主编的《教育学》时,了解到苏联教育家对"教学"所下的定义是:"教学过程一方面包括教师的活动(教),同时也包括学生的活动(学)。教和学是同一过程的两个方

---

① 王图.论道德教学之可能及其限度[D].济南:山东师范大学,2006:14-15.
② 董宝良.陶行知教育论著选[M].北京:人民教育出版社,2015:32.

面,彼此不可分割地联系着。"①于是我国学者就接受了这种定义:教学是教师的教和学生的学统一的活动。我国的教育学或教学论教科书以及教育方面的辞典中大多采用这种解释,这种观点也已经普遍被人们接受。

> 知识卡片1-2
>
> 1. 所谓教学,乃是教师教、学生学的统一活动;在这个活动中,学生掌握一定的知识和技能,同时,身心获得一定的发展,形成一定的思想品德。
> ——王策三.教学论稿[M].2版.北京:人民教育出版社,2005:87.
> 2. 教学就是指教的人指导学的人进行学习的活动。进一步说,指的是教和学相结合或相统一的活动。
> ——李秉德.教学论[M].北京:人民教育出版社,2000:2.
> 3. 教学是以课程内容为中介的师生双方教和学的共同活动。
> ——顾明远.教育大辞典[M].上海:上海教育出版社,1990:178.

### (三) 教学概念的基本认识

如何给"教学"下一个稳定的定义,是教学理论研究中的基本问题。在对教学概念进行梳理的基础上,我们对现代教学做出如下思考。

1. 教学是多层面的活动

王策三先生曾对教学的不同含义做过多层面的归纳。②

(1) 最广义的理解。一切学习、自学、教育、科研、劳动以及生活本身,都是教学。

(2) 广义的理解。在这种理解下,教学已不再是某些自发的、零星的、片面的影响,从内容到目的都体现出有目的、有领导、全面的影响。

(3) 狭义的教学,指教育的一部分或基本途径。通常所说的教学就是这一种理解。

(4) 更狭义的教学。在有的场合下,教学被理解为使学生学会各种活动和技能的过程。如教小学生阅读、写字、算术,有"训练"的意思。

(5) 具体的教学。以上四种类型的教学都是抽象的,事实上,教学是具体的,都是与一定的时间、地点和条件联系在一起的。一旦谈到具体的教学,那么教学本身以及

---

① [苏联]凯洛夫.教育学[M].陈侠,等译.北京:人民教育出版社,1957:130.
② 王策三.教学论稿[M].北京:人民教育出版社,1985:86-88.

关于教学的观点就更加多样了。

一般教科书和教学论中所研究的教学主要是狭义的,教学主要指"教育的基本途径",而且多指的是课堂教学。

2. 教学是教与学的统一

首先,教不同于学。在课堂教学情境中,教主要是教师的行为,学主要是学生的行为。教师与学生之间存在着差异,教与学之间也存在着差异。教主要是一种外化过程,学主要是一种内化过程。正因为教师与学生之间、教与学之间存在着差异,教师与学生之间的交往才有价值。

其次,教与学互相依赖。教与学之间互为基础、互为方向。在课堂教学情境中,教师的教就意味着学生的学,学生的学也内含着教师的教,这是同一个过程。在教学情境中,不存在没有教的学,也不存在没有学的教。

最后,教学过程是师生交往的过程。在教学过程中,教师和学生都是主体,而且是人格绝对平等的主体。教师与学生之间的关系是主体与主体,即交互主体的关系。学生有其独立人格,独特的精神世界,独特的认知、情感态度与价值观念,有选择教学过程的权利,学生是教学过程的主体。教师是教学交往的另一方,教师"闻道在先",担负着教学过程的组织者、引导者、咨询者、促进者的角色,教师也是教学过程的主体。教师与学生之间不是单向的主体和客体的关系,不是塑造与被塑造的关系,而是复杂多向的交往关系。[①]

3. 教学是一种探究活动

教学本质上就是一种探究。教师从事教学的工作对象是活生生的、健康的人,而不是相对静止的物,是教学工作与其他工作的区别所在。这种工作特性要求教师必须积极探究,并及时解决教育情境中的不确定性、即时性与多面性。

通过上述分析,我们可以对教学定义做出如下归纳:教学是教师与学生以课堂为主要渠道的交往探究过程,是教师的教和学生的学相统一的活动。通过这个交往和探究活动,学生掌握一定的知识技能,形成一定的能力态度,人格获得一定的发展。

## 三、课程(论)与教学(论)的关系

我们在考察了课程与教学各自的内涵之后,顺应逻辑分析的原则,将关注点投向课程与教学的关系上。在教育研究中,存在着课程与教学两个领域;在教育学科

---

① 袁生武.汉语教学改革的成就及尚待解决的问题之我见[J].语言与翻译(汉文),2002(4):60-63.

中,有着相应的课程论和教学论两门学科。然而,目前对于课程(论)与教学(论)的关系问题,国内外均未取得一致意见,下面对国外和国内相关观点做简要的梳理和分析。

**(一) 国外的三种模式**

在欧美,对课程(论)与教学(论)之间关系的看法,有四种不同的主张,形成了三种不同的模式。[①]

1. 二元独立模式

这种模式认为,课程与教学独居其位,两者没有"接触",相互之间存在巨大的"鸿沟"。课程与教学之间是彼此独立、互不依赖的。根据这种观点,教师指导下的课堂里发生的事情与人们计划好的课堂里应该发生的事情之间没有关系。课程规划者忽视了教师,反过来也被教师所忽视。课程研究与它们在学校中的教学实际应用分离开来,两者会独自变化而互不影响。

2. 包含模式

这种模式又有两个变式:一是大教学小课程,即认为教学是上位概念,课程包含于其中。这种观点在苏联以至当今的独联体国家仍具有较大影响。这种观点隐含有将课程视为教学中的教学内容的倾向,如把课程定义为"学校教育科目及各科教材,也就是教学内容"。这样,课程就成了教学中的一个基本要素。二是大课程小教学,即把课程理解为上位概念,课程的内涵和外延都相对扩大。这种观点在北美影响较大。这种观点隐含有将教学视为课程实施的倾向,即认为教学过程就是课程计划在课堂教学中进行实施与落实的过程。在这种认识里,教学又成了课程中的一个基本要素。

3. 循环模式

这种模式认为,课程与教学是两种系统,虽相对独立,但存在互为反馈的延续关系,课程不断地对教学产生影响,反之亦然。西方学者提出的三个隐喻可以说明这种观点。

隐喻一:课程是一幢建筑的设计图纸;教学则是具体的施工。

隐喻二:课程是一场球赛的方案;教学则是球赛进行的过程。

隐喻三:课程是一篇乐谱;教学则是作品的演奏。

该模式意指教学决定在课程决定之后,且在教学决定付诸实施与评价之后,根据成效,修正课程决定。这一过程周而复始,永不终止。在该模式中,课程与教学如图

---

[①] 崔允漷.课程与教学[J].华东师范大学学报(教育科学版),1997(1):54-60.

1-1所示,虽为分开的实体,但是均为一个圆周的一部分,两个实体彼此相互调适与改良。

### (二)我国的三种不同见解

我国的课程与教学论研究一方面继承过去的传统,另一方面借鉴西方的成果,并从课程与教学改革实践中吸收营养,在课程与教学的关系问题上,出现了三种不同的观点。

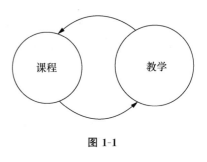

图 1-1

#### 1. 教学(论)包含课程(论)

20世纪四五十年代,以凯洛夫的教育学思想为代表的苏联教育学对我国的教育学发展产生重要影响。苏联教育学主要研究教学内容,很少研究课程内容,重视教学论,轻视课程论。改革开放后,我国恢复课程论学科,课程与教学、课程论与教学论的关系问题也由此产生,一些学者以大教学论的思维来认识两者的关系,将课程(论)包含于教学(论)之中。

#### 2. 相互独立论

在课程与教学关系问题的讨论中,以陈侠为代表的另外一些学者则提出,课程研究是一个独立的领域,课程论是独立于教学论的一门教育学的下位分支学科。这种观点受美国学者比彻姆(G. A. Beauchamp)的影响较大,比彻姆将课程理论和教学理论并列看待,认为二者有各自的研究领域,没有必要把课程论包含在教学论之中,如果将课程论放在教学论里讲,课程论会受到一定的限制,会束缚这门学科的发展。我国之所以要建立课程论这门学科,"是因为课程是实现教育目标的手段,课程编订的好坏,决定着教育质量的高低,决定着教育目标能否完满实现"[①]。所以,课程论应该从教学论中独立出来。

#### 3. 课程与教学整合论

课程与教学、课程论与教学论相互独立的主张,虽然有助于促进课程与教学研究的发展,但也产生了课程研究与教学研究相互割裂的倾向。针对此问题,我国有些学者在相关研究和探讨中,提出了课程(论)与教学(论)整合的新主张,譬如高文提出"课程与教学一体化",张华提出"课程与教学整合论"。

### (三)课程与教学关系的基本认识

综合国内外有关课程与教学关系的基本观点,我们不难发现课程和教学这一对概念既有着紧密的联系,但又存在着一定程度的分离与差异,简单地将课程纳入教学或将教学纳入课程抑或将两者截然分开的观点都是不科学的。然而,尽管要想准确地描

---

① 陈侠.课程论的学科位置和它同教学论的关系[J].课程·教材·教法,1987(3):24-27+3.

述出课程和教学的关系是非常困难的,但是学界对于下列几点似乎已经达成共识。

其一,课程与教学既有关联,又是各不相同的两个实体。课程强调每一个学生及其学习的范围(知识、活动或经验),教学强调教师的行为(讲授、辅导或咨询)。

其二,课程与教学肯定存在着相互依存的交叉关系,而且这种交叉不仅仅是平面的、单向的。

其三,课程与教学虽是可以分开进行研究与分析的实体,但是不可能在相互独立的情况下各自运作。

基于上述共识,可以将课程与教学的关系表述为,课程是为有目的的学习而设计的内容,教学则是达到教育目的的手段;课程理论与教学理论之间必然存在着各种联系和交叉重叠部分,课程理论必然会考虑到课程实施问题,而教学理论则肯定会涉及与教学方法相关的教学内容问题。[①]

## 第二节　课程与教学研究的历史发展

> **案例 1-2**
>
> 　　西南师范大学熊明安教授主编的《中国教学思想史》是第一部全面系统叙述和研究中国教学思想发展的专著。该书从历史的角度探讨教学理论、教学过程、教学原则、教学内容、教材、教学方法与教学组织形式等教学基本问题的产生、形成和发展变化情况,以及在各个不同历史阶段的教学活动中的表现,研究其变化发展的特点,探索共同的规律。通过分析,该书得出结论:"中国古代教学思想在学校教育类型逐渐多样化、层次结构日益复杂化的长期教学实践中,形成了一个较为完备的教学论体系。"同时指出,"那种认为中国古代缺乏系统的教学原理的观点"是站不住脚的。
> 资料来源:张传燧.中国教学论史纲[M].长沙:湖南教育出版社,1999:2-3.

古代学校建立后,教学活动得到发展,促进了教育工作者对课程与教学问题进行深入、系统的思考,这些思考延绵不断,逐渐汇集成丰富的课程与教学思想,形成了关于课程与教学的系统理论。从课程与教学思想的历史发展看,作为一个独立的领域,

---

① 施良方.试论北美教学理论的形成与发展——兼论教学理论与学习理论、课程理论关系[J].教育研究,1993(1):53-60.

系统的教学研究早于系统的课程研究。本着历史与逻辑统一的原则,我们先梳理教学论发展的脉络,然后再回顾课程论的发展历程。这样也有利于理解课程与教学之间的区别与联系。课程与教学思想从起源、发生、发展的总体路径看,都经历了萌芽期、建立期和繁荣期三个阶段。

## 一、萌芽阶段的课程与教学思想

在课程与教学思想的发展过程中,经历了漫长的萌芽时期。这一时期,教学和课程研究还处于萌芽阶段,不存在现代意义上的课程与教学理论。人们关于课程与教学思想的论述多是经验的总结、感性的描述,尚未将"课程""教学"作为独立的对象加以研究,有关课程与教学思想也只是散见于哲学、政治学等著作中,没有相对完整的理论体系。

### (一)教学思想的孕育

古代教学经验的长期积累孕育了最初的教学思想,其源头可追溯到我国春秋战国时期与西方古希腊时期。我国春秋战国时期涌现出一大批教育家,如孔子、孟子、荀子、老子、庄子,他们阐发了众多著名的教学主张。

《论语》是一部集中体现孔子教学思想的儒家经典教育著述。它以语录体和对话体的形式记载了孔子及其弟子的言行,其中包括"有教无类""因材施教""博约相依""学思结合"等教学主张,是古代教学思想的宝库。

 **知识卡片 1-3**

**《论语》中的经典名句**

1. 学而不思则罔,思而不学则殆。(《为政》)
2. 学而时习之,不亦说乎。(《学而》)
3. 知之者不如好之者,好之者不如乐之者。(《雍也》)
4. 求也退,故进之;由也兼人,故退之。(《先进》)
5. 兴于诗,立于礼,成于乐。(《秦伯》)

《礼记·学记》被认为是世界上最早专门论述教育、教学问题的著作,它成书于战国晚期,相传为孟子的学生乐正克所著。《学记》言简意赅,通篇虽只有 1229 个字,却较为系统地阐明了教育目的、教育制度、教学原则、教学方法、教师地位、教师素质、师生关系等主张,对后世教学思想的发展产生重要影响。

>  **知识卡片 1-4**
>
> **《学记》中的经典名句**
>
> 1. 是故学然后知不足,教然后知困。知不足,然后能自反也。知困,然后能自强也。故曰:教学相长也。
> 2. 独学而无友,则孤陋而寡闻。
> 3. 故君子之教,喻也。道而弗牵,强而弗抑,开而弗达。道而弗牵则和,强而弗抑则易,开而弗达则思。和易以思,可谓善喻矣。
> 4. 大学之法:禁于未发之谓豫;当其可之谓时;不陵节而施之谓孙;相观而善之谓摩。此四者,教之所由兴也。

在西方,古希腊的苏格拉底、柏拉图、亚里士多德阐述了各自的教学思想,比如苏格拉底的"产婆术",相关教学思想还见于柏拉图的《理想国》、亚里士多德的《尼各马可伦理学》等著作中。古罗马昆体良系统地总结了罗马教学成就和自己的从教经验,写出了古代西方第一部教学法专著《雄辩术原理》(也译《论演说家的教育》)。

**(二)课程思想的前期准备**

尽管课程设置与学校相伴而生,但跟教学研究相比,课程问题的探究则比较松散,课程思想的前期准备时间相对较长。中国有着悠久的教育传统,尽管没有孕育出系统的课程理论,但还是蕴涵着丰富的课程思想。战国时期的《学记》提出课程设置思想:"比年入学,中年考校。一年视离经辨志;三年视敬业乐群;五年视博习亲师;七年视论学取友,谓之小成;九年知类通达,强立而不反,谓之大成。"这可能是世界上最早关于课程设置的精彩论述。孔子在课程方面的一项重要贡献,是他整理了《诗》《书》《礼》《乐》《易》《春秋》,即"六经",并使之成为儒家教育的经典教材。我国古代的课程思想以儒家思想为主,董仲舒、韩愈、朱熹、王夫之等著名教育思想家均有对课程问题的独到见解。

古希腊是西方教育的源头,也是西方课程思想最初的发源地。在斯巴达和雅典的教育体系中产生了两种截然不同的课程体系:斯巴达教育的课程主要围绕军事体育教育设置,如赛跑、跳跃、掷铁饼、投标枪、角力等军事五项;而在奴隶制民主政治和商业贸易基础上形成的雅典教育,其课程充分体现了和谐教育的思想,在各个教育阶段都分别设置文化、艺术、体育等方面的课程。以古希腊教育的课程实践为主,雅典的智者派创立了"三艺"课程,即文法学、修辞学、辩证法,加上在古希腊各种学校里普遍实行的"四艺"(算术、几何、天文、音乐),形成了"七艺"的雏形。

17 世纪到 19 世纪,欧洲各国民主主义思潮兴起,生产力的进步,加之教育科学、心理科学的发展,使得近代学校课程发生了重大变化。在这一阶段,对课程思想的丰富和发展做出重要贡献的是夸美纽斯、赫尔巴特、斯宾塞、杜威等人。夸美纽斯在其"泛智"教育思想的指导下,在为当时的国语学校、拉丁学校设计课程体系时,提出和论证了第一个具有现代意义的课程体系。他认为,国语学校除了读、写、算和教义问答之外,还应增加几何测量、自然常识、地理、历史、唱歌和手工技艺等课程。拉丁学校除了"七艺"外,要增加物理、地理、历史,以及拉丁语、希腊语、本民族语和一门现代外语课程。

赫尔巴特对于课程理论的主要贡献,在于将心理学与课程连接起来,使得课程获得重要的理论基础,这在课程论的发展史上是极为关键的一步。赫尔巴特认为,教育的主要任务之一在于激发和培养受教育者多方面的兴趣,他以兴趣为依据,提出和论证了课程思想,指出需要开设相应的各种课程以培养学习者的兴趣。

英国教育家斯宾塞是课程发展历史上的重要人物,他从个人生活和发展需要分析教育及课程的目的,提出了各种学科相关价值的功利主义课程思想。他认为,教育的职责是"为完满生活做准备",那么,教育又该选择什么样的内容帮助个人过完满生活呢?斯宾塞的《教育论》一书中,喊出了他的著名口号"什么知识最有价值?"他认为一致的回答是"科学",并提出了他为"五种完满生活"设计的五类科学课程。

美国教育家杜威1902年出版《儿童与课程》一书,提出"教材心理学化"的构想,并于1896—1904年在芝加哥大学实验学校开展了独创性课程实验。杜威倡导课程活动化,主张"学校科目相互联系的真正中心,不是科学、不是文学、不是历史、不是地理,而是儿童本身的社会生活"[①]。杜威的课程思想为课程论科学化和当今的课程改革提供了重要的思想资源。

## 二、建立阶段的课程与教学理论

这一阶段的课程与教学思想表现出的特点是:第一,课程与教学理论从哲学和教育学中逐渐分化出来,成为相对独立的学科;第二,课程与教学理论与心理学建立联系,使得课程与教学理论的科学化程度得到提高;第三,对课程与教学理论的认识和描述从经验性转向理论性说明;第四,课程与教学理论研究方法日益科学化;第五,传统的课程与教学理论逐渐完善,形成了以课堂为中心、以教师为中心、以学科知识为中心的"传统"课程与教学论。

### (一)系统教学理论的形成

系统教学理论的形成,与资产阶级革命的开展和产业革命的兴起密切相关。科学

---

① 赵祥麟,王承绪.杜威教育名篇[M].北京:教育科学出版社,2006:6.

技术的迅猛发展、社会生产力的快速提高、自然科学的发展,为教学理论的启蒙与独立奠定了基础。这一时期对教学理论的发展做出重要贡献的是夸美纽斯、卢梭、裴斯泰洛奇和赫尔巴特等。

1. 夸美纽斯的教学理论

1632年捷克教育家夸美纽斯(Johann Amos Comenius,1592—1670)出版的《大教学论》被认为是历史上第一部专而系统地研究和阐述教育教学问题的专著。该书第一次系统总结了欧洲文艺复兴以来的教育经验,提出普及教育、"泛智"教育思想。夸美纽斯的教学理论主要体现在以下几个方面:

第一,详尽、系统地论述了教育适应自然的原则、直观原则、循序渐进原则、巩固性原则、量力性原则、激发儿童学习的主动性与自觉性原则等一系列原则。

第二,提出实行并在理论上论证了班级授课制,即把学生组成班级,由一名教师面向班级全体学生统一授课,实现了教学组织形式的变革,对后来的普及教育产生了深远的影响。

第三,第一次提出学校工作实行学年制的要求,确立了"学年""学季"的概念,将招生、入学、升学、毕业放在相同时间里进行,对放假、学期、周等也进行了详尽的规定,并对作息时间进行了周密的筹划和安排。

第四,系统规定了如何组织教学、解释新教材、巩固练习、布置作业以及考试考查、分组分班等,把纷繁复杂的班级授课形式统一化、科学化,这在当时具有开拓性的历史意义。

第五,进一步阐述了语文、艺术、科学等具体学科的教学方法。①

2. 卢梭的教学理论

卢梭(Jean-Jacques Rousseau,1712—1778),法国教育家。卢梭继承和发展了夸美纽斯的教学理论,在批判封建教育不合理的基础上,提出自然教育理论,将"必须把人当作人看待,把儿童当儿童看待"视为自然教育的出发点。自然教育的核心,就是强调对儿童进行教育时必须顺应人的本性,如果不适应这种本性,就无法谋求天性的正常发展,教育也就得不到应有的效果。卢梭的这种儿童本位论的主张,就是要求教学要适应自然,要根据儿童年龄和身心发展水平加以实施。另外,卢梭把发现视为儿童的天性,把兴趣与方法视为发现教学的基本因素,据此确立了活

---

① 刘学利,傅义赣,张继瑜.课程与教学论[M].北京:中国人民大学出版社,2013:33.

动教学、实物教学等方法,其"自然教育""发现教学"成为"儿童中心"和"发现法"的思想渊源。

3. 裴斯泰洛奇的教学理论

裴斯泰洛奇(Johann Heinrich Pestalozzi,1746—1827),瑞士教育家,在卢梭"教育要适应自然"这一思想的影响下,裴斯泰洛奇首次明确提出"教育心理学化"这一理念,推动了教学理论科学化的进程。裴斯泰洛奇的教学理论以培养人性为出发点,以对儿童的爱为核心,其主要理论主张包括:

第一,认为教学应以儿童的心理为依据,遵循儿童的本性,采取适合儿童发展的教学方法,促进儿童德、智、体诸方面的和谐发展。

第二,认为教学应遵循"从感性的直观到明晰的概念"的教学原则,在对外部客观世界的感性认识中,借助能动的直观来形成理性认识。

第三,认为教学应以平等为价值取向,通过简化教学手段来满足不同群体的学习需要,强调教学的实用性和普及性。

4. 赫尔巴特的教学理论

赫尔巴特(Johann Friedrich Herbart,1776－1841),德国教育家,在裴斯泰洛奇"教育心理学化"理念的影响下,以心理学为基础,提出了"教育性教学"的教育原则,形成了影响深远的教学理论。赫尔巴特在总结和修正前人教学主张的基础上,经过自身教学实践和思考,提出了具有开创性的教学主张。

第一,认为教学应与儿童的经验和兴趣紧密结合起来。儿童在日常生活中积累了各种各样的经验,虽然这些经验是散乱的,但却是教学活动开展的基础,教师应重视儿童的经验,并在此基础上激发他们学习的兴趣。

第二,认为知识教学与道德教育是统一的。知识和道德具有内在的联系,道德养成离不开知识的学习,知识教学中渗透着道德教育,既没有"无教学的教育",也没有"无教育的教学"。

第三,认为教学活动必须是井然有序的。教学活动将经历以下四个阶段:明了(教师应用直观教具和讲解对知识进行明确提示,学生做好新知识学习的准备)、联合(新旧观念开始联合,教师通过分析和谈话激发学生学习的兴趣)、系统(采用综合的方法将新旧观念的联合变得更为有序和系统化,获得新的概念)、方法(强化新旧观念的系统联合,在活动中巩固所学的新知识)。

## 知识卡片 1-5

### 赫尔巴特的四段教学论

明了——教师要使学生明了知识，必须集中学生的注意力，深入研究学习的材料。教师要清楚、明白地讲解新材料，一般情况下可以采用直观谈话法或讲述法进行。联想——要求学生集中注意力深入地思考，把所要学习的新观念同原有的旧观念联系起来。系统——这时进入理解教材阶段，是审思的活动。学生在审思的过程中形成秩序和系统，在新旧观念的联系中得出各种各样的结论和概括。教师在教学上采用综合法，帮助学生寻找确切的定义和结论。方法——这是学生把定义和结论运用于实际的阶段，要求学生自己去分析问题和解决问题。在教学方法上，要求学生独立地完成各种练习，遵照教师的指示修改作业。

在我国，这一阶段的教学理论发展相对比较贫乏。明末清初，西学东渐肇始，出现了经世致用的实学思想。鸦片战争以后，西学大量引进，中西文化教育深度接触，不断交融，中国传统教学思想开始转型。

### （二）系统课程理论的形成

相较于教学理论的系统化，对课程问题的系统探讨则相对较晚。课程论成为一门独立的领域还不到100年的时间。在这一过程中，美国著名课程论学者博比特和泰勒做出了巨大的贡献。

**1. 博比特的课程理论**

博比特（F. Bobbitt，1876—1956），美国教育家，所著的《课程》一书被认为是世界教育史上最早的一部课程理论专著，标志着现代课程理论的建立，博比特也被视为现代课程理论的奠基人。博比特以社会为最终指向来构建课程理论，认为学生通过课程学习来为未来进入社会做准备，社会所需要的实用性知识和技能应被引入课程。博比特十分重视儿童经验在课程学习中的作用，反对脱离儿童的经验一味通过教材来讲授知识。博比特坚持维护学生所具有的

体验与反思的权利，认为所培养的学生不仅要能够独立思考，还应学会与人协作。在课程内容上，博比特也做出了积极探索，他批判了古典课程的空疏无用，重视课程内容的实用性，认为应在科学调研的基础上进行课程编制，并提出了被称为"活动分析法"的课程编制方法，即按照分析人类经验、工作分析、导出目标、选择目标、制订细节计划五个步骤进行课程编制。

博比特的课程理论符合所处时代发展的需要,指出了古典课程的不足,建立了课程与社会之间的联系,建构了与现代社会相符合的课程理论体系,在世界课程理论发展史上具有重要的地位,但也因课程实施的效率化和理想化、课程编制的机械和模式化而引起后来学者的批评。

2. 泰勒的课程理论

泰勒(Ralph Tyler,1902—1944)是美国当代著名的课程和评价专家,被誉为"现代课程理论之父""当代教育评价之父"和"行为目标之父"。泰勒于1949年出版的《课程与教学的基本原理》一书,是现代课程理论的奠基石,也是现代课程研究领域最有影响的理论构架,被誉为"现代课程理论的圣经"[①]和课程研究中的"里程碑"。书中阐述的课程开发中的主导模式,又称为"泰勒原理"。该书提出并探讨了课程开发中的四个问题:

(1) 学校应该达到哪些教育目标?
(2) 怎样选择有助于实现教育目标的学习经验?
(3) 怎样才能有效地组织这些学习经验?
(4) 我们怎样才能确定这些目标正在得以实现?

"泰勒原理"清晰而完整,被誉为对课程开发原理最完美、最简洁、最清楚的阐述,达到了科学化课程开发理论的最高水平,标志着课程开发经典模式的诞生。

知识卡片 1-6

**餐巾纸上诞生的经典**

美国"八年研究"期间,在1936年的一次会议上,30所实验学校校长普遍反映,评价组对他们的指导和帮助比课程组更大些,因为泰勒制定的评价原理在实践中起了指导的作用,而课程组则没有提供类似的原理。就在那次会议上,当泰勒与其学生和助手共进午餐时,泰勒突然萌发了课程原理。他在餐巾纸上向助手勾勒了这个原理的概图。午餐后,他把这张餐巾纸给这些实验学校的校长们看,他们看后都说:"这正是我们所需要的!"之后,泰勒整理出了《课程与教学的基本原理》作为芝加哥大学暑期研讨班的讲授纲要,并于1949年由芝加哥大学出版社正式出版。

---

① 张华. 课程与教学论[M]. 上海:上海教育出版社,2000:10.

20世纪20年代至40年代,我国课程论的研究与美国等西方国家是同步进行的,对课程的理解在有限的程度上受到美国课程价值观念的影响。这一时期,我国有关课程理论的系统研究主要体现在一些课程论专著中。民国时期程湘帆的《小学课程概论》(1923)是我国近现代最早的课程论专著。王克仁的《课程开发的原则和方法》(1928)是我国比较早的综合性的课程论专著。此后,还有一批课程著作陆续出版。中华人民共和国成立初期到20世纪80年代以前,我国又沿袭了苏联教育学的体系和概念,基本上不再使用"课程"一词,也未对课程进行深入的理论研究。

### 三、繁荣发展阶段的课程与教学理论

20世纪,随着对教育质量的追求具体化为对学校课程与教学质量的追求,大量亟须解决的课程与教学问题推动课程与教学研究不断走向深入,使课程与教学论进入了一个繁荣发展的时期。

#### (一) 现代教学理论的繁荣发展

在繁荣阶段,教学理论的发展主要表现在:对教学问题的研究进一步扩展;出版了一大批代表不同流派的教学论专著;教学理论基础心理学化逐渐加强;现代教学媒体的迅速发展和广泛运用,演变成了当代新的教学思维方式、教学模式和教学原理。在这一阶段的发展中,起着重要作用的代表人物有杜威、凯洛夫、布鲁纳、巴班斯基等。

1. 杜威的教学理论

杜威(John Dewey,1859—1952)是美国实用主义教育的代表人物,他对现代教学理论与实践的发展做出了重大的贡献,其思想在世界范围内产生了深远、持久的影响。杜威的教学思想极为丰富,其中有代表性的观点如下。

(1) 对传统教学的批判。杜威认为,现代教育正在发生"一场和哥白尼把天体的重心从地球转到太阳那样的革命……儿童是中心,教育的各种措施围绕着他们而组织起来"[①]。杜威对传统教育展开了猛烈的批判,他认为,传统教育消极地对待儿童,机械地使儿童集合在一起,只传授那些与儿童生活无关的科目,课程和教学整齐划一。教学的中心在教师、在教科书,唯独不在儿童自己的直接的本能和活动。

---

① [美]约翰·杜威.学校与社会·明日之学校[M].赵祥麟,任钟印,吴志宏,译.北京:人民教育出版社,2005:41.

（2）基于经验的教学思想。杜威认为，一切真正的教育来源于经验，教育是经验持续不断的改造或改组。经验乃是有机体与环境、主体与对象相互作用的过程及其产生的结果。教育的主要作用就是促进人生经验不断地改组或改造。

（3）反省思维活动与教学。与传统哲学观点不同，杜威把人视为自然和社会的组成部分，认为有机体是经常谋求与环境相适应的，个人也是通过参与社会活动而得到发展的。人在解决生活中遭遇的困难时才进行思维，不是为思维而思维和为真理而真理的。这种认识论应用在教学上，便是"从做中学"。

2. 凯洛夫的教学理论

凯洛夫（Kairov, Ivan Andreevich, 1893—1978），苏联著名教育家。他的教育思想集中反映在他主编的《教育学》中，被称为"凯洛夫教育学"，对我国的教育产生了极大的影响。凯洛夫十分注重系统科学文化知识的教学，主张教学是在教师领导下学生掌握系统知识和技能、技巧的过程，认为系统的知识是使学生获得全面发展及形成辩证唯物主义世界观、共产主义观点和相应行为的基础。凯洛夫主要从学生掌握知识的角度去理解教学过程。他认为，教和学是同一过程的两个方面，彼此不可分割，教师的讲授在教学过程中起着主导作用。

3. 布鲁纳的教学理论

1957年，苏联率先发射人造地球卫星，对美国社会产生了巨大的冲击和影响，直接推动了美国20世纪60年代的教育教学改革。布鲁纳（J. S. Bruner, 1915—2016）是这一时期美国教育改革的重要代表人物之一。作为结构主义思想的继承者，布鲁纳提出现代化的课程与教学设计应当注重知识的结构，教材应当包含学科的基本概念、原理法则及其联系。结构化、系统化的知识更有利于学生的理解、联想和迁移。

布鲁纳对教学的重大贡献在于倡导"发现法"。他认为，学生掌握知识的结构、基本概念等，主要依靠的不是接受，而是发现。发现式学习强调主动积极的参与和独立自主的思考，它能够引发学习者的兴趣，让他们感到兴奋和自信。学生的学习同科学家的研究之间存在相似性和一致性，只不过学生是亲自去发现自己未曾知晓的事物。

另外，苏联巴班斯基的"教育教学过程最优化"理论、保加利亚教育家洛扎诺夫的

"暗示教学法"、美国心理学家罗杰斯的"非指导性教学"等理论也是当代非常有影响力的教学理论。从20世纪60年代末直到整个70年代，认知心理学逐渐取代了行为主义在心理学领域的主导地位，而以认知心理学为基础的教学设计理论也开始兴盛起来；进入20世纪80年代，欧美的教学设计理论的一个基本趋势是把教学设计理论与认知科学、教育技术学综合起来；到了20世纪90年代，建构主义对各国的教学理论产生了重要影响。

我国当代教学理论的发展，主要是在引介和学习西方国家与苏联教学思想的基础上逐渐丰富和发展起来的。1978年以来，我国开始引进赞科夫的发展性教学思想、布鲁纳的结构课程理论和发现学习、苏霍姆林斯基的学生全面和谐发展理论、巴班斯基的教学过程最优化理论、布卢姆的掌握学习理论、罗杰斯的非指导教学理论、杜威的实用主义教学理论等先进教学理论。进入21世纪，随着我国基础教育课程改革的不断推进和深入，西方建构主义、科学主义、后现代主义等思潮对我国教育教学改革产生了重要的影响。同时，我国还开展了大量的教育教学改革试验。

我国当代教学理论研究呈现出开放性、多元性、实践性、交叉性、综合性等一系列新的特点，并且经过不懈探索，已经初步形成具有中国气派与中国特色的教学理论。有研究者对中华人民共和国成立70周年以来的教学理论研究进行了梳理与总结：在本体论研究上，教学本质、教学主体、教学目标、教学内容、教学模式、教学评价等问题的研究得到了实质性的发展。在方法论研究上，由对方法的冷漠忽视到对方法的多元规范，由对方法的崇拜迷恋到方法论意识的自觉树立，并实现研究范式的跨越式发展。在认识论研究上，教学论学科体系不断完善与分化，最终形成教学论学科群，学科性质由二元对立走向综合取向，研究对象逐渐澄明，理论与实践共生。[①] 尽管我国的教学论研究呈现出多元与多样的格局，但新时代构建具有中国特色、中国气派、中国风格的教学理论应成为教学论学者今后研究的重中之重。

总之，当代教学理论发展丰富多彩，特别是20世纪50年代以后，产生了许多新的教学理论和流派，教学理论研究呈现出繁荣多样、综合发展的趋势。

**（二）现代课程理论的繁荣发展**

继"泰勒原理"之后，一些学者对泰勒模式进行了深化研究，使其日益丰富、完善。同时，也出现了一些新的课程开发理论，如美国布鲁纳的学科结构课程理论、施瓦布的实践课程理论，英国斯滕豪斯的过程课程开发理论等。20世纪70年代以后，课程研究深受后现代思潮的影响，课程研究领域发生"范式转型"，即由"课程开发"范式走向"课程理解"范式，课程研究多样化态势初现端倪，在此阶段出版了大量的课程论专著。当

---

① 朱德全，杨磊. 教学论发展70年：实践样态与逻辑路向[J]. 教育研究，2019(9)：14-28.

代课程理论发展的总体特点表现在两个方面:一是在人本主义、结构主义、建构主义、后现代主义等哲学、心理学思潮影响下,课程理论研究呈现出多元化、复杂化、综合化的特点,课程理论具有更加开放、坚实、宽广的理论基础;二是课程理论学科群逐步形成。

我国当代课程理论的发展相对薄弱,课程论研究一度消隐。1989年陈侠的《课程论》、钟启泉的《现代课程论》两本著作的出版,标志着我国课程论重新从教学论中分化出来成为一门独立的学科。此后我国课程理论和课程实践不断深化、丰富和发展,目前已有大批的课程论专著出版,并且随着课程改革实践的不断深入,课程理论已成为当前教育学研究的热点。

## 第三节 课程与教学论的研究任务

> **案例 1-3**
>
> 自新版课程方案和课程标准颁布后,各级教育行政部门积极组织教师培训,引导和帮助教师准确理解和把握新修订的课程标准的新理念、新要求、新变化。在国家教育智慧平台上,教育专家对新课标进行了全面详细的解读。修订后的义务教育课程方案和课程标准创新性、实践性进一步凸显,以主题、项目或活动组织课程内容,强化学科实践和跨学科实践,驱动教学内容与方式的深层变革,对为什么教、教什么、教到什么程度作了进一步的诠释。

为了依托教材学好课程与教学论这门课程,有必要先对课程与教学论的基本情况做简要介绍。课程与教学论作为教育科学中一门重要的分支学科,基本的研究任务是什么?如何将它们进行整合和架构?

### 一、认识课程与教学现象

课程与教学论的首要任务就是认识课程与教学现象。课程与教学现象是指课程与教学活动所表现出来的外部形态和联系,是课程与教学外在的、易变的方面。教学现象表现为三个方面:一是环境性的,如教室和实验室及其结构、教学设备及其结构、校园成分及其结构等;二是活动性的,如课堂教学及其结构、实验教学及其结构、校内外教学见习和实习及其结构、个别教学及其结构等;三是关系性的,如教师与学生的关系、教师、教材与学生之间的相互关系、教学与文化的关系、教学过程与教学结果之间的关系等。课程现象表现为三个方面：一是物质性的，如教材、教案、辅导材料、视听材料等；二是活动性的，如课程与教学规划、课程与教学实施、课程与教学评价等课程与教学研制活动；三是关系性的，如内容选择与教育目的的关系、内容组织与文化结构以及学生发展的关系、课程研制与课程产品之间的关系等。[①] 课程与教学现象纷繁复杂，我们不可能事无巨细地对课程与教学领域发生的所有现象进行客观的记录和描写。但现象是研究的门径，我们要从繁杂的课程与教学现象中选择一些重要的问题来进行分析，如课程与教学发展历史的考察、课程文本的描述、课堂教学的实录、课堂观察记录等。通过事实的呈现以及现状的描述，把握课程教学的实际状况，在此基础上揭示课程与教学的本质与特征，为价值分析与实践指导提供依据，从而将课程与教学的研究建立在客观的、可靠的基础之上。[②]

### 案例 1-4

教学现象：一位小学一年级的语文老师在教课文《画家乡》，课文分五段，第一段由老师示范，引导学生朗读生字词和重点短语、概括段落大意。接下来老师宣布小组讨论剩余的四个段落，教室立刻充满了嗡嗡的声音，四人小组里，每人都在张嘴，各执一词，谁也听不清谁在讲什么。教师在一旁任学生们自行探究，最后选组汇报。小组代表汇报完，老师刚要对汇报情况进行总结，下课铃响了。

提出问题：探究性学习遍及各个学科，从自然学科到人文学科，从低年级到高年级，不问教育对象、知识内容，盲目探究。有些北方学校删去了教材中有关"大海"的课文，而南方学校则更换了教材中有关"沙漠"和"冬雪"的内容。难道一切知识都要学生亲自去探究吗？一切教学都要基于学生已有的经验吗？

问题分析：就知识的分类来看，有陈述性知识与程序性知识两种。陈述性知识是有关"是什么"的知识，这类知识通过教师的讲授就可以掌握；程序性知识是有关"为什么"和"怎么办"的知识，这类知识需要学生通过自己的操作、运算、探究、体验等具体活动才能自主内化和占有。由此可见，讲授式学习

---

[①] 黄甫全.课程与教学论[M].北京：高等教育出版社，2002：4-5.
[②] 潘洪建.课程与教学论的对象与旨趣[J].当代教育与文化，2011(6)：29-34.

> 和探究式学习方式各有其适用的知识类型,各有其存在的必要。新课程倡导的学习方式既有创新也有继承,那种片面推崇自主探究学习,视学生的主动探索为学习的最为重要甚至是唯一的途径,从而将探究式学习与讲授式学习绝对地对立起来的做法是错误的。
>
> 资料来源:温红彦.我们需要怎样的课堂[J].教育文汇,2005(9).

## 二、揭示课程与教学规律

揭示课程与教学的规律是课程与教学论的重要研究任务之一。在教育史上,教育家们都努力探求课程与教学规律,并形成了诸多精辟的概括。规律所反映的是事物发展变化过程中的本质联系和必然趋势;课程与教学规律是课程与教学活动内在的东西,需要人们在长期的课程与教学实践中通过不断的总结提炼才能得出。课程与教学规律具体存在于课程与教学现象中,反映在课程与教学过程各个因素直接的相互关系中。课程与教学规律是多种多样的,对规律的认识存在着一个方法论的问题。根据规律的存在形式与人们的认知方式,可将课程与教学规律划分为以下几种。[①]

### (一) 科学性规律与价值性规律

在实践中,课程与教学既要遵循科学性规律,也要符合价值性规律。课程与教学的科学性规律是指课程与教学作为客观存在的实践活动,其内在要素之间及与其他各种影响因素之间存在内在本质的联系,可以通过科学探究认识其实然性的一面,洞察其必然趋势。因此,课程与教学活动不是随意的、混乱的,是有理论依据和实证支持的。课程与教学的价值性规律强调的是课程与教学作为人通过发挥主观能动性所开展的实践活动,总是打着主体主观选择的烙印,体现着人的价值选择,为此,课程与教学活动要符合一定的价值规范,是在一定的价值指引下所开展的活动。

### (二) 存在性规律与反映性规律

课程与教学的存在性规律是指课程与教学作为一种客观存在,是可以作为一个对象来进行认识和理解的,承认课程与教学的客观存在是探寻课程与教学内在本质联系和必然趋势的前提。课程与教学反映性规律是指人们通常所说的课程与教学原理,它是人们对课程与教学发展变化的本质联系和必然趋势的认识结果,具有主观与客观相统一的特性。明确从存在到反映、从规律到原理的区别与过渡,将有助于我们的课程与教学研究者对自身的任务和局限进行正确的认识和把握。

---

① 黄甫全,王本陆.现代教学论学程[M].北京:教育科学出版社,1998:6-7.

### （三）理论性规律与实践性规律

课程与教学的理论性规律是对课程与教学内在本质联系和必然趋势的理论阐述，是在理想状态下对课程与教学活动所依据的原理进行的剖析和论证。课程与教学实践性规律是将课程与教学活动放置于实践活动中来认识，此时影响课程与教学活动的所有变量或因素均在发生作用，需要结合一定的情境、环境来对课程与教学活动进行分析和理解。

## 三、指导课程与教学实践

课程与教学理论从课程与教学实践中探索而出，同时又指导课程与教学实践开展新的探索。课程与教学实践既充满活力又丰富多样，主要包括以下三种实践类型：

首先是课程与教学管理实践。这是一种由教育主管部门或学校行政部门对课程与教学的计划、组织、实施、评价等环节进行管理的实践活动，主要包括对课程与教学改革计划的管理、对课程与教学资源的管理、对课程开发与教学实施的管理等。

其次是课程与教学研制实践。这是一种由教育管理者、课程与教学专家和一线教师等专业人员，有组织地编制课程与教学方案、课程标准以及制订课程与教学计划的实践活动，主要包括课程方案和课程标准的研制、课程与教学计划的制订等。

最后是课程与教学应用实践。这是一种由教师和学生根据课程与教学计划，使用课程与教学资源进行的所有实践活动，包括教学组织形式管理、教学互动管理、作业管理等。

课程与教学研究对实践的指导要求体现在以下几个方面：

其一，课程与教学论研究者要亲自改造课程与教学实践，针对课程与教学实践中出现的实际问题，参照相关理论，提出研究假设或行动方案，运用实验研究、行动研究、课例研究等方法，对课程教学实践进行设计、实施、反省，对自己或他人的实践进行分析、解剖，在变革课程与教学现实中检验、修正课程与教学理论，发展、完善课程与教学实践。

其二，课程与教学管理者、决策者要自觉运用有关理论，对课程教学管理工作、规章制度、运行机制进行变革，完善课程运行与教学管理工作，如 2017 年中共中央组织部和教育部颁发的《中小学校领导人员管理暂行办法》对中小学学校的管理者在课程与教学理论和实践方面提出了一系列的要求。

其三，课程与教学实践工作者在课程教学实践过程中，要有意识地对自己的课程与教学实践进行自觉回顾、反思，在此基础上改进自己的课程教学实践，优化课程教学过程,提升课程教学品质。①

**知识卡片 1-7**

**《中小学校领导人员管理暂行办法》**

具有胜任岗位职责所必需的专业知识、职业素养和实践经验,熟悉中小学教育工作和相关政策法规,坚持全面实施素质教育的质量观和人才观,了解和掌握中小学生健康成长规律,业界声誉好。

具有较强的教育教学管理和组织协调能力,自觉贯彻执行民主集中制,富有改革创新精神,善于规划学校发展、营造育人文化、领导课程教学、引领教师成长、优化内部管理、调适外部环境。

一般应当具有大学专科以上文化程度。其中,中学领导人员应当具有大学本科以上文化程度。一般应当具有一定年限的教育教学工作经历。其中,校长一般应当具有五年以上教育教学工作经历,党组织书记一般应当具有学校党务和行政岗位工作经历。一般应当具有相应的教师资格和已担任中小学一级教师以上专业技术职务。其中,高级中学校长应当已担任中小学高级教师以上专业技术职务。提任学校正职的,一般应当具有两年以上学校副职岗位任职经历或者三年以上学校中层管理工作经历;提任学校副职的,应当具有一定的教育教学管理经验。应当经过任职资格培训并取得合格证书。确因特殊情况在提任前未达到培训要求的,应当在提任后一年内完成。

## 本章小结

课程与教学都是一个多角度、多层面的发展中的概念。广义的课程即学生在校期间所学的内容的综合及其进程的安排;狭义的课程特指一门学科及其进程。在我国,课程的具体表现形态是课程计划、课程标准和教科书。教学是教师与学生以课堂为主要渠道的交往探究过程,是教师的教和学生的学相统一的活动。通过这个交往和探究活动,学生掌握一定的知识技能,形成一定的能力态度,人格获得一定的发展。

课程(论)与教学(论)的关系,尽管在不同的历史发展阶段,国内外学者对课程(论)与教学(论)关系的看法不尽相同。但目前能够形成基本共识的观点是:"课程是为有目的的学习而设计的内容,教学则是达到教育目的的手段""课程理论与教学理论

---

① 潘洪建.课程与教学论的对象与旨趣[J].当代教育与文化,2011(6):29-34.

之间必然存在着各种联系和交叉重叠部分,课程理论必然会考虑到课程实施问题,而教学理论则肯定会涉及与教学方法相关的教学内容问题"。

课程与教学研究的历史发展经历了从萌芽阶段、建立阶段到繁荣发展阶段这一逐步丰富化、系统化、科学化的过程,是与人类社会的发展进步和教育的不断变化息息相关的。在课程与教学研究发展的过程中,形成了许多重要的课程与教学思想,也留下了许多宝贵的经验和教训。这些经验和教训都集中体现在古今中外教育家们的课程与教学观念之中。

课程与教学论的任务就是认识课程与教学现象、揭示课程与教学规律、指导课程与教学实践。学习课程与教学论这门学科,是对教育教学理论和实践工作者的共同要求。

## 思考与练习

1. 多层面理解课程和教学的概念。
2. 试分析课程与教学的关系模式。
3. 梳理并分析课程与教学研究的发展历程。
4. 你对学习课程与教学论有怎样的认识?

## 参考文献

1. 李定仁,徐继存.教学论研究二十年(1979—1999)[M].北京:人民教育出版社,2001.
2. 李定仁,徐继存.课程论研究二十年(1979—1999)[M].北京:人民教育出版社,2004.
3. 王本陆.课程与教学论[M].北京:高等教育出版社,2017.
4. 潘洪建,刘华,蔡澄.课程与教学论基础[M].镇江:江苏大学出版社,2011.
5. [美]泰勒.课程与教学的基本原理[M].罗康,张阅,译.北京:中国轻工业出版社,2014.
6. 黄甫全.课程与教学论[M].北京:高等教育出版社,2002.
7. 刘学利,傅义赣,张继瑜.课程与教学论[M].北京:中国人民大学出版社,2013.

# 第二章　课程与教学目标

**学习目标**

1. 理解课程与教学目标的内涵及功能。
2. 理解和掌握课程与教学目标的确定及设计步骤。
3. 掌握运用课程与教学目标的基本表述方式。

目的性是人类实践活动的根本特性,它支配、调节着人类的实践活动,任何活动都是围绕着实现一定的目的而进行的。目标作为目的的具体化,是一切实践活动的出发点与归宿。教育教学活动也不例外。教师从事教学,首先要明确课程与教学的目标和任务。有了明确的课程与教学目标,才能使教学更好地促进学生的健康成长。

## 第一节　课程与教学目标概述

**案例 2-1**

改革开放以来,我国基础教育课程教学改革从目标方向和价值追求的变迁来看,经历了从"双基"到三维目标再到核心素养三个阶段。这三个阶段形成了我国基础教育课程教学改革特有的轨迹和路径,并产生了我国特有的课程思想和理论。

核心素养较之于三维目标,在改革的思想和方向上又前进了一大步。三维目标较之于"双基",相对完整地反映和体现了学科的内涵和教育取向,核心素养则在这个基础上进一步凸显和强调学科的本质和育人价值。三维目标是教育由学科(知识)转向人的起点,核心素养则是关键的临门一脚,使教育真正回归到人身上。

资料来源:余文森.从"双基"到三维目标再到核心素养——改革开放40年我国课程教学改革的三个阶段[J].课程·教材·教法,2019(9):40-47.

人的活动是一种目的性的活动。马克思说过："蜜蜂建筑蜂房的本领使人间许多建筑师感到惭愧。但是，最蹩脚的建筑师从一开始就比最灵巧的蜜蜂高明的地方，是他在用蜂蜡建筑蜂房以前，已经在自己的头脑中把它建成了。"①教育是培养人的一种社会活动，是一种目的性活动。因此，教学也是一种目的性活动，即每一次教学活动，每一堂课，甚至每一个教学言语行为都具有一定的目的，这就是课程与教学目标。

## 一、课程与教学目标的含义

### （一）课程与教学目标的内涵

要把握课程与教学目标的含义，首先需要理解什么是"目标"。《现代汉语词典》中，把"目标"解释为"想要达到的境地或标准"②。在英语中，"objective"原意为"流水线上生产出的产品"，把这个词引入教育领域后，其语义转变为"用预期达到的教育结果来支配教育行动的思想"③。

课程与教学目标的提出及其定义，经过了长期的认识过程，至今仍然处于变化和发展之中。最早提出"课程目标"的学者，是美国的博比特。他在被称为"课程论诞生的标志"的《课程》一书里分析道："无论人类生活怎样的不同，均包含着特定活动的表现。为生活做准备的教育，就是明确而适当地为这些特定活动作准备的。这些活动无论因社会阶层的不同，量有多大、差异有多大，都是可以发掘出来的。这只需要我们置身于事物的世界，并发掘出这些事物所包含的特别成分，它们就将显示出人们需要的能力、态度、习惯、鉴赏和知识的形式。这些就是课程的目标。"④可见，博比特提出的课程目标，指的是那些儿童需要掌握和形成的能力、态度、习惯、鉴赏和知识的形式。

此后，又有许多学者各自对"课程目标"给出了自己的定义。尽管人们对课程目标的含义和实质的理解与阐释不尽相同，但有一点是相同的，那就是他们均把课程目标理解为"学生学习所要达到的结果"。因此，课程与教学目标是指人们事先确定的，课程与教学预期达到的结果，它受教育目的、培养目标的直接制约和影响。也就是说，课程与教学目标是在课程与教学实施中教与学双方合作实现的共同目标，是课程与教学实施的预期结果，也是通过课程与教学实施可以达到的结果。

课程与教学目标作为一个整体，是由教育目的、培养目标、课程目标、教学目标、课时目标组成的具有递进关系的系统，如图2-1所示。

---

① 马克思恩格斯文集(第5卷)[M].北京：人民出版社，2009：208.
② 中国社会科学院语言研究所词典编辑室.现代汉语词典(修订本)[M].北京：商务印书馆，1996：903-904.
③ 李森.现代教学论纲要[M].北京：人民教育出版社，2005：113.
④ BOBBITT J F. The Curriculum[M]. Boston: Houghton Mifflin Company, 1918: 42.

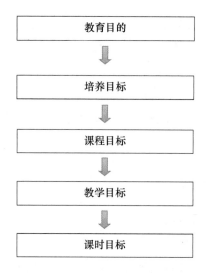

图 2-1 课程与教学目标系统示意图

教育目的是教育活动的总目标,是指国家对各级各类学校培养人才的总体要求,它适合于各级各类教育活动,具有一般性和普遍性。它反映了一定社会对受教育者的要求,是教育工作的出发点和最终目标,也是制定培养目标、确定教育内容、选择教育方法、评价教育效果的根本依据。它居于整个目标系统的最顶端,对下面各个层次的具体目标具有统领意义。教育目的主要回答"培养什么人、怎样培养人、为谁培养人"的问题,优化学校育人蓝图对于推进社会主义现代化事业具有重要意义。2021年4月29日,第十三届全国人民代表大会常务委员会第二十八次会议修正的《中华人民共和国教育法》,将教育目的(教育方针)规定为:"教育必须为社会主义现代化建设服务、为人民服务,必须与生产劳动和社会实践相结合,培养德智体美劳全面发展的社会主义建设者和接班人。"①

培养目标是指教育目的在各级各类教育活动中的具体化,是对各级各类教育人才培养的特殊要求,一般是在国家或地方教育行政部门指导下由各级各类学校自行制定的。由于各级各类学校培养人才的规格和水平不尽相同,所以各级各类学校的培养目标是由教育目的结合各级各类学校的特点和需要借以具体化而形成的。培养目标是一个目标群,它包括幼儿教育培养目标、初等教育培养目标、中等教育培养目标、高等教育培养目标、职业教育培养目标和成人教育培养目标等。各级各类教育的培养目标必须同中有异、重点突出、特色鲜明。例如,义务教育和高中教育都是普通教育,但义务教育阶段的培养目标与高中教育阶段的培养目标不同,是由教育对象的特点和发展需要决定的。普通高中和职业高中都属于高中阶段教育,但普通高中的培养目标与职

---

① 全国人民代表大会常务委员会关于修改《中华人民共和国教育法》的决定[N].人民日报,2021-4-30(004).

业高中的培养目标不同,是由于它们所面对的领域不同,对受教育者的要求不同。

课程目标是受教育者在学习完某一课程门类或科目以后,身心各方面所能达到的发展水平,是由学校教学中各门学科目标组成的目标系统。每门学科的目标因各自学科特点和性质的不同而有所不同。课程目标是培养目标在具体学科教学中的体现,只有所有课程目标连续达成后,培养目标才能最终实现。例如,我国2022年颁布实施的《义务教育课程方案》中,培养目标表述为:"义务教育要在坚定理想信念、厚植爱国主义情怀、加强品德修养、增长知识见识、培养奋斗精神、增强综合素质上下功夫,使学生有理想、有本领、有担当,培养德、智、体、美、劳全面发展的社会主义建设者和接班人。"[1]《义务教育地理课程标准(2022年版)》中指出,地理课程目标要围绕核心素养,体现课程性质,反映课程理念。地理课程要培育的核心素养,主要包括人地协调观、综合思维、区域认知和地理实践力等,是中国学生发展核心素养在地理课程中的具体化,体现了地理课程对培养有理想、有本领、有担当的少年的独特价值。

教学目标是师生通过教学活动预期达到的结果或标准。课程必须通过教学来实施,一门课程需要通过多个时段的教学来完成。因而,课程目标必须进一步具体化为教学目标。教学目标是课程目标在每一个教学时段结合教学内容的具体化、操作化,是期望学生通过完成某一教学时段的学习之后,在核心素养方面预期产生的变化。教学目标既要反映特定的教学内容,又要用特定的行为描述学生学习后所应该达到的效果。它一般以行为目标来表述,行为主体是学生,不是教师,行为可观察、可操作、可检测,还要有明确的行为条件以及可测量的行为标准。课程目标与教学目标相比,没有本质上的差异,只是细化和具体化的程度不同。教学目标是课程目标在每一个教学时段(一节课、一个单元)结合教学内容的具体化、操作化。

课时目标是指对每个课时教学的具体要求。课时是教学活动的基本单位,教学目标往往需要几个连续的课时来完成。每个课时的教学目标即是课时目标,它是对教学目标的进一步具体化。课时目标一般是由教师参考课程方案、课程标准和教科书,并结合学生的学习实际情况而自行编订的。课时目标和每天的教学活动相联系,是非常具体、明确而富有成效的。

**(二) 教育目的、培养目标、课程目标、教学目标与课时目标的关系**

教育目的和培养目标都属于培养人才的概括性要求。教育目的是针对各级各类学校的总要求,具有抽象性、概括性、原则性强的特点,对各级各类教育都具有广泛的适应性以及指导和制约作用。培养目标是对某一级或某一类教育的特殊要求,是具体化了的教育目的,也就是说培养目标要根据教育目的来制定,而教育目的又要通过各

---

[1] 中华人民共和国教育部.义务教育课程方案(2022年版)[S].北京:北京师范大学出版社,2022:4.

级各类学校的培养目标的实现才能实现,没有培养目标,教育目的就会落空。二者的性质是相同的,它们是一般与特殊的关系。

课程目标与教学目标都指向学生在核心素养方面的变化,课程目标是就某一课程而言的,教学目标是就某一教学时段而言的,二者在内容指向和要求上是相同的,它们之间只有具体化程度的不同,都侧重于课程与教学活动本身,是课程与教学活动预先确定的结果,要检验课程与教学实施工作是否取得预期的效果,也要看既定的目标是否达到。相比课程目标,教学目标更加具体。而课时目标是对教学目标的进一步具体化。

教育目的、培养目标、课程目标、教学目标与课时目标是不同层次的教育目标。教育目的最宽泛,层次最高,指导范围最广。它是一个长期的目标,其结果需要学生经过漫长的学校教育之后才能逐步显现出来。它是抽象性的、观念性的,需要人们在实践中反复体验才能真正理解。如我国的教育目的是"培养德、智、体、美、劳全面发展的社会主义建设者和接班人",成为"一个完善的人",培养"完整的人格""公民责任""创新精神"等,它对学校师生日常行为的影响是潜在的,不可能在一堂课的教学中完整全面地体现出来。培养目标次之,它针对的是一个学段或一种类型的学校,对教育目的的解释具有独特性、针对性,体现了一个学校的办学指导思想和办学特色。从教育目的、培养目标到课程目标、教学目标、课时目标,是一个由抽象到具体不断细化的过程,是教育目的的层层落实的过程。正是通过一门一门的课程、一节一节的课时,达成了培养目标,最终实现了教育目的。

**知识卡片 2-1**

中共中央、国务院印发的《中国教育现代化 2035》中提出了推进教育现代化的基本理念,其中包括:

更加注重以德为先。全面落实立德树人根本任务,把思想品德、理想信念教育摆在首要位置,坚持以树人为核心、以立德为根本,育人和育才相统一,将社会主义核心价值观融入人才培养全过程、各环节,着力提高受教育者的道德品质和思想水平,培养一代又一代拥护中国共产党领导和我国社会主义制度、立志为中国特色社会主义奋斗终身的有用人才。

更加注重全面发展。大力发展素质教育,促进德育、智育、体育、美育和劳动教育有机融合,全面提升学生意志品质、思维能力、创新精神等综合素质,提高身心健康发展水平,培育担当民族复兴大任的时代新人。

更加注重面向人人。坚持有教无类,保障每个人平等受教育权利,努力提供公平、优质、包容的教育,使教育选择更多样、成长道路更宽广,让教育改革发展成果更多、更公平地惠及全体人民,让人人都有人生出彩的机会。

资料来源:摘自中共中央、国务院印发《中国教育现代化2035》"基本理念"部分。

## 二、课程与教学目标的功能

目标是活动的出发点和归宿,它支配、调节着整个活动过程的进行,任何活动都是为实现一定的目标而进行的。具体而言,课程与教学目标主要具备定向、激励、评价和聚合功能。

### (一)定向功能

课程与教学目标是课程与教学活动的预期结果。它在一定意义上制约着课程与教学设计的方向,对课程与教学过程起着导向作用,是教学中师生学习的共同目标,可以避免无关刺激的干扰,使师生都把注意力集中到与目标相关的事物上,确保教学目标的实现。实践证明,课程与教学活动的效果与教学目标的定向功能有着十分密切的关系,不同的课程与教学目标将导致不同的教学效果。一般说来,教学定向正确,才可取得正向的教学效果;反之,则只能取得负向的教学效果。例如,有人曾做过这样一个小实验:把一个班级的学生分成两个小组,带领他们去农村参观。出发前告诉第一个小组的学生:"你们注意观察谷物的生长情况,看那里有什么,长得怎样。"告诉第二组的学生:"你们注意蔬菜和水果的生长情况。"回来后让他们分别把观察所得写下来,学生们一般都有比较详细、具体、生动的描述。接着,教师让第一组的学生描写蔬菜和水果的生长情况,让第二组的学生描写谷物的生长情况。结果是,只有极个别的学生能够写出自己的印象,多数学生的叙述是含混、模糊的。[①] 这个结果清楚地说明了教学目标的导向作用对学生观察的影响,教学活动的效果和课程与教学目标的导向作用有着密切的关系。一个出色的教师总能在教学开始时就向学生提出明确的目标。著名教育改革家魏书生在长期的教学实践中创立了以学生活动为主的"课堂教学六步法":定向、背诵、讨论、答疑、自测、日结。其中,定向是指明确教学要求,即明确本节课训练的重点和难点。学生首先明确目标,才能更有针对性地开展学习。因此,确定恰当、合理、正确的课程与教学目标被认为是课程与教学设计活动的首要环节和"第一要素"。

---

① 李秉德.教学论[M].北京:人民教育出版社,2000:63.

## (二) 激励功能

目标能激发人们的行为,它不仅是一种预期结果,还是一种期待、一种诱因。课程与教学目标同样如此。在以下三种情况下,课程与教学目标激发学生学习动力的功能比较明显:

首先,当课程与教学目标与学生的内部需要相一致时,学生为了满足内部需要,就会为达到课程与教学目标而努力,并将其转化为学生积极参与教学活动的动力。因为需要是积极性的源泉,它会起到驱动个体活动的作用。

其次,课程与教学目标与学生的兴趣一致,将能有效调动学生学习的积极性,使学生为达到目标而努力。

最后,课程与教学目标的难度适中,将能够很好地起到激励学生学习的作用。

"跳一跳摘桃子的难度"就比较容易引起学生的兴趣,从而起到持久的激励作用。按照维果茨基的"最近发展区"理论,课程与教学目标要适度超出学生的现有发展水平,而促使达到学生的可能发展水平,这样最容易激励学生的学习活动,维持学生持久的学习动力。①例如,对于一个不喜欢某项学习的学生,教师即使提出了从事这项学习的明确目标,也不一定能激起他的积极性,即使勉强他进行,热情也不会持久。这说明,教师提出的课程与教学目标只起到定向作用,而没有起到激励作用。

教学实践证明,一个符合学生需要的、难度适中的课程与教学目标,才能引起学生持久的学习积极性,激励他们为实现目标而不懈努力。例如,天津二师附小的杨老师在教小学"语文"第二册第19课《蔬菜》一文时,提出该课的课程与教学目标是"全班学生必须学会5个生字、7个新词,掌握新部首'户字头';熟悉掌握'什么是什么'的句式,学习用'都是'造句;认识五种蔬菜,读懂句子;培养学生从小喜欢吃蔬菜的习惯"。这个目标合理可行、易于操作。杨老师紧紧围绕该目标组织教学,激发了学生的学习兴趣,有力地调动了学生的学习积极性,因而整个课堂气氛热烈、活跃。在教学过程中,教师的主要任务在于引导学生学习,5个生字、7个新词以及"什么是什么"的句式基本上是在他的指导下由学生自己学会的。②

## (三) 评价功能

课程与教学目标确定之后,它的达成与否就成了评价课程与教学实施效果的尺度。

在课程与教学活动进行过程中,我们经常需要对课程与教学活动进行评判,以便了解课程与教学实施活动的进程及效果如何,随时对课程与教学实施活动的进度、方法等进行调整和改进。

---

① 王勤.新课标下中学语文课堂教学目标设计上的误区与对策[D].长春:东北师范大学,2005:11.
② 李森.教学动力论[M].重庆:西南师范大学出版社,1998:133.

在课程与教学实施活动结束后,通常也要对课程与教学实施活动的效果进行评价,以便了解存在的问题,及时提出改进措施,为其他的课程与教学实施工作者或管理者提供参考。

课程与教学实施效果的测量和评价,都是参照课程与教学的既定目标来进行的。由于教师的课程与教学实施活动需要紧紧围绕课程与教学目标来组织和展开,因此,课程与教学目标在其中是否发挥了应有的作用,课程与教学实施效果是否达到既定的课程与教学目标,就成了评价的主要内容。课程与教学目标的合理性、客观性,是进行科学评估的基础。如果课程与教学目标设计得不合理,将导致评价出现偏差,其测评的效度、信度、难度和区分度都将失去合理的保障。总之,课程与教学目标的评价既能为课程与教学实施效果的评价提供尺度,也能为课程与教学目标的设计与编制作出反馈。

### (四) 聚合功能

课程与教学目标是课程与教学系统内各组成要素的核心和灵魂,能够支配、聚合和协调其他组成要素。无论是教师的教和学生的学,还是教材、教学方法、教学手段、教学环境等都是为实现既定的课程与教学目标而服务的。因此,可以这样说,正是有了课程与教学目标这个核心,才使课程与教学实施活动的各个要素聚合在一起,实现教学的有效运行。相反,如果没有课程与教学目标,就不存在所谓的教学;如果课程与教学目标含糊不清,教学就会像一盘散沙,尽管各个要素可能会发挥出最大潜能,但是难以使课程与教学系统达到整体最优化状态。课程与教学目标正是有了这样的聚合功能,才会促使人们自觉地围绕着课程与教学目标这一课堂的灵魂,优化课程与教学系统的结构以求教学质量的提高和教学整体效能的最大限度发挥。

## 三、课程与教学目标的基本取向

课程与教学目标是一定教育价值观在课程与教育领域中的具体化,也就是说,任何课程与教学目标都要体现一定的价值取向,都要为一定的教育目的、教育方针、教育宗旨服务。具体来说,主要有普遍性目标取向、行为性目标取向、生成性目标取向、表现性目标取向四个基本取向。

### (一) 普遍性目标取向

普遍性目标(global purposes)是基于经验、哲学观或伦理观、意识形态或社会政治需要而引出的,建立普遍性目标需要有意识或无意识地推演出具有普遍或一般性质的教育宗旨或原则,再将这些宗旨或原则直接运用于课程与教学领域,使之成为课程与教学领域一般性、规范性的指导方针。[①] 普遍性目标就是以抽象的、概括的、普遍的形

---

① 张华.论课程目标的确定[J].外国教育资料,2000(1):13-19.

式来陈述课程与教学目标,一般表现为教育宗旨、教育方针或教育目的。它对各门学科都有普遍的指导价值,适用于所有的教育实践,是一种终极性的目标。"普遍性目标"在表述上又是模糊的、概括的、不具体的。因而,"普遍性目标"具有普遍性、模糊性、抽象性的特点。

普遍性目标作为一种古老的课程与教学目标取向,可追溯到中国古代的先秦时期、西方的古希腊和古罗马时期。例如,中国古代的经典文献《大学》一书里开宗明义地指出教育的目的:"大学之道,在明明德,在亲民,在止于至善。"通过"格物、致知、诚意、正心",达到"修身、齐家、治国、平天下"的教育宗旨(后概括为"内圣外王")。中国古代的教育家希望把受教育者培养成"士""贤""圣"。对于"士""贤""圣"可以做各种各样的解释和说明,但很难有一个全面的描述和概括。

在古希腊雅典,教育学家提出了身心和谐发展、具有革新精神、热爱自由、热爱城邦、勇敢与冒险精神、具有智慧的教育目标。柏拉图曾在其《理想国》中阐述教育的最高目的是培养能够明智治理国家的哲学家。在近现代教育史上,英国哲学家、社会学家、教育家斯宾塞确立了"教育为完满生活做准备"的五个综合性教育目标:自我保全、获得必需生活品、抚养和教育子女、维持适当的社会和政治关系、满足爱好和感情。①《学会生存》对教育目的做了一个广义的界说:"把一个人在体力、智力、情绪、伦理各方面的因素综合起来,使他成为一个完善的人,这就是对教育基本目的的一个广义的界说。"②

以上这些有关教育目的的论述,都属于"普遍性教育目标",只是对教育目的作了整体的勾画或只从一个侧面加以强调,体现的是一种"普遍主义"的价值观,是可以运用于所有的教育实践和教育情境的。

譬如,有人研究了柏拉图的著作之后,试图为柏拉图所设计的哲学家画像,其形象如下:"他是一个智力非凡、理解力强、渴望学习的人。他不拘泥于细节,总是力图从整体上观察事物;他不贪生怕死,也不贪财;他性格中不含丝毫的炫耀。他处处宽宏大量,也颇有魅力。他崇尚真理、正义、勇气和自制。"这样的描述把柏拉图所崇尚的各种美德都汇集起来了,构成了完人的图像。但这是不是柏拉图心中的哲学家呢?值得我们商榷。③

普遍性目标属于理想的范畴,它同政治理想、社会理想以及对人性的理解有关。从不同的哲学观点出发就会有不同的教育目的,实用主义有实用主义的教育目的,存在主义有存在主义的教育目的,等等。如此多样的教育目的容易使人眼花缭乱,无所适从,在教育实践中真正操作起来比较困难。

---

① [英]斯宾塞.斯宾塞教育论著选[M].胡毅,王承绪,译.北京:人民教育出版社,1997:53-57.
② 联合国教科文组织国际教育发展委员会.学会生存:教育世界的今天和明天[M].北京:教育科学出版社,1996:195.
③ 金一鸣.教育原理[M].2版.北京:高等教育出版社,2002:196.

## （二）行为性目标取向

行为性目标（behavioral purposes）是以具体的、可操作的行为的形式陈述的课程与教学目标，它指明课程与教学过程结束后学生所发生的行为变化。[①] 行为性目标是预期的，是在课程与教学实施前所设定的，最终表现为外显的行为，而这种行为的主体是学习者。与普遍性目标的普遍性、模糊性、抽象性的特点相比，行为性目标具有具体性、精确性和可操作性。

在古代的手工作坊中，师傅要求徒弟在规定的时间内完成确定的、具体的任务，这些任务实际上就具有行为性目标的性质，尽管它们大多只是以口头的形式出现。行为性目标在课程与教学领域最早是由博比特倡导的，他明确提出了课程与教学目标的来源。而真正为行为性目标奠定理论基础的是泰勒，他于1949年发表的《课程与教学的基本原理》一书系统阐述了"行为性目标"的理念：目标陈述既应该指出要使学生养成的那种行为，又要言明这种行为适用的生活领域或内容，即目标陈述应该包括目标的行为和内容两个方面。在泰勒看来，行为性目标的阐述方式一方面要指出旨在使学生的哪些行为发生变化，另一方面也要具体规定为达到每一种行为目标所要使用的特定的材料、所要秉持的观念和要创设的情境。

由于行为目标的陈述形式便于教师的教学操作，且具有可测量和可观察的优点，因而受到人们的追捧。由此形成了人们对课程与教学目标陈述形式的这样一种观念：课程与教学目标应该具体清晰且操作性强，并且教师在叙写教学目标时要以课程标准的行为动词为依据，科学、合理和准确地运用这些行为动词。[②] 例如"能用普通话朗读、不读错字，能比较流畅地朗读，能在朗读时读出感情"等都是具体的行为性目标。

行为目标取向的课程目标理论还表现在布卢姆（B. S. Bloom）、克拉斯沃尔（D. R. Krathwohl）、辛普森（E. J. Simpson）的教育目标分类。他们把教育目标分为三大领域——认知领域（cognitive domain）、情感领域（affective domain）和动作技能领域（psychomotor domain）。他们的教育目标分类强调指导教学过程和对结果进行评价。其中布卢姆的认知领域的目标从低到高依次分为六个亚领域，即认识、领会、运用、分析、综合和评价。克拉斯沃尔将情感领域的教学目标根据价值内化的程度分为接受或注意、反应、形成价值观念、价值的组织、价值或价值系统的性格化五个等级。辛普森将动作技能领域的教学目标分为知觉、准备状态、引导下的反应、机械化动作、复杂的外在反应、适应和创作七个层次。

从以上分析可以看出，"行为性目标"是具体的、精确的和可操作的。但也有其缺

---

[①] 张华.课程与教学论[M].上海:上海教育出版社,2000:156.
[②] 周兴国.不仅仅是行为目标——还需要表现性目标[J].课程教学研究,2012(2):41-43+50.

陷:一是容易忽视教学过程中的生成变化,二是容易忽视学生心理倾向与能力的变化,三是容易淡化对学生的情感、态度、价值观的培养。

### (三) 生成性目标取向

生成性目标(evolving purposes)是在教育情境中随着教育过程的展开而自然生成的课程与教学目标,是"演进着"的、人本主义的课程观,即在教学过程中内在地决定的目标。如果说行为性目标是在教育过程之前或教育情境之外而预先制定的课程指令、课程文件、课程指南,那么生成性目标则是教育情境的产物和问题解决的结果。① 也就是说,它注重的是过程,而不是像行为性目标那样重视结果。生成性目标关注学生的兴趣、能力差异,强调学生的生长、个性的完善,因而具有适应性、生成性、过程性的特点。

美国进步主义哲学家、教育家杜威的"教育即生长"命题是生成性目标的理论基础,杜威反对把某种外在的目的强加于教育,认为教育是儿童经验的不断改组和改造,是儿童的生活和生长过程,生活、生长过程和教育经验改造本身就是教育目的。

随着新课标的实施,课堂教学必须注重"生成性"已经成为新课改后教师的一种共识。生成性的课堂教学,往往能创造出许多未曾预期的精彩,是新课标下教师所追求的理想的教学境界。然而,物极必反,很多教师为了体现新课标精神,为了追求"生成性"的课堂教学,常常会为求"生成"而"迷失"。例如,实施新课标后,我们对"教师要尊重学生""让学生成为学习的主人""教师要运用充满魅力的鼓励性语言"等句子已经耳熟能详。受此影响,有些教师在评价学生答问时,即便学生的回答离题万里,也会来一句"很好,你真会动脑筋!"之类的话。在教师"亲切"的"表扬"下,课堂的"生成性"是有了,但文本所应有的价值取向却"迷失"了。生成性目标既要让学生充分感受到心灵的自由,又要潜移默化地渗透学科知识;既要大胆猜测、放飞想象,又要尊重事实、讲究科学;既要有教师的宽容和学生的自主,又要有教师的引导和学生的自律。这样才能真正达到课堂教学目标,实现课堂教学无序和有序的统一。②

生成性目标最大的特点在于它的生成性,最大优点在于能为学生的自由生长提供足够的空间。因为社会价值、规范的确立及思想体系的形成是很难在预定的行为目标中加以陈述的,这种生成性目标在理论上很诱惑人,但其缺陷也很明显。首先,它对教师的素质要求很高,教师不仅要系统掌握本门学科知识体系,准确把握学生的身心发展特点,还要具有较高的专业敏感性和较为突出的研究能力。其次,由于生成性目标会加大教师的工作负担,所以即使是受到专门训练的教师,在教育过程中也很少愿意采用。

---

① 张华.论课程目标的确定[J].外国教育资料,2000(1):13-19.
② 叶春英.老师,请莫在"生成性"课堂上迷失[N].中国教师报,2005-01-12.

### 案例 2-2

一位教师执教《听听，秋的声音》，为帮助学生从不同的声音里感受到秋天的美好，出示了精心制作的课件。此时，意外的声音出现了："老师，秋天色彩斑斓，我们为什么不说一说秋的颜色呢？"教师看到了这一提问所蕴含的课堂生成的价值，马上以此为契机，巧妙地将生成与预设融合起来："秋天有哪些颜色可以和它的声音一样美得让人沉醉其中呢？"这一问题激发了学生的兴趣，学生的话匣子被打开了，大家踊跃发言，个性化的见解不断出现。执教者主动改变课堂活动，打开了学生的思维空间，通过"颜色话题"让学生们更加全面地领会了秋天的美好。在此过程中，学生的意见得到了肯定，课堂充满了创新的灵气。

雕琢课堂生成能带来最美的风景。执教者在课前下足功夫，方可在课上自如掌控突发状况，轻松唤醒学生的兴致，开启富有魅力的学习旅程。

资料来源：贾宪章.让课堂因生成展现最美的风景[J].教学月刊（小学版），2022(5)：1.

#### （四）表现性目标取向

表现性目标（expressive purposes）是美国课程专家艾斯纳（E. W. Eisner）倡导的一种目标取向，指学生在从事某种活动后所得到的结果，它是每一个学生在与具体教育情境的种种"际遇"中所产生的个性化表现，旨在培养学生的自主性、创造性、差异性，强调个性化。当学生的主体性充分发挥、个性充分发展时，他在具体活动中表现出来的是某种创新性反应，而不是事先规定的结果。也就是说，表现性目标追求的是学生反应的多元性，结果的开放性。所以，表现性目标的特点是开放性、差异性和创造性。

艾斯纳基于自己在艺术教育领域的长期研究，提出课程目标中存在的两种不同的教育目标：

一个是使学生掌握现成的文化工具，即"教学性目标"，它实际上就是行为性目标，是在课程计划中预先规定好的，学生在完成一项或几项学习活动后所应习得的具体行为。"教学性目标"对于大多数学生而言是共同的。

一个是培养学生的创造性反应，即表现性目标。表现性目标旨在成为一个主题，学生围绕它可以运用原来学到的技能和理解了的意义，扩展和拓深那些技能与理解，并使其具有个人特点。应用表现性目标，人们期望的不是学生反应的一致性，而是反应的多样性。[①] 表现性目标所注重的是在教学过程中对学生个性化和创造性的培养，强调学生的自主性和主体性，尊重学生的个性差异，教学活动中教师和学生都可以摆脱行为目标的束缚，教师可鼓励学生探索、发现他们感兴趣的问题。

艾斯纳对如何制定表现性目标给出了一些例证：解释《失乐园》的意义，考察和欣赏《老人与海》的重要意义，通过使用铁丝与木头展示三维形式，参观动物园并讨论哪儿有趣。艾斯纳强调，这些目标并不期望指明学生在参加这些教育活动后能做什么、做得如何，而是识别学生际遇的形式，描写学生教育的经历和在学习中的表现。正如艾斯纳所说："表现性目标是唤起性的，而非规定性的。"

---

**案例 2-3**

### 《蜘蛛开店》课堂实录

案例背景：教师以识字认字为基础带领学生读懂了故事，使用抓关键词的方法指导学生讲好了故事，并结合表现性目标倾向设计了一个将故事表演出来的教学环节：

师：刚才我们读懂了故事，又讲好了故事，那接下来我们班的小演员们有没有信心把这个故事表演出来呢？想要演好故事，可不是一件容易的事，所以导演的指导必不可少，哪位导演先来说说怎样才能演好故事呢？

生1：我们应该加上一些表情和动作。

生2：说话的时候声音要响亮，要让大家都听得见。

师：可是在我们的课本中，这则故事是没有对话的，这可怎么办呢？

生：我们可以自己编。

师：好，那我们先一起来试一试。如果要把这句话改成对话，可以怎么说呢？（出示：河马嘴巴那么大，口罩好难织啊，蜘蛛用了一整天的工夫，终于织完了。）

师：现在你就是蜘蛛老板，我是你的顾客，你会怎么对我说呀？（师生分别戴上动物头饰）

生1：河马小姐，你的嘴巴好大啊，给你织口罩得花上我一整天的工夫，你明天再来拿吧！

生2：河马小姐，您好！请问您需要些什么呢？（我需要一个口罩）那您喜欢什么花纹的呢？（我喜欢粉色格子的）好的，我这就帮您织，可是您的嘴巴太大了，我明天才能织完，麻烦您明天再来取吧！

---

① 张华.论课程目标的确定[J].外国教育资料，2000(1)：13-19.

师：这两位蜘蛛老板的对话怎么样？（学生评价）

师：看了两位同学的表演，老师也忍不住想做一回老板了，谁想和我对对戏？（指名学生戴上动物头饰表演）

师：故事开始啦！口罩编织店，口罩编织店，每位顾客只需花费一元钱，买不了吃亏，买不了上当，快来看看吧！

生：那么便宜，我得进去逛逛。

师：欢迎光临，河马先生，请问您需要些什么呢？

生：老板，给我来一个蓝色的口罩！

师：没问题，我这就帮您织。我织我织我织织织……（边说边做动作）不好意思，河马先生，您的嘴巴实在是太大了，我可能要织上整整一天，麻烦您明天再来拿吧。

师：你们觉得刚才的表演怎么样？（学生评价）

师：你们有没有信心超过老师？那就请你们从"卖口罩""卖围巾""卖袜子"三个场景中选择一个来演一演吧。（同桌合作，教师巡视指导）

……

资料来源：钮约.表现性目标取向在语文教学设计中的运用[J].文学教育，2022(3)：94-96.

普遍性目标所体现的是"普遍主义"的价值观，认为任何课程与教学目标都能够并应当运用于所有教育情境。行为性目标强调人的外显行为，关注的是学生的行为表现，是学习后所达成的结果。这类目标便于操作，但是把人的行为分解为各个部分，割裂了作为整体的人所具有的完整性，容易忽略人的情感、态度、价值观等内在因素。生成性目标的着眼点在教学过程中，更多地强调在具体的教学情境中学生随着教学过程的展开而发生的积极变化。表现性目标关注的是学生在活动中表现出来的某种程度上首创性的反映，而不是事先规定的结果。这类目标指引下的教学活动旨在为学生提供活动的领域，重视学生独特的个性表现，活动的结果因此具有很大的灵活性和开放性。

由此看来，尽管四种课程目标取向各有其存在价值，但由普遍性目标取向和行为性目标取向发展到生成性目标取向，再发展到表现性目标取向，体现了在课程与教学中对人的主体价值和个性解放的不懈追求，反映了时代精神的发展方向。生成性目标取向和表现性目标取向并不否定行为性目标取向的合理性，而是基于更高的价值追求对行为性目标取向的超越。

## 第二节　课程与教学目标的确定

> **案例 2-4**
>
> 　　一次讨论课上,大家围绕着新课改的口号"一切为了学生、为了一切学生、为了学生的一切"展开了讨论。一学生若有所思地问道:"在历史上,曾经出现过'社会本位''知识本位''学生本位'的课程与教学观,现在的口号是不是意味着我们这次新课改的理念就是'学生本位'?"我思考后的回答是:"新课改倡导以'学生为本',但与历史上'学生本位'有所不同,除了重视学生的需要和发展外,还必须考虑到社会发展的需求以及科学知识发展的水平。"

　　确定明确而合理的课程与教学目标是课程与教学实施活动的一个首要环节和任务。为什么确定这样的课程与教学目标而不是其他课程与教学目标,这就涉及课程与教学目标的来源问题。明确课程与教学目标的来源,是设计或确定课程与教学目标的基础。

### 一、课程与教学目标的来源

　　在教学活动中,人们经过长期的实践和探索,提出了课程与教学目标的不同来源。泰勒集其大成,归纳总结为三个方面的来源:"对学习者自身的研究""对校外当代生活的研究"和"来自科目专家的目标建议"。需要引起注意的是,在分析目标来源时,要注意儿童、社会生活和科目之间的相互关系和相互作用。① 对课程与教学目标三个来源关系的不同认识,集中反映了不同的教育价值观,由此产生了"儿童本位课程论""社会本位课程论""学科本位课程论"三种典型的课程观。

> **知识卡片 2-2**
>
> 　　学科本位课程观:强调从科学门类及分类知识体系出发,以有组织的学科内容为材料依据,按照学科结构来确定所要学习的内容,注重学科知识体

---

① 黄甫全.课程与教学论[M].北京:高等教育出版社,2002:252.

系的完整性，以学习者获取一定数量的知识和技能为目标，为学习者未来生活提供充足的结构化的知识准备。

社会本位课程观：认为课程应以社会需求或改革为核心，在课程选择上倾向于以社会价值、社会活动与社会问题为根据，所选择的知识价值应由社会行动加以证实；在课程组织上强调以社会功能为核心，根据社会问题或社会活动分类加以组织；在课程评价上，持社会适应观立场者采用客观的评价方式，持社会重建观立场者采用主观的评价方式，但都重视学生在其所处社会情境中的实际表现。

儿童本位课程观：认为儿童的当下经验是一切发展的起点与基础，儿童的探究、建造、社会交往、表现等先天"本能"是儿童的自然能力，只有让儿童的先天"本能"和当下经验成为"发芽的种子""绽放的蓓蕾"，才可能实现儿童的个性发展；儿童当下经验中的理智态度和方法、自己发现的事实和真理、已然发展的社会性和价值观等，是一切作为成熟经验的学科的"胚胎"；创造了将学科知识或学科逻辑转化为儿童当下经验的艺术。

资料来源：孙泽文，叶敏.学科中心课程的内涵、理论假设及组织方式[J].教学与管理，2012(9)：87-89；刘霞.社会本位课程文化研究[J].南通大学学报（社会科学版），2014(2)：105-110；张华.论杜威的儿童课程观[J].华东师范大学学报（教育科学版），2021(6)：43-57.

## （一）对学习者的研究

教学的目的是要促进学习者身心等方面的发展，因此，教学是为了学习者的教学，课程与教学目标也必然要考虑学习者的身心发展特点和规律以及他们的学习兴趣和需求。

对学习者的研究，分析学习者的需要是制定课程目标的首要依据。课程是学习者的课程，因而学习者的需要是确定课程与教学目标的基本依据之一。需要通常指的是实际状态与理想状态之间的差距，这个差距就是学习者个体的需要。课程与教学目标的确定必须考察学习者现在的状态与期望状态之间的差距，确定了这个差距，才能制定出合理可行的促使学习者超越这个差距的目标。

确定学习者的需要，在制定课程与教学目标时应该注意考虑以下三个方面。

首先，要考虑学习者的现状。分析学习者的现状，并将学习者的学习现状与期望达到的状态作比较，以此来确认学习者的差距。例如，美国学者泰勒在谈到研究学习者的需要时敏锐地提出：没有规范，"需要"的概念就没有意义。他把由他想象出的这类研究划分为两个步骤："第一，发现学生的现状；第二，将这种状况与公认的常模做比较，以确定差距或需要。"①他提出，可以将学习者的现状分为以下几个方面：① 健康；② 直接的社会关系，包括家庭生活以及与亲朋好友的关系；③ 社会公民关系，包括在学校和社区中的生活；④ 消费者方面的生活；⑤ 职业生活；⑥ 娱乐活动。② 为了了解学习者的真实情况，对学习者现状的分析和调查需要注意年龄特点和个性差异。

其次，要考虑学习者的学习兴趣。在制定课程与教学目标时，尽管不可能只考虑学习者的兴趣，但兴趣在学习者的学习中有着重要的作用，是学习者学习的最现实、最直接的心理动力。古代教育家孔子曰："知之者不如好之者，好之者不如乐之者。"爱因斯坦说："那些合乎教育期待的兴趣会成为有效教学的出发点，而那些不符合教育期待的、目光短浅的、狭隘的或不恰当的兴趣，则反映出该生若想获得有效教育需要克服的差距。"③

最后，要考虑学习者的学习能力、年龄特征和个体差异。课程与教学目标一般是由成年的教育者来制定的，但成人在思维方式、能力水平等方面与学习者存在极大的差异，容易导致课程与教学目标的"成人化"，致使课程与教学目标失真。所以要对不同年龄阶段的学习者的学习特征与风格、知识基础和接受能力等方面进行了解和研究，在分析学习者学习能力和个性差异的基础上制定合理的课程与教学目标。

### （二）对社会的研究

人的发展与社会的发展具有协调一致性。首先，社会的发展是个人发展的前提和基础：一定的生产关系和社会关系是个人发展的基础，社会发展为个人发展提供了物质条件和技术手段，社会革命为个人发展提供广阔的大舞台。其次，人是社会的主体，个人发展是社会发展的重要条件：人是社会存在和发展的主体，是社会有机体的第一要素，个人的发展推动了社会向前发展。因而，个人发展与社会发展互为因果、相互依赖，具有内在的协调一致性，正是这种协调一致性才促使个人和社会的同步发展。无论哪一级教育教学目标的确定，目的都是促进人的发展，这也是社会发展的要求。

课程与教学目标是教育目的和培养目标在教学领域的转化，教育目的和培养目标的基本依据是社会对人和教育的要求，课程与教学目标必然也是社会要求的体现。学习者不仅生活在学校中，还生活在社会中，学习者的学校生活是为未来走向社会做准备的过程，实际上就是学生社会化的过程。课程与教学目标必须密切联系社会，反映

---

① TYLER R W. Basic Principles of Curriculum and Instruction[M]. Chicago: The University of Chicago Press, 1949:14.
② [美]拉尔夫·泰勒.课程与教学的基本原理[M].罗康,张阅,译.北京:中国轻工业出版社,2014:8-9.
③ [美]拉尔夫·泰勒.课程与教学的基本原理[M].罗康,张阅,译.北京:中国轻工业出版社,2014:11-12.

社会生活的需求,因而制定课程与教学目标时,必须研究当代社会生活的经济全球化、政治多极化、文化多元化、社会信息化等特征,培养学习者适应社会发展需求的能力。教育不仅要适应当下社会的发展需求,还要超越社会现实的发展,面向新的社会发展状态,满足未来的社会发展需求。例如,信息时代,学校教育具有新质的规定——教育先行,学校教育与社会的关系发生了深刻变化。正如联合国教科文组织的报告书《学会生存》所指出的:"现在,教育在全世界的发展正倾向先于经济的发展,这在人类历史上大概还是第一次……现在,教育在历史上第一次为一个尚未存在的社会培养着新人……有些社会已在开始拒绝制度化教育所产生的结果。这在历史上也是第一次。"[1]这意味着课程与教学目标的制定不仅只是研究当下的社会需求,还要研究未来社会的发展趋势,以适应未来社会的发展。

### (三) 对学科的研究

人是一种历史的存在,一种文化的存在,总是在自身传统的历史文化中出生成长,在社会实践中逐渐由野蛮状态走向文明状态,从而形成自己的文化。在历史的长河中,随着人类社会的每一次进步,新的文化都会不断产生,人类的生活与文化密不可分,文化则是以分门别类的学科的形式体现出来的。人由自然人发展为社会人的基本途径就是通过学校课程学习系统的基础知识和基本技能,知识通过一定的媒介和载体进行呈现,这个媒介和载体就是教学内容,这就涉及了主要由知识构成的学科。学科知识及其发展成为课程与教学目标制定的重要依据之一。

学科知识即学科的逻辑体系,包括学科的基本概念和基本原理、学科的探究方式、该学科与相关学科的关系等。学科知识的典型类型包括:① 数学;② 自然科学,如物理学、化学、生物学;③ 技术学;④ 社会科学,如语言学、历史学、地理学、经济学、教育学、人类学等;⑤ 人文科学,如哲学、文学、艺术等。制定课程与教学目标必须考虑学科知识及其发展,使学生既能够传承传统文化,又能够推动传统文化的创造性转化和创新性发展。

## 二、确定课程与教学目标的基本环节

确定课程与教学目标大致包括以下四个基本环节。[2]

### (一) 确定教育目的

教育目的或教育宗旨是课程与教学的终极目的,是特定的教育价值观的体现。

---

[1] 联合国教科文组织国际教育发展委员会.学会生存:教育世界的今天和明天[M].北京:教育科学出版社,1996:35-37.

[2] 张华.课程与教学论[M].上海:上海教育出版社,2000:190.

它主要回答把受教育者培养成什么样的人这一根本问题。教育目的有两个价值取向：个人本位和社会本位，即教育与人的发展是怎样的关系、教育与社会进步是怎样的关系。因而，课程与教学目标的确定要以终极的教育目的为导向，确定课程与教学目标首先就要确定教育目的。

### （二）确定课程与教学目标的基本来源

课程与教学目标的基本来源是特定教育价值观的具体化。课程开发的基本维度有学习者的需要、当代社会生活的需求和学科的发展，对这三个基本维度的关系的不同认识集中反映了不同教育价值观的理论目的和意图。这是确立合理的课程与教学目标的关键。确定课程与教学目标的基本来源就是要在这三者之间作出权衡与取舍，从而体现既定的教育价值观。

### （三）确定课程与教学目标的基本取向

在"普遍性目标""行为性目标""生成性目标""表现性目标"等取向之间应作何选择？怎样处理这几种目标取向之间的关系？对这些问题的回答不仅反映了特定的教育价值观，也与课程开发的向度观有着内在联系。目标取向的确立为目标内容的选择和目标的陈述奠定了基础。

### （四）确定课程与教学目标

在教育目的、课程与教学目标的基本来源、课程与教学目标的基本取向确定以后，课程与教学目标的基本内容和陈述方式也就确立下来了，在这种条件下，即可进一步构建内容明确而具体的课程与教学目标体系。

## 三、课程与教学目标设计的一般步骤

从课程与教学目标设计的整个过程分析，任何目的和目标的确定，一般要经过四个步骤：目标分解、任务分析、起点确定和目标表述。[①]

### （一）目标分解

本章第一节我们已经分析，课程与教学目标作为一个整体，是由教育目的、培养目标、课程目标、教学目标和课时目标组成的具有递进关系的系统。课程与教学目标的设计首先要分解目标，在课程与教学实施中进一步细化、逐层具体化。

目标分解是教学目标设计者对课程内容自身的逻辑性、系统性的再认识过程。通过分解，把宏观、抽象的目标落实为具体可操作的目标，使师生能在全局上把握学习内容。任何下一级的课程与教学目标的确定，必须以其上一级目标为依据，下位目标是为上位目标服务的。课程与教学目标自上而下的分解过程，是一个不断具体化的过

---

① 以下内容参考黄甫全.课程与教学论[M].北京：高等教育出版社，2002：264-267.

程。课时目标是课程与教学目标体系中最为具体的目标,要确定课时目标,就必须明确其上位目标——教学目标及其相互关系;依此类推,要设计课程目标,就必须明确其上位目标——培养目标及其相互关系。这就涉及一个课程与教学目标的分解过程。

这一过程一般需要经历四个步骤:

首先,要进行学习需要和兴趣的分析。即结合课程与教学目标对学习者进行分析,了解学习者在知识、能力、态度、技能等方面与要达到的课程与教学目标的差距。

其次,进行学习任务选择。即以第一步分析结果为基础,确定为实现课程与教学目标,学习者必须完成哪些学习任务或内容。即使学习任务已经在教科书中规定好了,但在实际的课程与教学目标设计中,要适当结合学习者的实际情况来调整确定学习任务的难点和重点。

再次,进行学习任务的组织。这里主要是分析各项学习任务的关系。学习任务之间或是相对独立、或是相互平行、或是前后关系、或是递进关系,据其不同的关系,可以将学习任务或组成单元、或根据需要进行顺序和结构性的调换。

最后,课时目标的表述和归类。明确了各课时的学习任务,我们可以为每个课时编写相应的课时目标。在课时目标中,要说明学习者完成本课时学习以后应能做什么,而不是教师做什么。

### (二) 任务分析

教学目标确定后,就可以根据教学目标进行任务的分析,即确定学生的起点能力、分析使用的目标及类型、分析学习的支持性条件。这里的任务分析,实际上就是指对学习者为了达到教学目标的规定,所需学习的从属知识和经验以及技能、能力、态度、情感等及其相互关系,进行具体的剖析。根据教学目标来确定课时目标时,这种任务分析往往是与教学内容结合进行的,所以有的人也把这种任务分析叫作教学内容分析。通常的做法是,从已确定的教学目标开始提问和分析:要求学习者获得教学目标规定的能力,他们必须具备哪些次一级的从属能力?而要培养这些次一级的能力,又需具备哪些更次一级的能力?……这种提问和分析一直进行到教学起点为止。

### (三) 起点确定

起点能力确定包括三个方面:一是对新知识的学习所需要的先备知识和技能的分析,二是对目标能力的分析,三是了解学生对所学内容的态度如何。

课程与教学目标不是对教师的教学行为的描述,而是指学习者的学习结果。既然如此,要设计出合适的课程与教学目标,就不能忽视对学习者的分析,就需要对学习者的起点能力进行分析,即确定教学的起点。教学起点的确定,直接关系到课程与教学目标作用的发挥和教学的有效性。如果教学起点定得太高,则可能导致课时目标过高,超过了一般学生的能力;如果教学起点定得太低,则会在学生已掌握的内容上或教学活动上浪费时间和精力。一般说来,确定教学起点,主要应对学习者进行三方面的分析:首先,对学习者的社会特征进行分析,主要包括学习习惯、兴趣、方法、态度以及成熟程度、班级水平、心智发展水平等。其次,是对学习者预备技能的分析,主要了解学习者是否已经掌握了新的学习所需要的知识和技能。最后,对学生目标技能的分析,即了解学习者是否已经掌握和部分掌握了课程与教学目标中要求学会的知识和技能。需要指出的是,在课程与教学目标设计时,起点确定和前面的任务分析并不存在明显的先后关系,往往是同时进行的。

### (四) 目标表述

进行课程与教学目标设计时,必须对学习者通过每一项从属知识和技能等的学习以后应达到的行为状态作出具体、明确的表述,再将这些表述进行类别化和层次化处理。目标表述内容丰富,而且技巧性比较强,第三节我们具体来阐述有关概念、理论和方法。

## 第三节　课程与教学目标的表述

> **案例 2-5**
>
> **人教版二年级上册《坐井观天》的教学目标设计**
>
> 教学目标:
>
> 1. 会认"弄""错""抬"等生字,读准多音字"哪",会写"井""观""沿"等生字。
> 2. 能分角色朗读课文,有感情地朗读小鸟和青蛙的对话。
> 3. 能明确小鸟和青蛙争论的问题,知道原因,并展开想象,体会故事的寓意。

课程与教学目标确定之后,还要恰当地将其表述出来,这就涉及了课程与教学目标表述问题。然而,教师在教学过程中往往对这一问题并不重视,易产生目标表述概念不清、指向不明、程度不明确等问题,比如,将教师当成了课程与教学目标的主体,使用一些模糊的动词,目标之间缺少条理性。事实上,课程与教学目标的表述并不是简单的将目标书面化,它需要根据一些具体规定进行恰当准确的表述,本节将从行为性目标的表述、生成性目标的表述、表现性目标的表述三个方面进行具体分析。

## 一、行为性目标的表述

按照教学理论的要求,具体的教学目标是可操作、可检测的行为性目标,行为性目标表达形式,一般包含四个要素:行为主体(audience)、行为动词(behavior)、行为条件(condition)和表现程度(degree),根据四个要素英文单词的首字母,将其简称为 ABCD 形式。[①]

A 是行为主体:学习的主体——学习者,目标的陈述必须从学生的角度出发,陈述行为结果的典型特征,而不能以教师为目标的行为主体。规范的行为目标开头应当清楚地表明达成目标的行为主体是学生,例如,"学生……"用"能认读……""能背诵……""能解……""能写出……""仿照……对……写一段话""对……作出评价""根据……对……进行分析"等描述。

B 是行为动词:说明学生应能做什么,这是目标表述句中的谓语;要避免运用一些笼统、模糊的术语,如"掌握""知道""熟悉"等,应运用具体的、明确的、可操作的、可把握的行为条件。如采用"认读""背诵""说出""描述""解释""说明""分析""评价""模仿""参与""讨论""交流""认同""拒绝"等能直接反映学生活动的行为动词,使目标意义明确、易于观察、便于检验。

C 是行为条件,说明 B 是在什么条件下产生的,这是目标表述句中的状语;是指影响学生产生学习结果的特定的限制或范围,即学生在什么情况下或什么范围内完成指定的学习活动,例如:"借助工具书……""仔细阅读第几段,归纳……""用所给的条件探究……""通过小组合作讨论,制定……""在网上搜集相关内容,体验……"

D 是表现程度(标准),即表明 B 的标准。课程目标所指向的表现程度通常是指学生通过一段时间的学习后所产生的行为变化的最低表现水准或学习水平,用以评价学生的学习表现或学习结果所达到的程度。例如,"写一段不少于 200 字的感悟""分析归纳出 5 个要点""能准确地说出……""会具体地写出……""客观正确地评价……"表述中的状语和补语部分便是限定了目标水平的表现程度,以便检测。

这四个要素,构成了教学目标表述中的行为主体、行为动词、行为条件和表现程度,以体现学习者通过教学所要达到的行为上的变化。当然,在实际的教学设计时,要完全按照这四个方面来表述教学目标是较为困难的,尤其是历史学科,在能力、认识、情感等方面的程度标准是很难详细界定的。但一般地讲,目标的表述中主体必须明确,在一定条件下的行为及内容是要具体表示出来的。但并不是所有的目标呈现方式都要包括这四个要素,有时,为了陈述简便,可以省略行为主体或(和)行为条件,但前

---

① 吴伟昌.新课程语文课堂教学目标设计的表述方法[J].上海教育科研,2009(8):82-83.

提是不会引起误解或产生多种解释。例如:"学习昆虫的形态特点后,学生能以90%的准确度,从书上的图中辨认出哪些是昆虫。"其中,行为主体是"学生",行为是"辨认昆虫",条件是"在本课课本的图中",程度是"达到90%的准确度"。

## 二、生成性目标的表述

在设计生成性目标时,教师应该为生成性目标留有空间,让目标保持一定的灵活性,并注意在活动中丰富与发展已经预设的目标。

同时,要少用规定性字眼,如"学会""掌握""记住""说出"等,多用"引导""激发""启发"一类的字眼。教师在实施课程的过程中应处于一种反思、观察、审视的状态,而不只是检验目标与结果的一致性。问题意识的培养并非一朝一夕之功,在现行的教学体制下,可以先不提很高的要求,仅从鼓励学生提问、鼓励学生想象开始做起,不要轻易去打击、约束他们。当学生养成提问的习惯后,教师再不断地启发、点拨、激发学生,促进学生学习,使学生的心灵处于动态发展之中。例如,有位教师在执教完"天体和星空"一课后,让学生结合所学内容提出问题并讨论。一名学生突然站起来说:"老师,民间传说牛郎织女在阴历七月初七鹊桥相会,这是真的吗?"话音未落,教室里传来一片笑声,同学们可能认为这是一个很幼稚的问题,因为大家都知道这是一个传说。当时,该教师首先对这个学生敢于提出问题的勇气和积极思考的态度进行了充分的鼓励和肯定,然后为解决这个问题,设计了四个相关问题让学生进行讨论:这个传说的主要内容是什么?课文中牛郎星和织女星的位置分别在哪里?两颗星之间的距离是多少?这个美丽的传说表达了人们怎样的思想感情?学生经过思考、分析和计算,得出了答案:牛郎星和织女星之间的距离是16光年,如果牛郎打一个电话给织女,织女接到电话需要16年,因此这只是一个美丽的传说,表达了人们对真诚爱情的渴望。这样学生既感受到个性张扬的魅力,又体验到了动态生成的生命课堂。[1]

## 三、表现性目标的表述

表现性目标主要是描述学生在教学过程中作业的情境、将要处理的问题、将要从事的活动任务等。它关注的不是预先设计的教学目标,而是学生在教学活动中表现出来的某种程度上首创性的反应形式。例如:

① 以"商鞅变法的失败与成功"为题,组织讨论会。
② 检视《背影》一课的重要意义。
③ 制订简单的英语学习计划。

---

[1] 董绍才,宋玲.生成性课堂教学实施策略[J].当代教育科学,2006(18):45-46.

④ 搜集有关资料,讨论我国某一地区改革开放以来的发展成就。
⑤ 观察周围环境中动物的行为。

以上表现性目标的实例指出了教学过程中作业的情境、学生将要处理的问题、将要从事的活动任务等,从而激发了学生学习的积极性。但对学生学习的结果如何却并未指定,而是保持结果的开放性,不同学生会有不同的看法和体验。这样的表现性目标给了学生释放思维的出口和机会,为学生主体性和创造性的发挥营造了宽松的空间。它关注的是学生探索的一种状态及学生主体参与的程度,而不是一些有限的知识或技能;并不是对大部分学生的共同要求,而是追求多元性,即每个学生的个性化表现;它关注的是过程,而不是结果;旨在培养学生的创造性,强调学生的个性化。

> **案例 2-6**
>
> **教学怪现状之"伪生成"**
>
> 　　有位教师上语文课文《乡愁》,设计了一个提问导语,目的是想让学生说出课题名称来。于是他叫起一个学生,启发道:"如果有个人到了一个遥远的地方,时间一长,他开始想念自己的亲人,这叫作什么?"
>
> 　　学生答道:"多情。"
>
> 　　"可能是我问得不对,也可能是你理解有误。好,我换个角度再问:这个人待在外乡的时间相当长,长夜里他只要看见月亮就会想起自己的家乡,这叫作什么?"教师又问道。
>
> 　　"月是故乡明。"学生很干脆地答道。
>
> 　　"不该这样回答。"教师有点急了。
>
> 　　"举头望明月,低头思故乡。"学生回答的语气显然已不太自信了。他抬头一看,教师已是满脸阴云,于是,他又连忙换了答案:"月亮走我也走。"
>
> 　　"我只要求你用两个字回答,而且不能带'月'字。"教师继续启发道。
>
> 　　"深情。"学生嗫嚅道。
>
> 　　好在此时有其他学生接口:"叫作'乡愁'。"教师这才如释重负。
>
> 资料来源:朱文辉.让生成性教学迈入纵深——基于"伪生成"和"乱生成"的批判[J].教育科学研究,2010(8):27-29.

## 本章小结

课程与教学目标是指人们事先确定的,课程与教学预期达到的结果。课程与教学目标作为一个整体,是由教育目的、培养目标、课程目标、教学目标和课时目标组成的具有递进关系的系统,它直接受教育目的、培养目标的制约和影响。目标是活动的出发点和归宿,它支配、调节着整个活动过程的进行,任何活动都是为实现一定的目标而进行的。因而,课程与教学目标在课程与教学实施中,主要具备定向、激励、评价和聚合功能。课程与教学目标是一定教育价值观(教学目的、教育宗旨、教育方针)在课程与教育领域中的具体化,也就是说,任何课程与教学目标都体现一定的价值取向,都是为一定的教育目的、教育方针、教育宗旨服务的。课程与教学目标的形式取向主要有四种:普遍性目标取向、行为性目标取向、生成性目标取向、表现性目标取向。

明确课程与教学目标的来源,是设计或确定课程与教学目标的基础。在教学活动中,人们经过长期的实践和探索,提出了课程与教学目标的不同来源。泰勒集其大成,归纳总结为三个方面的来源:"对学习者自身的研究""对校外当代生活的研究"和"来自科目专家的目标建议"。从课程与教学目标设计的整个过程分析,任何目的和目标的确定,大致包括四个基本环节:确定教育目的、确定课程与教学目标的基本来源、确定课程与教学目标的基本取向、确定课程与教学目标;一般还要经过四个步骤:目标分解、任务分析、起点确定和目标表述。其中目标编制的核心是目标表述问题。要达成目标,就要科学、精确地表述课程与教学目标,如对行为性目标、生成性目标、表述性目标的表述等。

## 思考与练习

1. 怎样理解课程与教学目标的含义?
2. 比较分析课程与教学目标的四种基本取向。
3. 分析讨论课程与教学目标确定的三个来源。
4. 简述课程与教学目标设计的一般步骤。
5. 运用相关课程与教学目标的理论,学会设计和表述某门学科的一种课程与教学目标。

## 参考文献

1. 刘学利,傅义赣,张继瑜.课程与教学论[M].北京:中国人民大学出版社,2013.
2. 《教育学原理》编写组.教育学原理[M].北京:高等教育出版社,2019.

3. 曾文婕. 课堂教学设计[M]. 北京:北京师范大学出版社,2011.

4. [美]诺曼·E. 格朗伦德,苏珊·M. 布鲁克哈特. 设计与编写教学目标[M]. 8版. 盛群力,郑淑贞,冯丽婷,译. 北京:中国轻工业出版社,2017.

5. [英]麦克·格尔森. 如何在课堂中使用布卢姆教育目标分类法[M]. 汪然,译. 北京:中国青年出版社,2019.

6. 迟艳杰. 教学论[M]. 北京:高等教育出版社,2009.

7. 张华. 课程与教学论[M]. 上海:上海教育出版社,2000.

8. 李秉德. 教学论[M]. 北京:人民教育出版社,2000.

9. 马云鹏. 课程与教学论[M]. 北京:中央广播电视大学出版社,2002.

10. 李如密. 现代教学理论研究[M]. 长春:吉林人民出版社,2003.

# 第三章 课程与教学内容

> **学习目标**
>
> 1. 掌握课程与教学内容的概念。
> 2. 了解课程与教学内容选择的依据和原则。
> 3. 能够联系实际,理解课程与教学内容的组织顺序与结构。

课程与教学内容是实现课程与教学目标的重要载体。课程与教学内容的质量好坏,直接关系到课程与教学目标能否顺利实现、教育质量能否全面提高。本章在理解课程与教学内容的基础上,着重探讨课程与教学内容的选择和组织问题。

## 第一节 课程与教学内容概述

**案例 3-1**

"倡导低碳生活"学习任务群设计

《义务教育语文课程标准(2022年版)》指出:"义务教育语文课程内容主要以学习任务群组织与呈现。"初中语文八年级下册第二单元包含《大自然的语言》《阿西莫夫短文两篇》《大雁归来》《时间的脚印》四篇事理说明文,该单元的综合性学习主题是"倡导低碳生活"。为完成"倡导低碳生活"任务,学生需要先了解并掌握"低碳生活"中的科学道理,并正确、有条理、有说服力地进行传达。据此设计了以下子任务:

**任务一:明确说明对象**

(1) 以小组合作的形式,利用网络搜索、查阅书籍等方式获取与低碳生活相关的文献资料。在实地走访中,拍摄并记录校园和社区中不符合低碳生活理念的现象。

(2) 阅读本单元的四篇文章,分别概括文章说明的事理,分析、归纳课文内容,看看它们是如何共同构成作者所要说明的事理的。

(3) 对搜集到的文献资料进行整理,罗列并概括出与低碳相关的科学道理。根据实地走访的结果,进行小组讨论,选择一个低碳相关的科学道理作为主要的写作对象,并根据要说明的对象确定写作内容要素。

**任务二:选择说明顺序**

(1) 以思维导图的形式梳理本单元四篇文章的说明顺序,分析作者这样安排说明顺序的好处。

(2) 为自己的文章选择合适的说明顺序,拟写提纲,合理安排内容要素。

**任务三:学习表达策略**

分析四篇文章使用的典型说明方法,赏析品读文中具有特色的句段,感受其不同风格。从中选择最喜欢的一篇,对它的语言进行讨论分析,总结其语言表达技巧,并在自己的写作中加以运用。

**任务四:展示任务成果**

根据已经写完的说明文录制视频。将视频上传至班级空间开展互动点评活动。

资料来源:龙阳胜."实用性阅读与交流"学习任务群的设计和实施——以八年级下册第二单元为例[J].语文建设,2023(3):8-12.

## 一、课程与教学内容的含义

课程与教学内容是课程与教学体系的核心部分,也是历次课程与教学改革的重点。从一般意义上来讲,课程与教学内容是指各门学科中特定的事实、观点、原理和问题,以及处理它们的方式,它是在一定的教育价值观及相应的课程与教学目标指导下对学科知识、社会生活经验或学习者的经验中有关知识经验的概念、原理、技能、方法、价值观等的选择和组织而构成的体系。① 此外,具体课程与教学论内容的选择与呈现还会受到时代背景、价值观念等方面的影响。

以新一轮基础教育课程改革以来课程与教学内容方面的新变化为例。《基础教育课程改革纲要(试行)》提出要"改变课程内容'难、繁、偏、旧'和过于注重书本知识的现状,加强课程内容与学生生活以及现代社会和科技发展的联系,关注学生的学习兴趣和经验,精选终身学习必备的基础知识和技能。"在《普通高中课程方案(2017年版2020年修订)》中"更新了教学内容"部分提到"进一步精选了学科内容,重视以学科大

---

① 钟启泉,汪霞,王文静.课程与教学论[M].上海:华东师范大学出版社,2008:68.

概念为核心,使课程内容结构化,以主题为引领,使课程内容情境化,促进学科核心素养的落实。结合学生年龄特点和学科特征,课程内容落实习近平新时代中国特色社会主义思想,有机融入社会主义核心价值观、中华优秀传统文化、革命文化和社会主义先进文化教育内容,努力呈现经济、政治、文化、科技、社会、生态等发展的新成就、新成果,充实丰富培养学生社会责任感、创新精神、实践能力相关内容"。在《义务教育课程方案(2022年版)》中"优化了课程内容结构"部分提到"以习近平新时代中国特色社会主义思想为统领,基于核心素养发展要求,遴选重要观念、主题内容和基础知识,设计课程内容,增强内容与育人目标的联系,优化内容组织形式。设立跨学科主题学习活动,加强学科间相互关联,带动课程综合化实施,强化实践性要求。"

在遵循课程方案所编制的各学段各学科课程标准中对课程与教学内容的选择和呈现也有一些具体的要求,比如《义务教育语文课程标准(2022年版)》提到"义务教育语文课程内容主要以学习任务群组织与呈现",《义务教育数学课程标准(2022年版)》设置了四个学习领域,《义务教育科学课程标准(2022年版)》设置了13个学科核心概念和4个跨学科概念。综合课程方案和课程标准关于课程与教学内容部分的表述来看,当前课程与教学内容更为彰显课程的育人价值,强调情境性、实践性、综合性,产生了"学习任务群""大单元""大概念""跨学科主题学习"等新理念。

总而言之,在课程与教学改革过程中,课程与教学内容的选择与呈现是一项最基本、最核心的工作。它涉及方方面面,也是许多课程与教学问题的集结点。可以说,课程与教学的目标、设计、实施、评价都是围绕着课程与教学内容的安排及其结果展开的。课程与教学目标是选择和确定课程与教学内容的依据,课程与教学设计是关于课程与教学内容的组织与呈现,课程与教学实施是课程与教学内容的实现与落实,课程与教学评价是对课程与教学内容产生结果的评估与判断。

## 二、课程与教学内容的演变

课程与教学内容受社会政治、经济、文化发展的影响,随着社会的演变而发生变化,在不同的历史发展阶段呈现出不同的特点。

### (一) 古代尽管没有"课程与教学"的专门术语,但关于课程与教学内容的规定比比皆是

在尚处于奴隶社会时期的西周,我国就有了"六艺":礼、乐、射、御、书、数。春秋战国时期,私学兴起,孔子修订《六经》(《诗》《书》《礼》《乐》《易》《春秋》),并以此作为课程与教学内容教授学生,其内容涉及政治、哲学、历史、艺术、音乐、道德和伦理。至汉唐,独尊儒术,儒家思想和经典成为主要的课程与教学内容。唐之后,《四书》(《论语》《孟子》《大学》《中庸》)和《五经》(《诗》《书》《礼》《易》《春秋》)成为学校的标准课程与教材,

在这一时期,自然科学在课程与教学体系中几乎没有什么位置。在西方古希腊时期,学校设置"七艺":文法、修辞、辩证法、算术、几何、天文、音乐,这是西方最早、影响最持久的一组课程。到中世纪,基督教教会垄断教育,所有的课程都服从宗教目的,"七艺"渗透着神学思想。

总体来讲,中外古代课程与教学的内容是相当笼统的,每门课程的知识内容没有明确的学科界限。此时的课程设置在知识内容和形式上与古代知识形态的总特征相一致,即在形式上分科设计,但内容上却笼统综合、相互交叉。

### (二) 近代课程与教学内容分化,出现以学科为中心的学科课程或分科课程

到了近代,在西学思想的影响下,我国学校开始出现了被称为"格致""博物""理化"的反映自然科学的知识,出现了包含代数、几何、三角的算学,另外,也出现了外国史、外语、图画、体操等课程。在近代欧洲,随着自然科学的发展,宗教神学的中心地位被打破,课程与教学内容进一步扩充,至18世纪已发展成文法、文学、历史、地理、天文、物理、化学等近二十种学科。19世纪之后,学校增设本族语、外国语、公民等新人文学科,自然科学的地位有了改善,劳动、体育、艺术等学科日益受到重视。至此,以知识为中心的学科课程形成了一个庞大的体系。

所以,在近代,课程与教学内容是各门学科的基础知识,各门课程之间的学科界限较明确,实用学科逐渐成为近代课程与教学中的组成部分。此时的课程设置在内容和形式上与近代课程知识形态的总特征相适应,即学科分化。

### (三) 现代课程与教学内容表现出多元化特征

19世纪末20世纪初,西方出现了一种典型的课程形式:经验课程。在杜威看来,选择这些直接经验形态的课程内容的目的,不是让儿童"消遣",也不是获得"职业技能",而是为儿童"提供一种研究的途径",满足儿童生活的需要。经验课程的内容是以学生的兴趣、爱好、动机、需要和现实生活为基础的直接经验,游戏、手工、金工、木工、缝纫等经验性活动成为课程内容的重要组成部分。例如:

(1) 手工制作类的课程内容,如木工、金工、缝纫、烹调、园艺等。

(2) 语言社交类的课程内容,如游戏、俱乐部、表演等。

(3) 研究与探索类的课程内容,如历史研究、自然研究、专业化活动研究等。

(4) 艺术类的课程内容,如乐队活动、乡村音乐会等。[1]

20世纪二三十年代,社会改造主义者将对社会现实问题的认识、理解与解决策略纳入中小学课程内容之中,社会现实问题成为主导的课程内容。

之后,学科课程也在进行改良,衍生出综合课程、结构主义课程等,在教育内容现代

---

[1] 钟启泉.课程论[M].北京:教育科学出版社,2007:157.

化进程中焕发出新的生命力,成为课程与教学内容中始终占据主导地位的课程体系。

因此,现代的课程与教学内容超越了单一的书本知识的范围,体验式的直接经验、生活背景、社会现实问题成为课程内容的重要组成部分,课程与教学内容呈现多元化发展态势。

### 三、课程与教学内容的取向

#### (一)课程与教学内容即学科知识

这是一种比较早、影响相当深远的观点,也是比较传统的观点。即将学生应当习得的知识作为课程与教学内容,这些知识往往以事实、原理、体系等形式构成一定的学科科目,再通过教材这一具体的载体表现出来。所以,课程与教学内容被理所当然地认为是学科知识或教材。无论是我国历史上的"六艺",还是西方历史上的"七艺",其实质就是以一种朴素的、笼统的学科观点来确定课程与教学的内容。中华人民共和国成立后的几十年里,基本上遵循这一学科观点,把学科知识作为课程与教学内容。就国外而言,诸如要素主义、永恒主义教育学者等,都竭力主张"课程与教学内容即学科知识"。即使在今天,大多数国家依然把学科知识作为课程与教学的主要内容。

这种观点考虑到各门学科知识的系统性,有利于教师与学生明确教与学的内容,从而使课堂教学工作有据可依,因而成为人们对于课程与教学内容的一种普遍性的理解。

然而,学科知识浩如烟海,仅现有的学科门类就有成千上万门之多。把学科知识作为课程与教学内容,会导致学校课程与教学内容拥挤不堪,许多学科内容削减起来难度很大,不削减则很难增加新的内容。更严重的是,如果把学科知识和课程与教学内容相等同,课程与教学内容就成为既定的、先验的和静态的内容,外在于和凌驾于学习者之上,这将会导致在课程活动中教师只关注学科知识(教材),而忽视学习者的心智发展、情感陶冶、创造性思维、个性发展。所以,20世纪后期,这种取向招致许多学者的诟病。正如杜威指出的,即使是用最合逻辑的形式整理好的最科学的教材,如果以外加的和现成的形式提供出来,在它呈现到学生面前时,也失去了其原本的优点。对学生来说,学习内容是由外部力量所规定的他们必须接受的东西,而不是自己感兴趣的东西。于是,教师往往会想方设法采用各种教学方法引起学生的兴趣,用"糖衣"把材料裹起来,让学生"在他正高兴地尝着某些完全不同的东西的时候,吞下和消化一口不可口的食物"①。

---

① [美]约翰·杜威.学校与社会·明日之学校[M].赵祥麟,任钟印,吴志宏,译.北京:人民教育出版社,2005:127.

### (二) 课程与教学内容即学习经验

泰勒在其课程原理中使用了"学习者经验"这个术语。如果主要根据学习者需要制定课程目标,则学习者的经验就成为课程与教学的主要内容。

学习经验取向认为,决定学习的质和量的是学习者而不是教材。学习者之所以参与学习,是因为教育环境中某些特征吸引了他,学习就是对这些特征作出反应。学习经验不同于一门课所涉及的内容,而是指学生与外部环境的作用。教师的职责是要建构适应学生能力与兴趣的各种教育情境,为每个学生提供有意义的经验。当学习者能够突破外界强加的东西,对其所接触到的内容进行解读、内化,并在外化的过程中用自己已有的认知结构、情感特征和经验去解读和表征时,即使坐在同一课堂上的两个学习者,也会有两种不同的学习经验。由此,泰勒推断出"教育的基本手段是提供学习经验,而不是向学生展示各种事物"[①]。

然而,将学习者的经验作为课程与教学的主要内容,必然会增加课程与教学的编制与开发的难度。教师无法全面清楚地观察和了解每一个学习者的真实体验和心理特点,难以感知和把握影响其心理的特定环境及其他因素。这往往会导致课程与教学内容受学生的支配而削弱教师对课程与教学内容的控制、引导与评价。

把学习者的经验作为课程与教学内容,必须树立以下三个基本观念。

第一,学习者是学习主体。每一个学习者都有其独立的人格尊严,都有主宰自己命运的权利。课程不只是要让学习者学到知识技能,还要为学习者提供一种促使他们自己去学习的情境,成为一种满足学习者人生成长和个性整合的自由解放过程。

第二,学习者创造着社会生活经验。学习者不仅接受社会生活经验,还通过日常生活、班级活动、师生交往等,生成着个人知识和同伴文化。丰富的社会生活经验熔铸了学习者的精神与智慧,使他们在社会生活中具有独特的、成人无法取代的价值。

第三,学习者是课程的开发者。当学习者的主体地位确立之后,他们就不再是课程的被动接受者,而是与教师和其他学习者一道创造、开发自己的课程。[②]

### (三) 课程与教学内容即学习活动

进入20世纪后,随着社会发展和科技进步对课程与教学产生越来越深刻的影响,一些课程论专家意识到课程内容应当对社会的需要作出反应。他们通过研究成人的活动,识别各种社会需要,把它们转化成课程与教学目标,再进一步把这些目标转化成学习者的学习内容与活动。因此,这些课程论学者认为,对课程与教学内容理解的重点应当放在学习者做些什么上,而不是放在教材体现的学科体系上。这种课程论观点

---

① [美]拉尔夫·泰勒.课程与教学的基本原理[M].施良方,译.北京:人民教育出版社,1994:49-50.
② 钟启泉,汪霞,王文静.课程与教学论[M].上海:华东师范大学出版社,2008:72.

关注的不是向学习者呈现什么内容,而是让学习者积极从事某种活动;特别注重课程与教学内容和社会生活的联系,反对过于详细的分科教学,强调学习者在学习中的主动性;注重以学生的兴趣、需要、能力和经验为中介实施课程,使学习者在"切身体会"中获得发展。但这种取向也存在一定问题:其一,活动是一个比较宽泛的概念,从不同的角度看会产生不同的理解,如哲学、心理学、教育学对"活动"都有不同的界定,这样就会导致在具体的课程实践中难以真正把握和落实课程活动。其二,把课程与教学内容等同于活动,往往强调外显的、动态的活动。把动态的活动作为课程与教学内容,似乎关注了学生的直接经验和探究活动,却无法看到学生是如何同化课程与教学内容的,无法看到学生的经验是如何发生的。事实上,每个学生从活动中获得的意义和对活动理解的方式是各不相同的。如果仅关注外显的活动,容易使人只注意表面上的变化,而忽视深层次的学习结构,从而偏离学习的本质。

从以上对课程内容的三种取向分析看,每一种取向都有各自的合理性,同时也都存在着一定的局限性。它们都是在不同时代、针对不同社会要求和对受教育者的认识而提出并实施的。无论是"学科知识""学习经验"还是"学习活动",对学习者的身心发展都有实用价值。因此,课程与教学内容的选取需要综合考虑与处理这几方面的关系,课程与教学内容要同时兼顾学科知识、学习者经验和学习活动这几方面的因素,才能促进学习者的全面发展。

## 第二节 课程与教学内容选择的依据与原则

美国未来学家托夫勒(A. Toffler)认为,就知识增长的速度而言,今天出生的小孩到大学毕业时,世界上的知识总量将增加 4 倍。当这个小孩到 50 岁时,知识总量将是他出生时的 32 倍,而且全世界 97% 的知识都是在他出生以后才研究出来的。德国学者哈根·拜因豪尔(H. H. Beinhauer)统计:今天一个科学家,即使夜以继日地工作,也只能阅览有关自己这个专业的世界上全部出版物的 5%。由此可见,在人类浩如烟海的知识中,学生"可学的"总比他"能学的"多,这种现象在当今知识经济时代更为突出。所以课程与教学内容的选择是非常重要的。

### 一、课程与教学内容选择的依据

课程与教学内容的选择是一个价值判断的过程。判断何种知识有价值或没价值,必须有一定的标准与依据。而且,任何单一的标准和依据都不能为明智而又全面的课程与教学内容选择提供足够的基础。课程与教学内容的选择可以从宏观和微观两个角度来考虑。

### (一) 宏观角度

所谓宏观角度,是指课程与教学内容的选择与组织必然要受到社会的政治、经济、文化发展的制约,必然要考虑学生的发展规律和其他学科领域的影响。在这些宏观因素中,社会和学生对课程与教学内容的选择会产生根本的影响。

#### 1. 社会发展需要

学生个体的发展总是与社会的发展交织在一起。学生在学校期间所形成的知识结构和达到的水平决定其能否适应社会和在社会生活中所扮演的角色,因此,社会发展对学生素质发展的一般要求,是课程与教学内容选择的客观依据。在选择课程与教学内容时,必须考虑现实社会与未来社会的需求,以使学生在未来的社会生活中能有所作为。

首先,课程与教学内容的选择要符合现实社会的需求。在现实社会中,个性、合作、创造被普遍视为人所应具备的重要素质,如何满足现实社会对这些素质的需求应当成为课程内容选择的重要依据。

其次,课程与教学内容的选择还应顺应未来社会发展的趋势。如果仅仅从当前社会的需要出发选择课程与教学内容,不可避免地会出现人才培养滞后于社会发展的问题,使得学习者一跨出校门便成了时代的"落伍者"。

因此,课程与教学内容的选择不能单纯考虑当前社会的需要,还要着眼于未来社会发展的需要,适度超越现实社会,只有这样,课程与教学内容才能真正对社会的发展起作用。所以,在学校里可以让学生尝试体验未来社会的生活方式,从而使学生逐渐养成适应未来社会生活的素养。

#### 2. 学生的身心发展水平、需要与兴趣

课程与教学的最终目的就是要促进学生的发展。因此,课程与教学内容的选择应该关注学习者的需要、兴趣、身心发展特点以及规律等,这些都是课程与教学内容选择的重要考量维度。

首先,课程与教学内容的选择需要考虑受教育者现有的发展水平及其发展规律。受教育者身心发展的水平制约着课程与教学内容的广度和深度,超越学生身心发展现有水平的课程与教学内容会对学生造成过重的智力负担。

其次,课程与教学内容的选择还应考虑受教育者身心发展的需要。对于需要,通常有两种不同的解释。一种解释是指理想常模与实际状况之间的差距。就这个意义来说,"需要"就是指"应该是什么"与"是什么"之间的差距。另一种解释是有机体内部的张力,有机体为了保持正常、健康的状态,必须使这些张力恢复平衡。学校的课程与教学不仅应致力于缩小学生目前及未来发展的差距,还应促使学生产生学习的动力,

因此,课程与教学内容选择必须考虑学生的需要。

最后,在选择课程与教学内容时,还应考虑学生的兴趣。如果学习者对课程与教学内容感兴趣,学习者就会主动参与其中并有效地应付学习的各种情境,既节约时间,又能提高学习效率和效能。杜威也持有这种观点:当学习是被迫的、不是从学习者真正的兴趣出发时,有效的学习相对来讲是无效的。[①] 尽管学习者的兴趣是课程与教学内容选择的一个重要方面,但不能以学习者的兴趣为唯一依据。

### (二)微观角度

所谓微观角度,即从课程与教学内容本身来进行分析,包括课程与教学目标、课程与教学内容的学科属性及编写体例。与宏观角度主要关注一般意义上的课程与教学内容选择的依据不同,微观角度关注的更多是具体的课程与教学内容选择的依据,尤其是各学科的课程与教学内容选择的依据。

**1. 课程与教学的学科目标**

课程与教学的学科目标分为学科总目标和学科具体目标。学科总目标是通过学习这门学科所要达到的整体目标,比如《义务教育语文课程标准(2022年版)》从9个方面对语文学科所要达到的总目标进行了表述,《高中语文课程标准(2017年版2020年修订)》从12个方面对语文学科所要达到的总目标进行了表述,从整体上来看,基本涵盖了思想道德、文化自信、社会责任、学习方法、阅读方法、形象思维能力、表达能力、欣赏能力、审美情趣等方面。学科具体目标是指为了实现总目标,在各个学段或者不同主题、模块所设置的具体目标。还是以语文学科为例,在义务教育阶段分别设置了四个学段的具体目标,每个学段又具体划分为"识字与写字""阅读与鉴赏""表达与交流""梳理与探究"四个层面的目标;在高中阶段则分别设置了"整本书阅读与研讨""当代文化参与""跨媒介阅读与交流""语言积累、梳理与探究""文学阅读与写作"等18个学习任务群及具体的学习目标。

各学科以学科目标为依据进行课程与教学内容选择,尤其是在选择具体某个学段或某个主题、模块的课程与教学内容时,要与该学段或主题、模块的具体目标紧密联系,为这些具体目标的达成提供充分的内容支撑。这就要求在分析某一具体的课程与教学内容时,要有学科目标的意识,课程与教学内容在以学科目标为指引的同时,也为学科目标的达成提供支撑,只有从学科目标的角度思考为什么会选择这部分内容进入课程与教学内容,才能够更为准确地把握课程与教学内容的立意及所内蕴的育人价值。

**2. 课程与教学内容的学科属性及编写体例**

具体选择课程与教学内容时要充分考虑内容的学科属性,充分体现学科的课程性

---

① 江山野. 简明国际教育百科全书·课程[M]. 北京:教育科学出版社,1991:44.

质。同时,还要依据内容的编写体例来选择具体内容,课程与教学内容的编写体例并不是一成不变的,不同的编写体例将直接影响到内容的呈现结构和方式。

在不同阶段的各学科课程标准中,都会对学科属性进行阐释说明。比如,《义务教育语文课程标准(2022年版)》,认为"语文课程是一门学习国家通用语言文字运用的综合性、实践性课程。工具性与人文性的统一,是语文课程的基本特点"。为此,语文课程与教学内容主要围绕着"语言文字积累与梳理""实用性阅读与交流""文学阅读与创意表达""思辨性阅读与表达""整本书阅读""跨学科学习"六个层面选择相关内容。再比如,《义务教育数学课程标准(2022年版)》中,认为"数学是研究数量关系和空间形式的科学"。据此,数学课程与教学内容主要围绕着"数与代数""图形与几何""统计与概率""综合与实践"四个学习领域选择相关内容。也就是说,课程与教学内容只有依据学科属性进行选择,才能彰显出学科特征,真正发挥学科的育人功能。

课程与教学内容的编写体例主要体现在各学科教科书的编写体例设计上。比如,2019年教育部审定的义务教育语文教科书分单元编排内容,虽然每单元没有以书面的形式明确呈现主题,但是每单元都有一段对单元内容的概述,以四年级下册为例,第一单元写到"纯朴的乡村,一道独特的风景,一幅和谐的画卷",意味着本单元主要选择的是与乡村有关的文章。有的学科教科书在单元或者章节的编排中直接点明了主题,比如2018年教育部审定的义务教育科学教科书中每个单元都有明确的主题,以二年级上册为例,第一单元是"植物的生活",第二单元是"水和空气",第三单元是"推和拉",第四单元是"制作小船"。通常每个单元还会有具体的编写结构,比如语文除了单元内的选文之外,还会有"口语交际""习作""语文园地""快乐读书吧""综合性学习"等内容。可见,教科书编写体例确定之后,课程与教学内容的选择将主要在编写体例所构建的框架结构中进行选择。

## 二、课程与教学内容选择的基本环节

课程与教学内容是根据特定的教育价值观以及相应的课程目标而选择出来的。一般而言,课程与教学内容选择的基本环节包括以下五个方面。①

### (一)确定课程与教学价值观

课程与教学内容是对象世界与意义世界的统一,不仅是一种认知存在,还是一种意义存在。传统的课程与教学内容过多地执着于认知存在,善于把丰富多彩的世界抽象和概括成普遍的、必然的因果世界,却无法关照学习者整体的生命世界。

新课程与教学价值观认为,课程与教学内容是生活世界的表达,是生命意义的阐

---

① 左菊,孙泽文.课程内容选择:取向、依据及其环节[J].教育与职业,2012(12):135-137.

释,不能将其作为客观对象去认识,而应与它相遇并进行对话,根据自身的经验去理解它。课程与教学内容的选择应该着眼于每个学习者的健康成长和全面发展,帮助他们形成最基本的思想、观点、基本人格和学习能力;应与学习者的实际生活紧密相连,不能只关注知识的传递和应付考试,而忽略学习者的生活体验、求知欲望和情趣志向;应体现多元性和丰富性,不能仅限于本国的各种文化,还应涵括全球的多元文化,尽量满足个体的独特需求。如果仍然囿于传统的课程与教学价值观,将导致学习者的思想僵化和行为封闭,压抑主动精神和探索行动,难以形成全面与可持续发展的意识和能力。

### (二)确定课程与教学目标

课程与教学目标不仅是教育宗旨和培养目标的具体化,更是选择课程与教学内容的一个重要参照维度。课程与教学目标在一定程度上为课程与教学内容的选择提供了一个基本的方向。在课程与教学改革的推进过程中,课程与教学目标经历了从"双基目标"到"三维目标"再到"核心素养"的发展过程。如今,在《普通高中课程方案(2017年版2020年修订)》和《义务教育课程方案(2022年版)》以及遵循两个新方案所编制的各学科课程标准中,确定了核心素养导向的课程与教学目标,各学科根据课程性质以及核心素养与课程教学之间的内在联系,凝练了各自的学科核心素养,明确了学生学习该学科课程后应达成的正确价值观、必备品格和关键能力。比如,语文要培养学生"文化自信""语言运用""思维能力""审美创造"四个方面的核心素养;数学要培养学生"会用数学的眼光观察现实世界""会用数学的思维思考现实世界""会用数学的语言表达现实世界"三方面的核心素养;历史要培养学生"唯物史观""时空观念""史料实证""历史解释""家国情怀"五个方面的核心素养。

### (三)确定课程与教学内容的基本取向

课程与教学内容的基本取向主要包括学习者的学科知识、学习经验和学习活动三个方面。三种取向有各自的合理之处,也都存在不可克服的缺陷。因此,对这三者关系的理解与处理,绝不能采取非此即彼的思维方式,应结合具体学科的特点,做到合理综合,取长避短,以保证比例关系的协调,发挥其综合效用,力求让每个学习者都能结合个人的兴趣和特长,找到自我发挥的空间。

### (四)确定课程与教学内容应遵循的原则

课程与教学内容的确定应遵循思想性、时代性、基础性、选择性和关联性原则。思想性是课程与教学内容的灵魂,思想正确是保证课程与教学内容具备正确育人导向的根本。课程与教学内容的组织要充分反映习近平新时代中国特色社会主义思想,全面融入社会主义核心价值观,继承和弘扬中华优秀传统文化、革命文化、社会主义先进文化,加强道德素养、法治意识、国家安全、民族团结和生态文明等方面的教育。时代性是指课程与教学内容要彰显时代使命,要与时代的发展趋向相一致,能够支撑起新时代对人的发展的新要求,做到与时俱进。基础性是指课程与教学内容要面向全体学生,聚焦核心素养,精选有助于学生成长发展的基础知识和基本技能,为学生终身学习打牢基础。选择性是指课程与教学内容在面向全体学生的同时,也要考虑学生不同的发展需求,提供多样化的课程与教学内容以供学生选择,满足学生不同的学习需要,促进学生的个性化发展。关联性是指要加强课程与教学内容与学生核心素养、生活经验、社会实践之间的联系,强化不同学段、不同学科、不同主题、不同单元之间的关联,发挥不同课程与教学内容的协同育人功能。

### (五)确定具体的课程与教学内容

课程与教学是生活世界的有机构成,而不是孤立于生活世界的抽象存在。课程与教学内容的确定应该满足学习者智力、社会能力、身体和道德的发展需求。这就需要把现代科技最新成果和现代社会的新理论、新方法(包括当代社会中的多元、平等、和平、宽容和理解等理念)融入课程与教学之中;需要立足于学习者的知识背景和能力水平,尽量从他们熟悉的事件、人物出发叙述教材内容,增强与现实生活和学习者身心发展实际的联系;需要艺术地呈现有关知识、规律的内容,而非直接告知,应让学习者在积极主动的探究活动中获取;需要打破原有学科的界限,重构学科知识结构,避免重复、交叉与遗漏,达成复合共生、交叉渗透的效应;需要对传统的知识内容认真地加以审视、判别和选择,保留人类科学文化中一些最主要的基础知识,剔除那些烦琐陈旧、脱离现实生活的内容。唯有如此,才能更好地满足基础教育阶段学生多方面的需求,更好地调动学习者的学习欲望,促进他们身心的和谐发展。

## 三、课程与教学内容选择的原则

### (一)要注意基础性与时代性的统一

中小学教育的基本任务是要使学生有效地掌握人类文化遗产中的精华,并充分发展学生的各方面能力,以适应未来社会发展的需要。由于当代社会信息量日益激增,要让学生吸收社会所需要的全部信息已不再可能。我们必须使学生具备丰富自身知识的能力,以及在复杂的社会里明辨方向的应变能力。因此,所选择的课程与教学内容应"具有适应终身学习的基础知识、基本技能和方法",体现基础性与时代性的统一。

基础性是指强调掌握必需的经典知识及灵活运用的能力;注重培养学生浓厚的学习兴趣、旺盛的求知欲、积极的探索精神、坚持真理的态度;注重培养搜集和处理信息的能力、获取新知识的能力、分析和解决问题的能力、交流与合作的能力。

时代性是指课程与教学内容的选择体现当代社会进步和科技发展，反映各学科的发展趋势，关注学生的经验，增强课程与教学内容与社会生活的联系。同时，根据时代发展需要及时调整、更新。从某种程度上说，只有具备时代性的课程与教学内容才能培养出符合当前和未来社会发展的人才。

### （二）应贴近社会生活

课程与教学内容并不是对知识进行简单的抽象化呈现，而是要结合社会生活，将知识置于生活情境中进行呈现。杜威特别强调教育与社会生活的联系，他在《作为道德理想的自我实现》一文中提到"倘若要我点出对教育精神的所有改革中最需要的改革，我会说：'停止把教育纯粹当作后来生活的准备，把它打造得具有当前生活的全部意义'"[①]，在《民主主义与教育》中认为"教育在它最广的意义上就是这种生活的社会延续"[②]。学生是在社会生活中成长学习的，他们的认知不能脱离社会生活的情境。课程与教学内容与社会生活相结合，就是要与学生的生活经历、体验建立联系，学生便有可能将自身的生命体验与感悟融入知识的学习中，同时也有可能化知识为素养，参与到新的社会生活中去。

当然，我们考虑课程与教学内容与社会生活之间的联系时，不仅要注意与当前社会生活的联系，还要注意与未来社会生活的联系。面对未来社会对人的综合素养和创新能力的需要，课程与教学内容将更为强调知识的综合性、关联性和情境性。而且，课程与教学内容还要考虑未来技术的发展及教育融入，既需要将人工智能、元宇宙等新技术纳入课程与教学内容的选择范围，也需要借助数字化技术探索课程与教学内容新的呈现方式，通过面向未来的课程与教学内容选择来推动未来人才的培养。

### （三）要与学生和学校教育的特点相适应

课程与教学内容是为特定教育阶段的学生而选择的。我们必须认识到，所选择的课程与教学内容最终是为学生学习所用。课程与教学内容若不能被学生同化，成为他们自身的一部分，就永远是一种外在物，对他将来的行为、态度、个性等不会有什么影响。选择课程与教学内容时能够注意到学生的兴趣、需要和能力，并尽可能与之相适应，这样不仅有助于学生更好地掌握科学文化知识，还有助于他们对学校学习形成良好的态度。换言之，不仅要使他们"好学"，还要使他们"乐学"，从而达到提高教育质量之目的。实践已经证明，任何偏离学生已有水平的课程与教学内容，不论是偏难还是偏易，都不会取得好效果。

此外，中小学教育要为学生将来的发展打下良好的基础，就一定要考虑到他们德、

---

① [美]约翰·杜威.杜威全集：第4卷[M].王新生,刘平,译.上海：华东师范大学出版社,2010:44.
② [美]约翰·杜威.民主主义与教育[M].王承绪,译.北京：人民教育出版社,2001:7.

智、体、美、劳诸方面的发展,为他们提供一种比较全面、完整的教育。为此,教育工作者在选择内容时,需要考察这些内容在全面实现教育目的方面的种种潜能。由于目标与内容之间并不是一一对应的关系,一种内容可以同时实现多种目标,同理,为实现某一目标可能需要多种内容的组合,所以,教育工作者在选择课程与教学内容时还应综合考虑各方面的关系。

## 第三节 课程与教学内容的组织与呈现

课程与教学内容的组织是课程理论和教学实践中与逻辑联系最紧密的领域之一。课程与教学内容采取何种逻辑形式编排和组织,直接影响着课程与教学内容结构的性质,也制约着课程与教学实施中学习活动的方式。

### 一、课程与教学内容的组织原则与方式

美国教育学者泰勒在20世纪40年代针对课程与教学内容的编排和组织提出了三条原则,分别是连续性、顺序性和整合性原则。连续性所强调的是在陈述主要课程与教学内容时应采取直线式的方式,以保证内容之间的连贯性;顺序性所强调的是后面的课程与教学内容要以前面的课程与教学内容为基础,以实现内容的层级递进;整合性所强调的是各种课程与教学内容之间的横向联系,以促进学生在不同内容的学习中能够获得统一的观点,将自己的行为与所学的课程与教学内容统一起来。这三条组织原则对课程与教学设计产生了重要影响,在具体落实时还要处理好以下几种不同组织方式之间的关系。

#### (一)纵向组织与横向组织

在教育史上,最有影响的是纵向组织的原则。所谓纵向组织,或称序列组织,就是按照某些准则(从已知到未知、从具体到抽象)以先后顺序排列课程与教学内容。我国战国时期的《礼记·学记》中"不陵节而施""先其易者,后其节目",就是强调按系列组织课程内容。夸美纽斯也告诫教师要按由简至繁的序列安排内容。一般说来,强调学习内容从已知到未知,从具体到抽象,是历史上教育家们的一贯主张。[①]

20世纪以来,一些教育心理学家结合心理学的新进展提出了新的序列组织原则。比如,加涅根据人类学习是由简单到复杂依次推进的特点,提出累积学习的模式。布卢姆等人的《教育目标分类学》,也是强调学习内容从简单到复杂按顺序排列的典型。皮亚杰强调课程内容与学生思维发展阶段相匹配,而思维发展阶段是按顺序依次发展

---

① 陈家端.试析高中数学课程中逻辑内容的选择与编制[D].北京:中央民族大学,2006:19.

的。柯尔伯格认为道德认识的发展要依次经过一系列阶段,当学生在成熟度达到最低阈限后,学习某些事情就会容易些。

20世纪70年代以后,一些教育家开始强调课程与教学内容的横向组织原则,即要求打破学科的界限和传统的知识体系,将各门学科的知识横向地联系起来,以便让学生有机会更好地探索社会和个人最关心的问题。这是与20世纪60年代以后自然科学与社会科学汇流,社会科学内部各学科日趋综合的趋势相顺应的。在这些教育家看来,如果要使学生所学的内容对他们的成长具有重要意义,就必须摆脱传统学科的形式和结构。所以,他们主张用一些所谓的"大观念""广义的概念"和"探究方法"作为课程与教学内容组织的要素,使课程与教学内容与学生校外经验有效地联系起来。实际上,他们强调的是知识的广度而不是深度,关心的是知识的应用而不是知识的形式。[①]

### (二) 逻辑顺序与心理顺序

课程与教学内容组织的逻辑顺序与心理顺序问题,是"传统教育"派与"现代教育"派在课程与教学内容组织方面的分歧所在,这一重大分歧充分说明了课程与教学内容组织逻辑的重要性。逻辑顺序强调根据学科本身的体系和知识的内在联系来组织内容;心理顺序则强调按照学生心理发展的顺序和特点来组织内容。

"传统教育"派认为应为学生提供与科学知识结构相应的内容,这样有利于使学生获得系统化的知识,形成学生自己的知识结构。另外,遵循科学知识内在的、固有的逻辑序列,还能为学生分门别类地认识客观事物做好科学知识的准备。

"现代教育"派强调学生身心发展的规律,认为应按照学生的思维发展、兴趣、需要和经验背景来组织内容。其理由是,在学生与课程的关系上,学生是中心,课程是次要的。因此,对于学生的发展来说,一切课程的逻辑都应处于从属的地位。[②]

实际上,课程与教学内容的组织需要把逻辑顺序和心理顺序结合起来。一方面,内容的组织应该考虑科学本身的逻辑顺序。学科知识内各个知识点之间是有着有序的体系和内在联系的,这种内在联系也正是客观事物的内在联系的反映。在学科知识的有序体系中,各个部分的知识之间有其先后顺序,一部分的内容是另一部分内容的基础,必须理解和掌握了一部分,才能在此基础之上理解和掌握另一部分。课程内容的组织,必须考虑这种顺序性即逻辑顺序,才能使学生的学习进行得更有效,才能使学生系统地、完整地掌握学科知识。另一方面,学生的心理发展和心理活动是有顺序的。学生的心理发展有着不同于成人的特点,学生的心理活动有着从简单到复杂、从低级

---

① 陈家端.试析高中数学课程中逻辑内容的选择与编制[D].北京:中央民族大学,2006:20.
② 李红英.我国高等学校课程设计的理论与实践研究[D].兰州:兰州大学,2007:47.

到高级等一系列的顺序。课程与教学内容是要求学生去学习和掌握的,如果内容不符合学生的心理发展特点,内容的顺序不符合学生的心理活动的顺序,那么课程与教学内容就很难为学生所理解和掌握,即使再科学的内容也是无效的。

### (三) 直线式与螺旋式

直线式认为课程知识本身内在的逻辑是直线前进的,通常把课程与教学内容组织成一条在逻辑上前后联系的"直线",且前后内容基本不重复。由于直线式采取内容在前后不重复的方式,因而被认为是效率较高的一种内容组织形式。螺旋式认为人的认识遵循着由简单到复杂、由低级到高级逐步深化的发展规律,通常在不同的阶段、单元或不同课程门类中使课程与教学内容重复出现,逐渐扩大知识面,加深知识难度。

不同的学者对这两种组织形式持有不同的看法。比如,苏联学者赞科夫认为教师所讲的内容只要为学生所理解就可以往下讲,不要原地踏步。因为过多地重复同一内容会使学生感到厌倦,而不断呈现新的内容则会使学生总觉得在学习新东西,从而保持良好的学习兴趣。所以,他对复习和巩固持保留态度。美国学者布鲁纳则明确主张采用螺旋式课程。他认为,课程内容的核心是学科的基本结构,应该从小就开始教授各门学科的基本原理,以后随着学年的递升而螺旋式地反复,逐渐提高。美国学者凯勒(C. Keller)在20世纪60年代探索出一种"逐步深入的课程",即一门课程在中小学教育阶段的12年间进行多次学习,每次都进一步深入地学习课程的不同部分。[1]

课程与教学内容的直线式组织方式与螺旋式组织方式各有其优缺点。直线式组织方式的优点主要在于,它能够较完整地反映一门学科的逻辑体系,能够避免课程与教学内容的不必要重复。其缺点主要在于,它不能很好地体现学生心理发展的特点,不能将学科发展的前沿成果尽可能早地反映在课程与教学内容中。螺旋式组织方式的优点主要在于,它有利于照顾到学生的心理特点,有利于既尽可能早地将学科发展的前沿成果反映在课程与教学内容中,又使学生对学科知识的理解逐渐加深。其缺点主要在于容易造成课程内容的臃肿和不必要的重复。[2] 在实际的课程与教学内容组织中,应该将直线式和螺旋式两种组织方式结合起来。

这两种组织方式各有利弊,分别适用于不同的学科、不同年级的学生。对理论性较强、学生不容易理解和掌握的内容,以及对低年级的儿童来说,螺旋式较合适;对于一些理论性相对较弱的学科知识、操作性较强的内容,则直线式较为合适。其实,即使

---

[1] 陈家端.试析高中数学课程中逻辑内容的选择与编制[D].北京:中央民族大学,2006:21-22.
[2] 肖亮.对篮球教学内容"螺旋式"组织方式的初步探讨[J].山西体育科技,2006(1):71-75.

在同一课程的内容体系中,直线式和螺旋式都是必不可少的。不能一概而论地说哪种逻辑方式是具有绝对合理的内容组织形式。

## 二、课程的组织结构

课程的组织结构,简称课程结构,是课程各要素、各成分、各部分之间合乎规律的配合和组织。课程的组织结构包括纵向结构和横向结构两个维度。

### (一)课程的纵向结构

课程的纵向结构指的是课程设计的展现方式,即怎样从课程目标和课程理念最终转化为学生在课程中的学习活动。目前,最常见、最一般的纵向结构为:课程方案、课程标准、教科书。尽管名称在不同的时期时有变化,但这三个层次及相应的内容大致是相同的。

1. 课程方案

国家课程方案是课程改革的总纲,课程育人的蓝图。为了不断与教育改革所面临的新形势、新要求、新挑战相适应,根据深化推进教育改革的实际需要,教育部会组织专家对课程方案进行修订。每次修订后的课程方案将成为新的课程标准编制和教科书编写的依据,对未来一段时期的课程改革与实施发挥导向作用。

新世纪以来,义务教育课程方案经历了从《义务教育课程设置实验方案》到《义务教育课程方案(2022年版)》的发展过程,高中阶段课程方案经历了从《普通高中课程方案(实验)》到《普通高中课程方案(2017年版2020年修订)》的发展过程,后者均是在对前者进行修订而成的。比如,相对于2001年印发的《义务教育课程设置实验方案》,《义务教育课程方案(2022年版)》在培养目标上,从有理想、有本领、有担当三个方面明确了义务教育阶段时代新人培养的具体要求;在课程设置上,将小学原"品德与生活""品德与社会"和初中原"思想品德"整合为"道德与法治",进行一体化设计,艺术课程一至七年级以音乐、美术为主线,融入舞蹈、戏剧、影视等相关内容,八至九年级分项选择开设,将劳动、信息科技从综合实践活动课程中独立出来,科学、综合实践活动起始年级提前至一年级。①

课程方案的制订和修订需要注意以下几个问题:一是明确不同学段教育的定位和任务,结合新时代对人才培养的新要求确定培养目标;二是根据落实立德树人根本任务的需要,不断优化课程结构,努力构建具有中国特色、体现国际发展趋势、充满活力的课程体系;三是明确不同课程实施环节责任主体的实施职责,建立制度规范,健全实

---

① 中华人民共和国教育部.义务教育课程方案(2022年版)[S].北京:北京师范大学出版社,2022:3.

施机制,强化管理监督。

### 2. 课程标准

课程标准是由国家的公认机构制定并由国家标准权威管理部门批准或核定的文件,是课程开发建设、课程实施、课程评价和管理的准绳。① 崔允漷通过对国内外关于课程标准界定的梳理,从以下五个方面对课程标准进行了更为具体的阐释:课程标准主要是对学生在经过某一学段后的学习结果的行为描述,而不是对教学内容的具体规定;它是国家(有些国家是地方)制定的某学段的共同的、统一的基本要求,而不是最高要求;学生学习结果行为的描述应该尽可能是可理解的、可达到的、可评估的,而不是模糊不清的、可望不可即的;教师不是教科书的执行者,而是教学方案(课程)的开发者,即教师是"用教科书教,而不是教教科书";课程标准的范围应该涉及作为一个完整个体的发展的三个领域,即认知、情感与动作技能,而不仅仅是知识方面的要求。② 从中可以看出,课程标准是国家意志在课程层面的体现,是教材编写、教学活动开展、考试评价、课程实施管理等工作的直接依据,国家课程通常都会编制相应的课程标准作为指导学科课程与教学的指导性文件。

为更全面地理解课程标准,需要对课程标准与之前的教学计划、教学大纲进行比较。对此,顾明远曾专门撰文从内容要求、统一性与灵活性、时代性三个方面进行分析。具体来说,在内容要求上,教学计划、教学大纲虽然也很重视学生的全面发展和思想品德的养成,但主要还是对各学科的知识内容进行强调,课程标准则提出了知识与技能、过程与方法、情感态度与价值观三维标准,最新的课程标准又提出了各学科核心素养这一新标准。在统一性与灵活性上,教学计划、教学大纲强调了统一性,缺乏灵活性,比如教学大纲规定的内容要点、课时等是不能改变的,课程标准则具有灵活性,除了道德与法治(高中思想政治)、语文、历史三科是统编教材外,其他学科根据课程标准要求由各地编写,同时在各校实施中可以对课程进行整合调整。在时代性上,课程标准相对于教学计划、教学大纲更能反映时代的要求、学科发展的进步,具有思想性、科学性、时代性等特点。③

2020年修订的普通高中各学科课程标准和2022年修订的义务教育各学科课程标准在前言中都对修订的指导思想、修订原则、主要变化等方面的内容进行了说明。普通高中各学科课程标准与义务教育各学科课程标准虽然因学段、学科不同,所包含的

---

① 何玉海,王传金.论课程标准及其体系建设[J].教育研究,2015(12):89-98.
② 崔允漷.国家课程标准与框架的解读[J].全球教育展望,2001(8):4-9.
③ 顾明远.从教学计划、教学大纲到课程标准[J].课程·教材·教法,2021(10):20-21.

主要内容及其具体表述有所不同,但总体上来看,大致主要包括课程性质、课程理念、课程目标、课程内容、学业质量、课程实施六个部分。需要指出的是,新的课程标准中对学科核心素养的内容进行了界定和分析,对学业质量内涵和水平进行了阐释和描述,普通高中各学科课程标准还对学业质量水平与考试评价之间的关系进行了专门说明。在实施建议部分,除了教学建议、评价建议、教学编写建议、课程资源开发与利用建议之外,普通高中各学科课程标准还针对学业水平考试与高考命题、地方与学校实施课程标准提出了具体建议,义务教育各学科课程标准则针对教学研究与教师培训提出了具体建议。

---

**案例 3-2**

### 义务教育语文课程标准(2022年版)

一、课程性质

语文课程是一门学习国家通用语言文字运用的综合性、实践性课程。工具性与人文性的统一,是语文课程的基本特点。

二、课程理念

1. 立足学生核心素养发展,充分发挥语文课程育人功能

2. 构建语文学习任务群,注重课程的阶段性与发展性

3. 突出课程内容的时代性和典范性,加强课程内容整合

4. 增强课程实施的情境性和实践性,促进学习方式变革

5. 倡导课程评价的过程性和整体性,重视评价的导向作用

三、课程目标

(一)核心素养内涵

(二)总目标

(三)学段目标

四、课程内容

(一)主题与载体形式

(二)内容组织与呈现方式

五、学业质量

(一)学业质量内涵

(二)学业质量描述

> 六、课程实施
>
> (一)教学建议
>
> (二)评价建议
>
> (三)教材编写建议
>
> (四)课程资源开发与利用
>
> (五)教学研究与教师培训
>
> 附录1:优秀诗文背诵推荐篇目
>
> 附录2:关于课内外读物的建议
>
> 附录3:关于语法修辞知识的说明
>
> 附录4:识字、写字教学基本字表
>
> 附录5:义务教育语文课程常用字表

3. 教科书

教科书简称课本,是根据课程标准系统阐述学科内容的教学用书,是课程标准的具体化。凡是课程计划中规定的课程,一般都有相应的教科书。

教科书是教学内容选择和组织的物化形态,教科书规定的内容,限定了教学的范围,成为师生双方进行教学的最重要资源。教科书不等于教材,教科书只是教材的表现形式之一。教材包括文字教材和音像教材,文字教材又包括教科书、教学参考书、学生自学指导书等,音像教材则包括录像带、磁带、电影片、幻灯片、光盘、磁盘等。

在国家、地方、学校三级课程管理体系的探索过程中,我国也积极开展教科书管理权由中央下放到地方的相关探索,通过教科书的多样化来适应地方教育改革、学校办学特色、学生个性发展等方面的差异化。在这一背景下,在人民教育出版社之外,很多地方出版机构也加入不同类型、不同学科教科书的编写中来。与此同时,教科书的审定制度也在探索中不断完善,主要实行国家、省(自治区、直辖市)两级审定,国家教育行政部门负责国家教材的编审管理工作,省级教育行政部门负责地方教材的编审管理工作。党的十八大后,教材建设进一步上升到国家事权的层面,2017年国家成立教育部教材局和国家教材委员会,2018年成立课程教材研究所,推进了教材建设、管理和研究工作的一体化。我国的教科书管理体系更为完善,形成了由国家教材委员会指导和统筹,国家、地方、学校分级管理,并明确了各层级的管理权、监督权、专业权和执行责任,建立了高效运转机制,推动了教科书建设的现代化进程,坚持党对教科书建设的全面领导,保证了教科书的建设质量。

知识卡片 3-1

2012年9月23日国务院颁布了《国务院关于第六批取消和调整行政审批项目的决定》（国发〔2012〕52号），"中小学国家课程教材编写核准"是国务院决定取消的行政审批项目之一。今后编写中小学国家课程教材不再需要向教育行政部门申请编写立项。

我国对现行中小学教科书的管理分为两个环节，一是编写核准，二是审定。此次国务院取消的是教材编写核准环节，审定环节并未取消。《中华人民共和国义务教育法》规定，国家实行教科书审定制度。凡进入中小学校的国家课程教科书，仍必须经过国家审定。教育部将进一步完善教材审定办法，对教材编写人员的资质以及送审教材应具备的条件提出明确要求，以切实保证教材质量。

教科书的编写是一项艰巨而复杂的工作，应有效处理科学性、思想性和实用性的关系，社会发展与个人发展的关系，学科逻辑与心理逻辑的关系等。

## （二）课程的横向结构

课程的横向组织结构探讨的是不同课程的比例关系，即在一定的课程结构内各门各类课程是怎样安排的。横向结构具体表现为某一种特定的课程结构中，各种门类和种类的课程所占比例及其相互关系。因此，课程的横向结构主要受课程类型的制约。课程类型是指课程的组织方式或种类，在课程理论与实践中，典型的课程类型包括：学科课程与活动课程、分科课程与综合课程、必修课程与选修课程、显性课程与隐性课程。探究每一对课程类型之间的内在联系，是确立理想的课程结构的基本前提。

1. 学科课程与活动课程

学科课程与活动课程是以课程内容所固有的属性为逻辑范畴进行分类，以此形成课程结构中两种比较大的课程范畴。

（1）学科课程

所谓学科课程，是以本门学科的知识体系为中心，或者说以学科的形式组织课程与教学内容的一种课程，是一种古老的、应用广泛的课程类型。古希腊罗马时代为自由民提供的一般文化课——"七艺"（文法、修辞、辩证法、算术、几何、天文和音乐），近代夸美纽斯所倡导的"泛智主义"实学学科（本国语、近代外国语、经验科学等），赫尔巴特以"六种兴趣"为基础而提出的数学、逻辑学、物理等，斯宾塞基于"完美生活"而提出的五个领域都是学科课程的体现。而后,随着科学的发展,学科课程日益精细化,逐渐形成了百科全书式的课程。

>  **知识卡片 3-2**
>
> 夸美纽斯在《大教学论》中,为不同阶段的教育设置了一系列的课程。
>
> 学前阶段:涉及玄学、天文学、地理学、年代学、历史学、算术、几何、文法、修辞学、赞美诗及经济学等学科。
>
> 初等教育:涉及本民族的读、写、算能力及计算、测量、音乐、赞美诗、道德、经济学、政治学、世界史和宇宙学等学科。
>
> 中等教育:包括本族语文、拉丁文、希腊文和希伯来文四种文字的学习;文法、修辞、辩证法、算术、几何、天文和音乐,即"七艺"的学习;另外还增设了物理学、地理学、年代学、历史学、伦理学和神学等学科。
>
> 赫尔巴特以客观的人类文化遗产——科学为基础,以发展人的"多方面的兴趣"为轴心,设置了相应的学科。
>
> 根据经验的兴趣:设立自然科学、物理、化学、地理等学科。
>
> 根据思辨的兴趣:设立数学、逻辑、文法等学科。
>
> 根据审美的兴趣:设立文学、音乐、图画等学科。
>
> 根据同情的兴趣:设立外国语和本国语等学科。
>
> 根据社会的兴趣:设立历史、政治和法律等学科。
>
> 根据宗教的兴趣:设立神学科。

学科课程是目前使用范围最为广泛的课程,具有显著的逻辑性、系统性和简约性特征。它是按照学科体系组织起来的课程,可以系统地传授积累下来的文化遗产;它有利于学习者在有限的时间内系统、全面地掌握文化知识;它以传统知识为基础,既容易组织教学,也便于进行教学评价。但学科课程的缺点也是显而易见的。首先,学科课程强调文化的历史积淀,强调各门课程的学术传统,造成并加深了学科间的分隔。其次,它导致学科与生活的分离,学科课程是以知识为逻辑体系而组织起来的,在注重知识逻辑性的同时,不利于联系学生的生活实际和社会实践,忽略了学生的需要、兴趣和生活经验,容易导致死记硬背,具有把成人的观点强塞入教材施加给儿童的倾向。最后,它导致对情感态度与价值观的忽视,教学上容易偏于知识的传授与接受等。

（2）活动课程

活动课程是与学科课程相对的课程类型，又称为"经验课程""生活课程"或"儿童中心课程"，是以儿童的主体性活动经验为中心组织的课程。它强调儿童在课程中的地位，强调经验的价值，强调生活的重要性，强调学生通过系列活动去学习、去体验生活，从而获得直接经验和锻炼能力。

活动课程这一基本思想由来已久，最早可以追溯到古希腊著名哲学家柏拉图的"儿童游戏场"。他注重儿童学习活动中的主动参与意识，强调通过给儿童讲故事，组织儿童做游戏、开展音乐、歌唱等活动对儿童进行道德教育。在活动课程早期的形成过程中，18世纪末到19世纪的法国启蒙主义教育家卢梭的"自然教育"思想，瑞士教育家裴斯泰洛奇的教育适应自然原则，以及德国学前教育家福禄贝尔的儿童自动发展思想对活动课程理论的建立产生了重大的影响。美国的实用主义教育家杜威进一步奠定了系统的理论基础。杜威从实用主义哲学出发，针对学科课程的弊端，提出"教育即生活""学校即社会""做中学"的主张，反对教学以学科为中心，强调课程要以学生的活动和经验为中心，使儿童从生活活动和经验出发，从做中学，以体验生活，获得经验。进入20世纪70年代后，受"人本主义心理学"的影响，经验课程更加强调其体验性，被称为体验课程。

与欧美一些国家相比，我国活动课程起步较晚。通过"五四"运动前后的思想解放运动，尤其是1918年以后我国对杜威实用主义思想的介绍和推广，活动课程逐渐兴起。中华人民共和国成立之后，中小学的各项课外活动成了学校教学计划中的有机组成部分和学校教育活动的重要内容，进一步推动了活动课程的发展。20世纪80年代末期以后，部分中小学开始进行活动课程的实验。1992年颁布的《九年义务教育全日制小学、初级中学课程计划（试行）》明确规定开设两类课程：学科课程和活动课程，从而将活动课程正式纳入我国中小学的课程体系。

活动课程通过多样化的活动促进学生的发展，与学科课程相比具有主体性、开放性、活动性、过程性等特点，有利于激发学生的兴趣，满足学生的各方面需要。但活动课程若设计或实施不当，容易导致形式化或片面化。另外，活动课程对学校的条件、教师的素质等各方面都有较高的要求。

（3）学科课程与活动课程的关系

关于学科课程与活动课程的争论从未间断过。学科课程与活动课程同为学校课程的组成部分，它们之间并非水火不容的关系，而是一种相互补充、相互促进的关系。学科课程重视各学科领域内知识的逻辑性和系统性，在内容上以理论知识为主，注重知的一面，即使对操作性知识也注重操作的基本原理、程序的讲授。而活动课程的内容一般是围绕一定的问题或活动主题来组织的，侧重综合性知识、应用性知识，注重行的一面。学科课程与活动课程的结合,使理论性与应用性、分化与综合等多种知识形式融合为一个整体,相互补充,有机渗透,从而有助于学生形成完整的知识结构。

> **案例 3-3**
> 
> **在活动中加深对正负数的认识**
> 
> 在学习正负数这一知识时,一位小学数学教师提前指导学生收集现实生活中的正负数,在课上进行展示。
> 
> 学生 1:电梯中标记的-2 层,意思是相较于地面低 2 层;
> 
> 学生 2:天气预报中所说的-16℃,意思是非常冷;冰箱显示保鲜层为 0℃,表示新鲜;
> 
> 学生 3:我旅游时看到海拔写的-100 m,代表非常低的意思;
> 
> 学生 4:微信账单上有-1050 元,意思是支出了 1050 元人民币。
> 
> 教师:教师把同学们观察到的所有负数写在黑板,请学生朗读。
> 
> 学生 1:温度-16℃的读法是:负十六摄氏度。
> 
> 教师:同学们生活经验可真丰富,接下来,我们围绕同学找出的负数进行深入研究。通过画一画来寻求正负数的本质特征,学生用画的方式,来解释、表示出黑板上的负数。首先,小组内分享交流每名学生画的负数,逐一介绍这个数字的含义。
> 
> 学生 1:电梯上标注的负数,代表是楼层的正或者负,前提是将地平面作为基础,换言之将 0 作为参考。如果参考标准变动,正负数也会随之调整。
> 
> 学生 2:微信账单中的正负数,收入记为+,支出记为-,收入和支出表示相反意义的量。
> 
> 资料来源:文敏.促进深度学习的小学数学教学设计研究——以"正负数"为例[D].重庆:西南大学,2021.

**2. 分科课程与综合课程**

分科课程和综合课程是课程内容编制的两种不同方式。它们同属于学科课程,都是根据学科结构体系划分科目。但它们产生于不同的历史时期,有着各自不同的理论与实践依据。

(1)分科课程

分科课程就是由各自具有独立体系、彼此缺乏联系的学科或科目所组成的课程,也称作科目本位课程。传统的学科课程就是分科课程,如我国古代的"六艺"和欧洲中世纪的"七艺"。

(2) 综合课程

综合课程指的是打破分科课程的界限,采用各种有机整合的形式,把有关联的学科及教学系统中的各要素及各成分整合成为有机整体的新型课程。①

关于综合课程的设想早在18世纪就已出现,卢梭提出以儿童获得关于世界和现实生活的经验为目标,以儿童自然成长的需要为中心组织课程。福禄贝尔也主张课程结构方面应通过学生的自我活动和独立作业的形式将学校的课程体系整合在一起。19世纪末是综合课程理论和实践真正兴起的时期。德国的哈尔尼斯(W. Harnisch)最早提出了综合课程的设想,他主张小学应开设线条画、唱歌、数学、国语、世界科和基督教六门学科。其中,世界科是一门综合课程,它包括理科和社会科的内容,如地理学、矿物化学、物质学、动物学、人类学、民族学、国家学、历史学等。② 德国的赫尔巴特从统觉论出发,论述了多种学科内容的相互关联和统一,提出"教材联络与教材中心说",即"把各学科统整起来的计划",其基本观点是:在课程中安排各学科时,要使一门学科的教学经常地联系其他学科的教学,这样,教地理时就非常容易显示出它与历史之间的联系;同样,教历史时联系文学而使历史教学更加丰富充实。③ 这种思想对后来各国课程的发展产生了深远的影响。

综合课程在我国也有较为悠久的历史,1904年《奏定学堂章程》中规定的"格致"即属于综合课程,包括动物、植物、矿物等科。1923年新学制改革后公布的《中小学课程标准纲要》,规定"初级中学以社会、语文、算学、自然、艺术、体育六科组织教学,其中社会科包括公民、历史、地理,语文科包括国语、外语,艺术科包括图画、手工、音乐,体育科包括生理卫生、体育"。因此,这一时期中小学实施的是一种学科本位的综合课程。20世纪80年代之后,在科技进步和社会发展的推动下,我国教育界越来越重视综合课程的理论研究和实践探索。1992年国家教委颁布实施《九年义务教育全日制小学、初级中学课程计划(试行)》,将小学开设的"社会科"纳入课程计划。2001年,教育部颁布了《基础教育课程改革纲要(试行)》,明确提出设置综合课程,小学阶段以综合课程为主,初中阶段设置分科与综合相结合的课程。2022年,教育部颁布的《义务教育课程方案(2022年版)》对综合课程作了进一步强调,提出要"加强综合课程建设,完善综合课程科目设置,注重培养学生在真实情境中综合运用知识解决问题的能力"。

(3) 分科课程与综合课程的关系

第一,分科课程与综合课程有着各自独立的价值。人类的认识是一个从整体到分

---

① 刘松林.综合课程的含义及特征[J].江西教育科研,2001(5):14-15.
② 范树成.国外综合课程的理论和实践[J].外国教育研究,1990(1):31-36.
③ 彭虹斌.学科课程的理论基础与组织原理[J].湖南师范大学教育科学学报,2007(4):42-46.

化再到整体的过程,并且不断按照这样的构成螺旋上升,分科课程和综合课程分别是这一过程不同阶段的反映,二者在不同的时期承担着不同的任务。分科课程的产生和发展是历史的进步,是科学深入发展的结果,它保证年轻一代在有限的时间内掌握系统的科学知识,满足社会发展的需求。而综合课程侧重于各学科内容的统合,宗旨在于帮助学习者形成整体看问题的思维方式,促进学生综合素质的发展。

第二,分科课程与综合课程是相互联系、相互补充、相互协调的。综合课程的综合是以分科课程为基础的综合,而分科课程的学科性在学科综合的构成中得以加强。彻底取消分科与将分科唯一化都是不科学的,而取消综合与不加限制地综合也是不适当的。分科课程与综合课程的整合才是符合人的认知发展的需要和规律的,也反映了科学文化发展的趋势。

3. 必修课程与选修课程

按照课程管理制度划分,课程可分为必修课程和选修课程。必修课程与选修课程相结合是当今各国课程结构的一个主要特征。

(1) 必修课程

必修课程是指国家或学校规定学生必须学习的课程,所体现的是国家或学校对学生所学课程的基本要求,促进学生在德、智、体、美、劳等方面的发展。在古代,世界各国普遍采用全必修的课程制度,所有的学生都必须学习国家规定的完全相同的所有课程,没有选择的余地。这种课程制度与当时的经济发展水平是相适应的,并且在培养大批具有一定文化素质的劳动力和专业人才上做出过重大贡献。但是,随着时代的发展,这种过分追求整齐划一的课程制度逐渐暴露出自身存在的诸多弊端,已不再适应社会发展的需求。

(2) 选修课程

选修课程是指为了适应学生的兴趣、爱好及劳动就业的需要而开设的,可供学生在一定程度上自由选择修习的课程。选修课程首先产生于18世纪德国的高等学校,是科技发展的成果进入课程并与学制时间限制产生矛盾的产物。大约在19世纪后半叶,美国开始尝试在中学开设选修课程。1893年,当时的十人委员会在对美国中学课程调查的基础上,向全国教育协会提出报告,其中包括关于中学开设选修课程的建议,其主导思想是在实行单轨制的前提下,允许学生有选择的自由,保证升学和就业的双重需要。此后,选修课程在美国中学得到了稳定的发展,并且逐渐走向世界。[①]

我国正式开设选修课程的历史可以追溯到20世纪初。1918年召开的全国中学校长会议,通过了"关于中学课程应有伸缩余地的决议案",并向各省区下达咨文,要求各

---

① 蒋乃平.弹性选课的演变与课程观念[J].职业技术教育(教科版),2001(16):14-17.

地中学斟酌地方情形,增减科目及时间。此后,不少学校开始试行选科制,也有不少地方实行分科制。1922年新学制正式确立了选科制,1923年发布的《新学制课程标准纲要》高中普通科将课程分为公共必修、分科专修、纯粹选修三个部分,其中纯粹选修占到20%,并规定由学校根据实际情况开设。中华人民共和国成立后,取消了选修课程的设置,直到1986年通过《义务教育全日制小学、初级中学教学计划(初稿)》,首次规定在初中开设选修课,但由于社会和教育的惯性,以及招生考试制度方面的原因,选修课在实践中遭遇了许多困难,未得到很好的实现。在新一轮课程改革中,我国加大了选修课程的比例及实施力度。

目前,提倡开设选修课程,实行必修与选修课程相结合的课程制度已经成为当今课程改革的一个基本趋势。这是社会发展与人的身心发展规律的要求使然,也是解决知识无限增长与课时有限、课程滞后矛盾的有效途径。

(3) 必修课与选修课的关系

目前,世界各国都基本采用必修与选修结合制,我国也不例外。在数量上,必修课与选修课是此消彼长的。由于不同地区、不同学校的环境条件和培养目标的差异,二者的比例关系也就有所不同。但基本上是由小学到初中、高中,选修课的比例会逐渐增加,有的小学实行全必修制,而有条件的高中也可以实行全选修制。在课程门类、内容和水平上,两者存在互补关系。必修课的门类有限并相对稳定,选修课的门类则比较丰富并可以融入一些新的领域和新的成果,对必修课是一个必要的补充。总之,必修课是选修课的基础,选修课是必修课的发展和补充,二者是相辅相成的。

4. 显性课程与隐性课程

以课程的表现形态为标准,学校课程又可分为显性课程与隐性课程。

(1) 显性课程

显性课程,又称正规课程、公开课程,是指为实现一定的教育目标而正式列入学校教学计划的各门学科以及有目的、有组织的课外活动。它按照预先编制的课表实施,是教材编辑、学校施教、学生学习的主要依据。

(2) 隐性课程

隐性课程也称隐蔽课程、无形课程、自发课程、潜隐课程等,与显性课程相对应,是指学生在物质的、文化的和社会关系结构的教育环境中,自觉和不自觉地受到影响的总和,是一种非计划的学习活动,是学生在学校情境中无意识地获得的经验。也就是说,那些课内外间接的、隐蔽的、通过受教育者无意识发生作用的教育影响因素都可视为隐性课程。

20世纪初,杜威指出学生从"正式学习"的经验或知识中所学到的,只是学习的一部分,除此之外,还有与正式学习同时存在的学习,他将其称之为"附带学习"。附带学习是"正式学习"结果中所附有的其他学习结果,这部分学习结果主要受到情感、兴趣、意志、环境等方面的影响,这些影响虽然是不可见的,潜隐于正式学习之中,但却是重要的、必不可少的。为此,杜威指出,"或许所有教育学上的最大的谬误是这样一种观点,即认为一个人在他学习的时候只学到某种特定的东西。至于形成持久的态度、好恶的间接学习或许并常常比拼音课或者地理及历史课所学到的东西重要得多"①。

后来,克伯屈作为杜威的学生,在"附带学习"的基础上又提出了"附学习",并将其作为"设计教学法"的核心概念之一。克伯屈认为,"附学习"可以理解为相对概括的理想、态度及道德习惯的习得,这种习得可以逐渐地被受教育者获得,而一旦获得,就可以比较长时间地保持下去,可能会影响受教育者较长的时间。②

受杜威"附带学习"和克伯屈"附学习"理论的影响,20世纪60年代,美国教育社会学家杰克逊(P. W. Jackson)在《班级生活》一书中正式提出"隐性课程"这一概念。杰克逊用"隐性课程"来描述那种与官方课程有所不同的非官方课程,官方课程主要是那些读、写、算的课程,非官方课程则是纪律、规范和常规之类的课程。

从20世纪80年代开始,"隐性课程"进入我国学者的视野,比较早的相关成果有吴也显的《潜在课程初探》(1987)、唐晓杰的《西方"隐蔽课程"研究的探析》(1988)、田慧生的《当今课程理论研究的新课题——潜在课程研究评介》(1988)、庞学光的《关于隐性课程的探讨》(1994)等。进入21世纪后,随着新一轮基础教育课程改革从注重"怎么教"转向重视"教什么",打破传统的"教教材"的理念,重视教材之外课程资源的开发与利用,隐性课程引起了越来越多的讨论,比如傅建明的《"隐性课程"辨析》(2000)、张伟平的《学科知识类隐性课程的问题、诱因及对策》(2001)、王光明等的《关于"隐性课程"研究的迷茫与抉择》(2003)等成果。近年来,随着全环境育人理念的兴起,隐性课程与校园文化建设、隐性课程的育人功能、隐性课程的德育作用等论题一直备受关注。

隐性课程在学校中可以说是无时不有、无处不在,就其整体形态来看,可分为可观察的物化形态与无形的观念形态两种,前者主要包括学校建筑、环境美化、文化设施等,后者主要包括学校文化、班级氛围与情感心理等。

具体来说,隐性课程可以分为三个不同的层次:物质-空间类、组织-制度类、文化-心理类。物质-空间类的隐性课程主要以学校建筑、校园设施、教室格局等为主,它们潜在地影响着学生的学习方式和学习效果;组织-制度类的隐性课程主要以学校章程、

---

① 李复新.20世纪隐蔽课程研究的历史回顾与评析(下)[J].课程·教材·教法,1998(12):52-55.
② 牛长海.隐性课程视阈下"连带学习""软技能"与"场"效应问题研究[J].东北师大学报(哲学社会科学版),2011(6):187-191.

课程编排、评价标准、班级规定等为主,它们无形地影响着学生的学习态度与行为规范;文化-心理类隐性课程主要以校园文化、他人期望、对话交流等为主,它们持续地影响着学生的人生观和发展规划。

(3) 显性课程与隐性课程的关系

显性课程与隐性课程,两者无论在性质、特点还是功能上都有着自身的规定性,两者的区别是明显的。但两者都是学校课程结构中不可缺少的构成部分,它们相互联系并在一定程度上相互转化。显性课程的实施总是伴随着隐性课程,而隐性课程也在不断地转化为显性课程。两者都是学校课程结构中必然存在的课程形态。

## 本章小结

课程与教学内容是指各门学科中特定的事实、观点、原理和问题,以及处理它们的方式,它是在一定的教育价值观及相应的课程与教学目标指导下对学科知识、社会生活经验或学习者的经验中对有关知识经验的概念、原理、技能、方法、价值观等的选择和组织而构成的体系。课程与教学的内容随着社会的演变而发生变化,并呈现出不同的历史特点。

课程与教学内容的取向涉及学科知识、学习经验和学习活动三种价值取向。

课程与教学内容的选择是一个价值判断的过程,判断何种知识有价值或没价值必须有一定的标准与依据。因此,课程与教学内容选择的依据可以从宏观(社会发展需要,学生的需要、兴趣与身心发展水平)和微观(课程与教学目标、课程与教学内容本身的性质)两个角度来考虑。

确定课程与教学内容选择的基本环节主要包括:确定课程与教学价值观;确定课程与教学目标;确定课程与教学内容的基本取向;确定课程与教学内容应遵循的原则;确定具体的课程与教学内容。同时,课程与教学内容的选择也须遵循一定的原则:要注意基础性与时代性的统一;应贴近社会生活;要与学生和学校教育的特点相适应。

课程与教学内容的组织是课程理论和教学实践中与逻辑联系最紧密的领域之一。课程与教学内容的组织原则和方式主要有:纵向组织与横向组织;逻辑顺序与心理顺序;直线式与螺旋式。课程的组织结构包括纵向结构(课程方案、课程标准、教科书)和横向结构(学科课程与活动课程、分科课程与综合课程、必修课程与选修课程、显性课程与隐性课程)。

## 思考与练习

1. 分析课程与教学内容的三种取向。

2. 课程与教学内容选择的原则有哪些？

3. 分析不同类型课程的特点。

## 参考文献

1. 石中英.知识转型与教育改革[M].北京:教育科学出版社,2001.

2. 季苹.教什么知识——对教学的知识论基础的认识[M].北京:教育科学出版社,2009.

3. 董小平.课程知识的认识发生过程研究[M].重庆:西南师范大学出版社,2017.

4. 郅庭瑾.为思维而教[M].3版.北京:教育科学出版社,2022.

5. [美]杰伊·麦克泰,哈维·F.西尔维.为深度学习而教:促进学生参与意义建构的思维工具[M].丁旭,译.北京:教育科学出版社,2021.

6. 钟启泉,汪霞,王文静.课程与教学论[M].上海:华东师范大学出版社,2008.

7. 张华.课程与教学论[M].上海:上海教育出版社,2000.

8. 马云鹏.课程与教学论[M].2版.北京:中央广播电视大学出版社,2005.

9. [美]拉尔夫·泰勒.课程与教学的基本原理[M].施良方,译.北京:人民教育出版社,1994.

# 第四章　课程与教学的开发和设计

## 学习目标

1. 理解课程开发、课程设计、教学设计三个概念的含义。
2. 了解课程层级的两种分类方式及不同课程层级的意思。
3. 能区别分析四种课程设计模式：目标模式、草根模式、过程模式、扩充式模式的不同环节。
4. 能区别分析三类教学设计模式：团体调查模式、模拟训练模式和先行组织者模式的理论基础和操作步骤。
5. 能根据相应的学习原理进行单元教学设计的实践。

课程与教学所要解决的核心问题是"应当教给学生一些什么样的东西"，这就涉及课程与教学理论中几个核心的概念——课程开发、课程设计、教学设计。然而，对这些概念的理解并不是一件简单的事情，理解上的偏差往往会直接带来行动上的迷茫、混乱，甚至谬误。因此，本章在对相关概念进行梳理、辨析的基础上，对课程与教学开发与设计的层次、模式以及操作进行较为系统的、详细的分析与阐释。

## 第一节　课程开发的过程

### 案例 4-1

历经近二十年的探索，重庆市谢家湾小学秉承"六年影响一生"办学理念，结合重庆地域特色和素质教育的核心要义，组织实施"红梅花儿开，朵朵放光彩"主题校园文化课程，建构了融合学科课程、活动课程、环境课程三位一体的"小梅花"学校课程体系。

在保障国家课程目标要求不降低、内容不减少的前提下，该校将国家、地方、校本三级课程共十几门学科，整合为道德与法治、语文、数学、英语、体育、科学、艺术等 7 门课程。师生在上午高效完成学科课程，下午学校则开设了 200 多个社团活动和 500 多个学科专题综合实践活动供学生自主选择。

> "通过课程整合,老师和学生用60%的时间,就把原有的课程内容按照国家的课程标准完成了。同时留出了40%的时间,自主地去参加专题活动、实践活动和社团活动。"校长刘希娅称,这样一来减轻了学生课业负担;二来社团和专题综合实践活动打破了班级、年级界限,让有共同兴趣特长的伙伴聚在一起对话研讨、操作分享、共同提高,同时也最大限度地满足了孩子们自主性的选择与学习需求,"从而减轻学生负担,提高学习效率和质量,实现学生全面发展的育人目标"。
> 
> 资料来源:匡丽娜."小梅花"课程令每个孩子绽放光彩[N].重庆日报,2019-06-01.

为什么课程改革提倡"课程整合"?一所学校进行这样的改革究竟需要哪些方面的准备,经历哪些过程呢?解答这些问题之前,我们需要先讨论课程开发的有关概念、课程存在的层级、课程开发的过程等话题。

## 一、课程开发及相关概念

"课程开发"一词译自 curriculum development,指的是一个动态的过程,既包括课程目标、课程内容、课程实施、课程评价等要素,又包括课程决定负责人、课程决定影响因素间的交互作用、谈判、协商等议题。需要指出的是,与课程开发相类似的概念还有课程发展、课程编制、课程研制等,这些概念的使用与课程学者对课程开发的理解相关联,以下进行简要梳理。

博比特于1918年出版的《课程》一书中使用了 curriculum-making 这一概念,该书第六章的标题为"课程编制中的科学方法",开篇第一句写道:"以课程方式编制课程的专门学问,眼下只有一点点发展。教育中起支配作用的目标还没有经过充分地细化。"[1]随后美国著名教育学者查特斯(W. W. Charters)于1923年出版《课程编制》(*Curriculum Construction*)一书,提出七条课程编制规则。1935年,美国学者卡斯威尔和坎贝尔(H. Caswell & D. Campbell)合著《课程开发》(*Curriculum Development*)一书,自那以后,课程开发概念被越来越多地接受并使用。我国学者在20世纪20年代至40年代多采用"课程编制"或"课程编订"这两个概念,有关中小学课程编制的翻译著作及编著层出不穷,比如1925年郑宗海、沈子善译美国学者庞锡尔著的《设计组织小学课程论》,1928年王克仁著《课程编制的原则和方法》,1934年熊子容著《课程编

---

① [美]约翰·富兰克林·博比特. 课程[M]. 刘幸,译. 北京:教育科学出版社,2017:35.

制原理》等①。自20世纪80年代以来,"课程开发"一词被逐渐采用,与此同时,学者们也经常使用"课程编制"和"课程设计"等概念。一方面,这是出于如前文所述对不同英语词汇的翻译需要,另一方面,这几个不同的概念所强调的侧重点不同,在不同的场合和语境中,需要区分这几个近义概念的细微差别。总体而言,这几个概念的共同点在于:都包括一系列的程序和任务;都需要对课程的多个要素进行全盘考虑和安排;都是动态的、发展的,不断调适完善的过程。不同点在于:课程编制更多强调课程要素或构成部分、课程内容的组织方式或整体结构等方面;课程设计更多强调对已经决定要开设的课程展开的一系列活动,如制定课程目标、选择课程内容、制订实施和评价方案等,具有个性化的特点;课程开发更多强调课程内容上的创新性,比如案例4-1中重庆谢家湾小学的各类校园文化课程开发。

## 二、课程存在的层级

课程是以不同的层级存在的,讨论课程开发过程之前,需要先了解这些层级是什么,以及它们表现出的异同之处。

### (一)古德莱德的五个课程层级

1979年美国课程学者古德莱德(Goodlad)提出课程层级的观点,他和研究团队在对美国中小学的数百个班级进行调查研究后发现,某个层级所确立的课程,并不一定能被另一个层级采用或实施。据此,他划分了五种不同的课程层级:理想课程(ideal curriculum)、正式课程(formal curriculum)、感知课程(perceived curriculum)、运作课程(operational curriculum)和经验课程(experiential curriculum)。②

1. 理想课程

理想课程主要是一些课程观念的计划,一般由一些研究机构或者课程专家来设计。在我国当前的教育改革背景中,理想课程是由国家行政部门制定的,比如教育部2001年发布的《基础教育课程改革纲要(试行)》(以下简称《纲要》)是本次课程改革的指导性文件,分别从九个方面对课程的发展方向进行了规划:目标、课程结构、课程标准、教学过程、教材开发与管理、课程评价、课程管理、教师的培养和培训、改革组织与实施。在课程标准方面,《纲要》对所有学科的内容框架进行了统一要求。其中,国家课程标准是教材编写、教学、评估和考试命题的依据,是国家管理和评价课程的基础。应体现国家对不同阶段的学生在知识与技能、过程与方法、情感态度与价值观等方面

---

① 张廷凯. 我国课程论研究的历史回顾 1922-1997(上)[J]. 课程·教材·教法. 1998(1):7-12.
② GOODLAD J I, Associates. Curriculum Inquiry: the Study of Curriculum Practice[M]. New York: McGraw-Hill,1979:344—350.

的基本要求,规定各门课程的性质、目标、内容框架,提出教学和评价建议。[①] 这些要求规定不论是哪个学科,都需要在知识与技能、过程与方法、情感态度与价值观方面体现出具体的要求。这三个方面被简称为"三维目标",是基础教育近 20 个学科的课程标准中都力图做出具体阐释的基本课程框架,由此可见理想课程的重要影响。

理想课程也随着时代的发展而发展,自 21 世纪初开始的课程改革历经二十余年,其目标方向也进行了一些调整,其中最受关注的就是"三维目标"向"核心素养"的转变。教育部于 2022 年颁布了新修订的义务教育各学科课程标准,在前言中阐述了改变的必要性:"随着义务教育全面普及,教育需求从'有学上'转向'上好学',必须进一步明确'培养什么人,怎样培养人,为谁培养人',优化学校育人蓝图。"[②]反映在课程标准的变化之一为:强化了课程育人导向。各课程标准基于义务教育培养目标,将党的教育方针具体化、细化为本课程应着力培养的核心素养,体现正确价值观、必备品格和关键能力的培养要求。

2. 正式课程

正式课程是经由官方或学校,甚至教师选择或采纳的,以书面文件的形式发布的课程,比如课程指引、国家或地区课程纲要、选定的课本等。

课程标准是正式课程的重要表现形式,是中小学教师理解所教科目、进行课堂教学的重要参考文件。但很多时候,这一文件却往往被忽略或者并未产生应有的作用。

**知识卡片 4-1**

中华人民共和国成立以来历次中学语文教学大纲、课程标准一览:

1956 年 初级中学文学教学大纲(草案)

1956 年 高级中学文学教学大纲(草案)

1963 年 全日制中学语文教学大纲(草案)

1978 年 全日制十年制学校中学语文教学大纲(试行草案)

1980 年 全日制十年制学校中学语文教学大纲(试行草案)

1986 年 全日制中学语文教学大纲

1988 年 九年制义务教育全日制初级中学语文教学大纲(初审稿)

---

① 钟启泉,崔允漷,张华.为了中华民族的复兴　为了每位学生的发展——《基础教育课程改革纲要(试行)》解读[M].上海:华东师范大学出版社,2001.

② 中华人民共和国教育部. 义务教育语文课程标准(2022 年版)[S]. 北京:北京师范大学出版社. 2022:前言.

> 1990年 全日制中学语文教学大纲(修订本)
> 1991年 中小学语文学科思想政治教育纲要
> 1992年 九年义务教育全日制初级中学语文教学大纲(试用)
> 1994年 关于印发中小学语文等23个学科教学大纲调整意见的通知
> 1996年 全日制普通高级中学语文教学大纲(供试验用)
> 2000年 九年义务教育全日制初级中学语文教学大纲(试用修订版)
> 2000年 全日制普通高级中学语文教学大纲(试验修订版)
> 2001年 义务教育语文课程标准(实验稿)
> 2003年 普通高中语文课程标准(实验稿)
> 2011年 义务教育语文课程标准(2011年版)
> 2017年 普通高中语文课程标准(2017年版)
> 2022年 义务教育语文课程标准(2022年版)
>
> 资料来源:2000年及之前的各类课程标准、教学大纲参见:课程教材研究所.20世纪中国中小学课程标准·教学大纲汇编(语文卷)[M].北京:人民教育出版社.2001.

3. 感知课程

不同的研究者对 perceived curriculum 的翻译各异,比如感知课程、领悟课程、知觉课程、理解课程等[①],本教材采用感知课程的译法。感知课程是人们心目中的课程(curriculum of the mind),不同的人对课程的感知是不同的,比如一线教师对正式课程的感知可能就与家长不同,即使是在同一所学校任教于同一年级、同一科目的两位老师,对所教学科的课程标准、所使用的教材的看法,也存在着不少差别。

> **案例 4-2**
>
> **教研员眼中的课程**
>
> 以下摘录的是两位教研员在接受研究者访谈时,对所使用的同一版本的教材的看法陈述:
>
> A:教材有利于学生自主学习能力和学习方法的培养,有利于发散性思维品质、良好的个性品质和健全人格的养成。它在先进理念的体现方面,走在了

---

① 刘彩祥.语文课程理念的传播和理解——感知课程视角的分析[J].教育学报,2011(5):76-84.

其他版本的前面。也由于教材给教师留的自主空间较大,对于一些隐性的要求,教师不能很好地体会,给一部分教师把握和使用教材带来了一定的困难。

B:教材本身是非常优秀的,其理念先进、特色明显,在"三维目标"的有机融合、"自主、合作、探究"式学习以及综合性学习等新课改理念方面体现到位,希望更加注重教材选文及所提要求;使其能面向更多层次的学生,更加适合全国各地使用。

从这两段内容来看,两位教研员对教材的优点和不足各有不同的看法,表现出不同的关注重点,这也反映出他们内心对理想教材的不同标准。

4. 运作课程

运作课程是教师在学校和课堂上每天实际操作与进行的课程。研究者通过对课堂教学的观察,发现教师口中所陈述的对课程的看法,和他们实际操作出来的课程之间,经常出现不一致的现象。一个简单的例子就是,教师在备课或说课时,对教材内容的分析、对教学过程的设计,可能和实际的教学过程不符。

**案例 4-3**

一位实习教师在给学生讲《游子吟》这首诗的时候,备课时预备了以下的教学环节:"先讲孟母三迁的小故事,然后让学生观看视频,接着在学习正文时,先领学生诵读一遍,然后再诵读几遍,直到学生差不多能背熟了,我说一句诗,学生接下一句,最后再一起朗诵一遍。"其设计的过程可以简单表示为:

先讲孟母三迁的故事——播放视频——教师领读一遍——再领读几遍直至学生能背诵为止——教师读一句,学生接下句——集体朗读。

而在实际的上课过程中,教学流程表现为:

介绍孟母三迁的故事——带领学生朗读《游子吟》——老师从第一句至最后一句,依次提问学生诗句的意思,补充学生的回答——提问诗句描述了怎样一位母亲——启发学生爱母亲、孝敬母亲——集体朗读古诗——教师读一句,学生接一句——学生读一句,教师接一句——分小组诵读,请学生背诵古诗。

该教师在课堂上的运作课程,从环节上来看比预设的内容更加丰富。由此可知,具体的课堂情境、学生的条件以及对问题或教学内容的反应,都可能会对教师的运作课程产生影响。

5. 经验课程

经验课程是学生自身所经历和实现的课程,是学生从运作课程进一步思考获得的。要想了解这类课程,需要通过对学生进行问卷调查、访谈,或者观察学生之间的互动,从而进行推理,才能知道真实情况。下面的访谈实录,是一名九年级学生与研究者谈论物理学习的一些感受。

---

**案例 4-4**

问:你觉得你的物理生活经验对你的物理学习有帮助吗?

答:有,比如换灯泡,给弟弟妹妹讲一些有关物理的知识。

问:你觉得物理任课老师讲课怎么样?

答:很能带动气氛,他讲的时候很能联系到生活经验,经常交流,对大家是平等的,不会只问这个同学而不给那个同学机会。

问:他是怎样带动气氛的?

答:比如有的很简单的东西,他讲的就能使我们大家都高兴起来,感觉他的物理课很有意思,比较幽默。

问:他还有什么特点?

答:他说话铿锵有力,我们大家都很喜欢他。

问:老师讲课有没有经常联系生活实际?

答:有时候有,有时候没有,因为对于浮力,我们这边河流比较少,一般不会有划船活动,对于生活中的经验,稍微有些少。

问:你觉得老师讲课联系生活经验好还是不联系生活经验好?

答:还是联系比较好,因为我们学这些东西就是为了将来用于生活工作的。

---

## (二) 不同行政层级的课程

《纲要》在"课程管理"部分提出三级课程管理的概念,即为保障和落实课程对不同地区、学校、学生的要求,实行国家、地方和学校三级课程管理。这一规定主要基于行政级别的高低来进行区分。文件对三级课程的具体职责进行了划分,具体阐释如下。

1. 国家课程

国家课程主要由教育部制定,主要任务包括:制定基础教育课程管理政策,确定国家课程的门类和课时,制定国家课程标准,试行新的课程评价制度等。

党的二十大报告指出:"教育是国之大计、党之大计。培养什么人、怎样培养人、为谁培养人是教育的根本问题。"国家课程是国家意志在教育领域的重要体现,直接关涉教育的根本问题,是落实立德树人根本任务的重要保证,在课程实施上具有约束性。

《义务教育课程方案(2022年版)》指出,义务教育课程以国家课程为主体,奠定共同基础,以地方课程、校本课程为拓展补充,兼顾差异,并且明确国家课程由国务院教育行政部门统一组织开发、设置,所有学生必须按规定修习。①

在《普通高中课程方案(2017年版2020年修订)》中将国家课程分为必修、选择性必修两类课程,其中,必修课程由国家根据学生全面发展需要设置,所有学生必须全部修习,选择性必修课程由国家根据学生个性发展和升学考试需要设置,参加普通高等学校招生全国统一考试的学生,必须在本类课程规定范围内选择相关科目修习,其他学生结合兴趣爱好,也必须选择部分科目内容修习,以满足毕业学分的要求。②

 **知识卡片 4-2**

2001年,国家启动了新一轮基础教育课程改革,印发了《基础教育课程改革纲要(试行)》,编制了义务教育阶段各学科的课程标准,并于2003年编制了普通高中阶段各学科的课程标准。经过各个课改实验区不断地实践探索,课程改革取得显著成效,构建了有中国特色、反映时代精神、体现素质教育理念的基础教育课程体系,各学科课程标准得到中小学老师的广泛认同。同时,在课程标准执行过程中,也发现一些标准的内容、要求有待调整和完善。

为及时贯彻落实党中央、国务院各项要求,落实立德树人根本任务,进一步完善中小学课程体系,指导当前中小学课程改革方向,教育部组织专家对各学科课程标准进行了修订完善。2011年修订并印发了义务教育阶段各学科课程标准,2022年印发了《义务教育课程方案(2022年版)》和义务教育阶段各学科课程标准2022年版,2017年印发了《普通高中课程方案(2017年版)》和普通高中阶段各学科课程标准2017年版,2020年又对其进行了新的修订。

---

① 中华人民共和国教育部.义务教育课程方案(2022年版)[S].北京:北京师范大学出版社,2022:6.
② 中华人民共和国教育部.普通高中课程方案(2017年版2020年修订)[S].北京:人民教育出版社,2020:4.

### 2. 地方课程

地方课程由各省教育行政部门负责，其主要职责包括：制订本省（自治区、直辖市）实施国家课程的计划，规划地方课程，报教育部备案并组织实施。例如，广东省教育厅2008年发布《关于严格执行义务教育课程计划，规范义务教育学校校历和作息时间的通知》，对学年教学时间、周课时和作息时间都进行了统一要求。

各省教育行政部门的另一项任务是要组织地方课程的设计，以及地方教材的编写和审定。山东省教育厅先后印发了《山东省义务教育地方课程和学校课程实施纲要》（2005年）、《关于印发山东省义务教育地方课程安全教育、环境教育、传统文化和人生规划课程实施指导意见（试行）的通知》（2008年）、《关于进一步加强和改进中小学教材建设与管理工作的意见》（2008年）、《山东省普通中小学强课提质行动实施方案》（2021年）、《山东省中小学教材管理办法实施细则》（2023年）等文件，指导地方课程教材的规划、开发、审核与管理，指出地方课程的设置主要在民族文化、生命教育、自然探究、社会探究四个领域，统一开发建设了安全教育、环境教育、传统文化、人生规划四门地方课程。其他各省也根据地方特色开发建设了相关的地方课程，比如北京市的"快乐学京剧"、浙江省的"人·自然·社会"、云南省的"源远流长话云南"等。

### 3. 学校课程

无论是《基础教育课程改革纲要（试行）》，还是《义务教育课程方案（2022年版）》和《普通高中课程方案（2017年版2020年修订）》，都要求学校开发或选用适当的校本课程，学校课程的实施和开发，要根据当地社会、经济发展的具体情况，结合本校传统和优势，学生的兴趣和需要，并接受上级教育行政部门的指导和监督。

本章开头介绍的案例4-1，实际上就是重庆谢家湾小学进行课程整合的典型案例。校长在接受中央电视台记者采访时谈道，他们认为很多教材或科目的内容有重复或交叉的情况，为了更合理地分配教学时间，才对部分科目进行了课程整合。当然，校本课程的发展方式是多样的，因为其前提是要立足于学校、学生和教师的实际，所以在课程内容和计划安排上更加多元化。

那么，三级课程如何在一所学校里面体现出来呢？其实，在课程方案的"课程设置"部分，一般都会对"课程类别""科目设置""教学时间"进行具体说明，对三级课程在学校课程编排体系中的学段开设及课时安排提出要求。比如，《义务教育课程方案（2022年版）》以表格的形式呈现了各科目安排及占九年总课时比例，见表4-1。

表 4-1　义务教育各科目安排及占九年总课时比例①

| | 年级 | | | | | | | | | 九年总课时（比例） |
|---|---|---|---|---|---|---|---|---|---|---|
| | 一 | 二 | 三 | 四 | 五 | 六 | 七 | 八 | 九 | |
| 国家课程 | | | | | 道德与法治 | | | | | 6%～8% |
| | | | | | 语文 | | | | | 20%～22% |
| | | | | | 数学 | | | | | 13%～15% |
| | | | | | 外语 | | | | | 6%～8% |
| | | | | | | | 历史、地理 | | | 3%～4% |
| | | | 科学 | | | | 物理、化学、生物学（或科学） | | | 8%～10% |
| | | | | | 信息科技 | | | | | 1%～3% |
| | | | | | 体育与健康 | | | | | 10%～11% |
| | | | | | 艺术 | | | | | 9%～11% |
| | | | | | 劳动 | | | | | 14%～18% |
| | | | | | 综合实践活动 | | | | | |
| 地方课程 | 由省级教育行政部门规划设置 | | | | | | | | | |
| 校本课程 | 由学校按规定设置 | | | | | | | | | |
| 周课时 | 26 | 26 | 30 | 30 | 30 | 30 | 34 | 34 | 34 | |
| 新授课总课时 | 910 | 910 | 1050 | 1050 | 1050 | 1050 | 1190 | 1190 | 1122 | 9522 |

## 三、课程开发的过程

拉尔夫·泰勒,美国著名教育学家,现代课程理论的重要奠基者,被称为"现代课程理论之父"和"当代教育评价之父"。他于1949年出版的《课程与教学的基本原理（又称泰勒原理）》被誉为"现代课程理论的圣经"。

泰勒原理对课程开发过程进行了简洁、清晰的表述,成为各种课程理论的基础和公认的经典课程理论。自1949年泰勒提出这一观点至今,课程开发的四个过程依然是课程研究者讨论的焦点。泰勒原理主要讨论了四个问题:① 学校应该达到哪些教育目标;② 怎样选择有助于实现教育目标的学习经验;③ 怎样为有效的教学组织学习经验;④ 怎样确定教育目标正在得以实现。如图4-1所示。

### (一)确定教育目标

泰勒对确定教育目标非常重视,他不仅提出要从学生、社会和学科三个来源考虑和决定一般的教育目标,还主张要用哲学和心理学的"筛子"对目标进行详细斟酌并具体化,并详细阐述了确定目标的具体方法。

---

① 中华人民共和国教育部. 义务教育课程方案(2022年版)[S]. 北京:北京师范大学出版社. 2022:9.

**图 4-1　泰勒的课程开发过程图示**

泰勒认为教育目标的第一个来源是对学习者本身的研究。想知道学生的现状，就要深入了解学生的需要和兴趣，应借助多种研究方法才能达到这一目的，比如观察、访谈、问卷调查等。

教育目标的第二个来源是当代社会生活。不同的时代所处的环境不同，不同地域、民族的特色和条件也各不相同，确定合适的教育目标必须符合社会发展的需要，也应考虑如何与学校周边的环境相一致。

教育目标的第三个来源是学科专家的建议。其实这是教师采用最多的方式，也是依赖最多的来源，绝大多数教师都是根据专家们编写的教材和提供的参考资料确定自己的教育目标的。

泰勒认为以上的来源还不足以确定教育目标，而且通过三个来源得到的目标可能数量较多，也许有重复或不一致的方面，为了选择数量较少、极其重要又协调一致的目标，他提出利用哲学和学习心理学进一步筛选出最精确的目标。教育哲学可以概述出人们认为的生活中最不可缺少的价值观，另外需要教育者思考并回答"是否应该给不同阶层的人不同的教育"的问题。学习心理学能帮助教师分辨出人类的哪些变化是可以通过学习过程产生的，哪些是不可以的；还可以帮助教师分辨哪些目标可行，哪些目标需要很长时间才能实现，哪些目标在期望的年龄段不可能实现（如图 4-2 所示）。

当经过这样的过程确定了教育目标之后，泰勒还强调了阐述目标的重要性，他认为要同时从行为和内容两个方面，对教育目标是什么做出清晰、详细的表述。

## （二）选择学习经验

泰勒将学习的本质解释为通过学习者自身的经历而产生的行为改变。他将学习经验定义为：学习者与使他起反应的环境中的外部条件发生的相互作用。因此，选择学习经验，意味着决定哪些经验有可能达到既定的教育目标。那么应该如何选择学习经验呢？

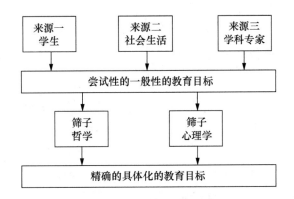

图 4-2　泰勒的教育目标制定过程

泰勒提出选择学习经验需要遵守以下五个一般性原则。

（1）为了实现既定目标，学生必须有这种经验：它提供机会让学生去实践该目标所隐含的行为。

（2）这些经验必须使学生在从事目标所隐含的相关行为时获得满足感。

（3）教育经验想要引起的反应在学生力所能及的范围之内。

（4）有许多特定的经验都能用来实现同样的教育目标。

（5）同样的学习经验常常会产生多种结果。

### （三）组织学习经验

组织学习经验是将学习经验组织成单元、课程和教学计划的过程。衡量组织起来的学习经验是否有效的三大标准是：连续性、顺序性和整合性。连续性指主要课程要素的直线式重复，是实现有效纵向组织的一个主要因素。顺序性指所重复的课程要素不能停留在一个水平上，每一个后续的经验都应该建立在先前经验的基础上，且必须更广泛、更深入地探究所涉及的事物。整合性是课程经验的横向联系，2022 年版的义务教育课程标准所提出的"跨学科学习"理念，与这一原则高度契合，尤其强调不同学科知识之间的联系和综合运用。

组织学习经验可以分为三个层次。最高层次需要考虑在较长时间内所有学科或学习领域的组织情况，可以分为：具体科目、广域课程、核心课程等，比如 2022 年义务教育课程方案中国家课程共包括 12 个学科或学习领域（包括综合实践活动）；中间层次指以学期或学年为单位组织的学习过程，比如四年级语文、八年级物理等；最低层次分为课、课题和单元三种，如一堂课或一个项目式学习活动或一个主题单元。

### （四）评价教育目标

评价是考查课程与教学计划实际上实现教育目标的程度。泰勒认为评价的程序要经历以下四个步骤。

第一,对教育目标进行界定,使评价者了解应该对学生的哪些行为进行评价。

第二,设定恰当的评价环境,以便使学生有机会将体现教育目标的学习行为表现出来。

第三,选择合适的评价方式,根据需要编制评估工具。泰勒不提倡进行单一的分数总结,他更关注能够体现学生学习过程的评价,如观察、交谈、收集学生作品或者进行调查问卷等。

第四,使用评价的结果。评价不是目的,而是课程开发过程中的一个环节。泰勒更注重评价之后的改进和重新规划,他认为这样一个持续的循环对课程来说是非常必要和重要的。

## 第二节 课程设计的模式

本节要讨论的课程设计,是与课程开发、课程计划含义相近的词语。课程设计,是一定的课程开发群体或个人,根据各自的价值取向,按照一定的课程理念,通过特定的方式,组织、安排课程的各种要素或成分的过程。可见,课程设计同样具有"过程性",与课程开发不同的是,它更凸显设计主体的特点,以及所设计出的课程具有的特殊性和个性。课程计划、课程开发和课程设计三个概念所表现出的不同特征如表 4-2 所示。

表 4-2 课程计划、课程开发和课程设计的不同特征

| | 静态 | 动态 | 过程性 | 个性化 |
| --- | --- | --- | --- | --- |
| 课程计划 | √ | | | |
| 课程开发 | | √ | √ | |
| 课程设计 | | √ | √ | √ |

### 一、课程设计的主要元素

在讨论课程设计之前,需要首先了解五个重要的元素:范围、顺序、衔接、连续和平衡。[①] 这五个元素分别指向课程设计过程中需要考虑的五个方面,如表 4-3 所示。

---

① 王文科,王智弘.课程发展与教学设计论[M].8 版.台北:五南图书出版股份有限公司,2010:162.

表 4-3　课程设计的五个元素及含义

| 范围 | 内容的广度和深度 |
|---|---|
| 顺序 | 内容的先后次序 |
| 衔接 | 同一水平两个或两个以上科目的关系 |
| 连续 | 不同水平上同一科目的联系 |
| 平衡 | 不同课程成分的比重是否均衡 |

## （一）范围

范围指课程内容的广度和深度。课程开发的不同层级，在决定课程范围时有大小上的差异。比如教育部作为国家最高教育行政层级，要从宏观上全面规定每一个科目的课程标准，规定课程的总时数等，因此决定的广度最大。但到了教师层级，课程的广度和深度就需要根据学生的情况，决定具体到每堂课的内容的多少和程度的深浅，不同层级对课程范围的决定情况，如表 4-4 所示。

表 4-4　不同层级对课程范围的决定

|  | 教育部 | 地方教育行政部门 | 学校 |
|---|---|---|---|
| 学科种类 | 规定全国中小学开设的学科 | 补充地方课程种类 | 开发校本课程 |
| 学科内容 | 制定课程标准，公布教材目录 | 根据地方实际，提出各学科教学建议，公布省级教材目录 | 根据学校、教师和学生实际，对教材和教学内容进行调适 |
| 课时 | 课程设置方案 | 省级部门的课时规定 | 学校课程表 |

## （二）顺序

顺序指的是学生所学内容的先后次序。比如，大家熟知的顺序原则包括：先易后难、从部分到整体、从一般到抽象、年代先后顺序、空间顺序等。顺序的安排显然与具体的科目具备的性质和本身的知识结构有关系。依照怎样的顺序编排课程的内容，是由课程设计者对课程的理解来决定的。举一个简单的例子，现在众多的教师和家长，一提到读一年级的小学生，就会想到学拼音，甚至认为不学拼音就不能学语文。但是，汉语拼音的出现只是近一百年的事，很多的语文课程研究者和教师也并不赞同先学拼音再学汉字这样的语文学习顺序。表 4-5 显示，小学语文一年级上册教材的三个版本，表现出对拼音学习顺序的不同处理方式，其中北师大版并没有在入学之后马上安排学习拼音，而是将其内容用 8～12 共五个单元编排，其单元标题为"字与拼音"，表明编写者不是让学生单独学习拼音，而是和汉字结合在一起学习。江苏版教材则将拼音学习放在入学之后马上学习，人教版教材将拼音学习放在识字之后。至于哪种方式更适合孩子的语文学习规律，我们期待更多的教学实验研究能够提供更为充分的理据。

表 4-5　三个版本一年级上册目录"拼音"学习顺序对比

| 人教版一年级上册目录① | 北师大版一年级上册目录② | 苏教版一年级上册目录③ |
|---|---|---|
| 我上学了 | 上学了 | 培养良好的学习习惯(1) |
| **识字** | 1 字与画 | **汉语拼音** |
| **汉语拼音** | 2 学写字 | 1 a o e |
| 课文 | 3 数字 | 2 i u ü |
| 1 秋天 | 4 家 | 3 b p m f |
| 2 小小的船 | 5 太阳和月亮 | 4 d t n l |
| 3 江南 | 6 大海 | 5 g k h |
| 4 四季 | 7 外面的世界 | 6 j q x |
| **识字** | **8 字与拼音(一)** | 7 z c s |
| 课文 | **9 字与拼音(二)** | 8 zh ch sh r |
| 5 影子 | **10 字与拼音(三)** | 9 y w |
| 6 比尾巴 | **11 字与拼音(四)** | 10 ai ei ui |
| 7 青蛙写诗 | **12 字与拼音(五)** | 11 ao ou iu |
| 8 雨点儿 | 13 手和脑 | 12 ie üe er |
| 9 明天要远足 | 14 劳动 | 13 an en in |
| 10 大还是小 | 15 冬天 | 14 ang eng ing ong |
| 11 项链 | 16 成长 | **识字** |
| 12 雪地里的小画家 | | |
| 13 乌鸦喝水 | | |
| 14 小蜗牛 | | |

### (三) 衔接

衔接是指处于同一水平(如同一年级或学段)上的两个或两个以上的课程成分存在的同时关系或相关情况。比如为小学低年级的学生编写数学课本或练习题,需要考虑如何用最简单易懂的文字呈现学习内容,来适应他们的语文识字能力和理解能力,否则文字太多或表述太复杂都会超出他们的接受水平。再回到本章开篇的案例4-1,谢家湾小学之所以要对课程进行整合,主要是因为他们发现已有教材在内容上有重复或交叉之处,比如音乐节奏和数学的找规律两个科目的学习内容,可以合并起来,放在同一个教学任务中完成。

为了更方便理解衔接的含义,以下我们选取人教社七年级上册的"历史与社会"和"地理"的目录,来看其中内容的联系和交叉情况(详见表4-6所示)。仅从章节标题来看,两者重合的内容就包括:地区、地球仪、大洲和大洋等。其余部分虽然标题不太相

---

① 温儒敏.语文　一年级(上册)[M].北京:人民教育出版社,2016.
② 马新国,郑国民.语文　一年级(上册)[M].4版.北京:北京师范大学出版社,2006.
③ 张庆,朱家珑.语文　一年级(上册)[M].南京:江苏教育出版社,2016.

同,但内容联系也相当紧密,比如"历史与社会"的第三单元是各具特色的区域生活,包括平原、山区、草原等不同的人类聚居区域分类,而《地理》的第五章居民与聚落,则是从另一角度介绍人类聚居的情况。显然,担任这两个学科的教师如果提前了解对方的内容,会更有助于自己的教学。

表4-6　同一年级两个科目内容衔接情况举例

| 七年级上《历史与社会》 | 七年级上《地理》 |
| --- | --- |
| 第一单元　人在社会中生活<br>　　第一课　我的家在哪里<br>　　第二课　乡村与城市<br>　　综合探究一　从地图上获取信息<br>第二单元　人类共同生活的世界<br>　　第一课　大洲和大洋<br>　　第二课　自然环境<br>　　第三课　世界大家庭<br>　　综合探究二　从地球仪上看世界<br>第三单元　各具特色的区域生活<br>　　第一课　家住平原<br>　　第二课　与山为邻<br>　　第三课　傍水而居<br>　　第四课　草原人家<br>　　第五课　干旱的宝地<br>　　第六课　不同类型的城市<br>　　综合探究三　如何认识区域——以南非为例 | 第一章　地球和地图<br>　　第一节　地球和地球仪<br>　　第二节　地球的运动<br>　　第三节　地图的阅读<br>　　第四节　地形图的判读<br>第二章　陆地和海洋<br>　　第一节　大洲和大洋<br>　　第二节　海陆的变迁<br>第三章　天气与气候<br>　　第一节　多变的天气<br>　　第二节　气温的变化与分布<br>　　第三节　降水的变化与分布<br>　　第四节　世界的气候<br>第四章　居民与聚落<br>　　第一节　人口与人种<br>　　第二节　世界的语言和宗教<br>　　第三节　人类的聚居地——聚落<br>第五章　发展与合作 |

**(四) 连续**

连续指后续学习经验和先前学习经验之间的关系。如果说衔接主要针对课程内容的"水平式"联系,那么连续则侧重课程内容的"垂直式"关系。现实教学中,有很多例子可以说明连续性的表现。例如,同一所学校的不同的年级选用了不同版本的语文或数学教材,显然教师和学生会很容易发现两种教材在处理学科知识上的差别。再比如一个用A版本的学生因各种原因,需要转学到用B版本的学校读书,他也可能要首先面对和处理学习内容的连续性。另外我们经常提到的幼儿园到小学、小学到初中、初中到高中的过渡等,都是指学段之间学生学习经验的连续性问题。

以下是一位教师从五个方面总结初中和小学衔接中师生经常遇到的冲突。

(1) 知识教学的渗透衔接不够。中学老师经常说:"这个知识不是在小学早就已经学过了吗?"小学老师则说:"这个问题不是到了中学才学的吗?"

(2) 课堂气氛差异大。表现为:小学课堂玩到累,中学课堂坐到累;小学勤答问、中学笔记忙；小学话滔滔，中学静悄悄。

（3）教学方法差异大。初一学生疑惑："老师，你怎么不表扬我呢？"初中老师惊奇："你这么大了还要表扬啊？"

（4）学习方法要求差异大。初中课堂里经常听到学生说："哎呀，老师慢点，老师，下一句是什么？老师，＊＊字怎么写啊？"

（5）学习习惯的培养和要求差异大。老师期望按照计划学习取得不错的效果，而学生的反应是："我的计划写了上交后就再没看过了，那只是一份作业呀。"①

### （五）平衡

平衡是指在课程方案中，兼顾各个部分的重要性，不因强调其中的某些部分而忽视了其他的部分。奥利瓦（Oliva）曾列举了很多组有关课程平衡的变量：儿童中心课程和科目中心课程、社会需求和学生需求、个别化教育和大众教育、特殊（超常或低能）学生的需求和普通学生的需求、个别化教学和团体教学等。②

笔者曾经专门调查过教师对"三维目标"的理解，以下是一线的小学语文教师的表述（见表 4-7）③。由此可见，教师在把握《纲要》提出的这三方面目标时，很难达到理想的平衡状态。

表 4-7　教师对"三维目标"地位和关系的阐述

| |
|---|
| 知识与能力是基础，是核心，是最重要的一个维度 |
| 三维目标不是均等存在的。人的发展是三维目标的整合，缺乏任一维度，都会使发展受损，但这并不意味着三维对人的发展的贡献是等值的 |
| 三维目标不是均等存在的，不同学科有所侧重。首先要关注学生的情感态度与价值观 |
| "知识与技能"既是目标，也是载体；"过程与方法"是至关重要的学习环节；"情感态度与价值观"是核心的部分 |
| 知识与能力是学习的基础 |
| 能力发展是核心，知识是结果是基础，情感态度与价值观养成是灵魂，过程与方法是关键 |

## 二、课程设计的模式

课程设计的模式有很多种，泰勒的课程原理常被学者们看作是"目标模式"的典型

---

① 黄亦斌.关于初小衔接的思考[EB/OL].[2014-11-22].http://www.thjy.org/huangyibin/Article/633586478929687500.aspx,2008-10-03
② OLIVA P F. Developing the curriculum[M]. Boston: Allyn and Bacon, 2009.
③ 刘彩祥.教科书编写者、教师培训者和教师对中国小学语文课程改革理念的理解及其传递（个案研究）[D].香港：香港大学，2011.

代表。上节已经对泰勒的理论进行了详细介绍,且我们认为他对课程开发过程四个环节的阐述,是在他之后所出现的各种模式的基础,因此不另文赘述。这里只介绍泰勒之后的三种主要课程设计模式:塔巴(Taba)的草根式课程开发模式、斯滕豪斯(Stenhouse)的过程模式和奥利瓦(Oliva)的扩充式课程设计模式。以上提到的四种模式简要对照表如表 4-8 所示。

**表 4-8　四种课程设计模式对照表**

| 模式名称 | 目标模式 | 草根模式 | 过程模式 | 扩充式模式 |
| --- | --- | --- | --- | --- |
| 代表人物 | 泰勒 | 塔巴 | 斯滕豪斯 | 奥利瓦 |
| 主要观点 | 课程要促进学生经验的改变 | 学习应促进学生批判性的思维 | 教育是为了使人获得理性自主能力 | 课程与教学彼此依存,相互联系 |
| 对课程设计的阐述 | 设定目标<br>选择经验<br>组织经验<br>评估经验<br>四个环节循环的过程 | 提出试验性单元<br>试用试验性单元<br>修订与强化<br>完成架构<br>发展新单元<br>由教师自下而上发展,五个步骤 | 教师最重要的是能引起学生的讨论,教师应该是自己行为的研究者 | 课程和教学并重,都经过确定目标、组织、实施和评估等环节,互为发展和补充,包括十二个步骤 |

### (一) 塔巴的草根模式

1. 塔巴的主要观点

塔巴强调批判性思维策略,并将之分为四种:发展概念、例证解释、应用推展、价值渗透。她认为要想帮助学生学习一个新概念,需要先让他们了解其含义,即与已有的接受水平相联系;之后通过一些事实或现象,进一步学习其内容;接下来,鼓励学生运用学到的新概念"举一反三";最后要通过各种途径和机会,将这个概念变为学生可以灵活使用的知识,即成为他们自己的态度、价值观或习惯的一部分。

**知识卡片 4-3**

塔巴(Taba,1902—1967),爱沙尼亚人,师从克伯屈、杜威,曾与布卢姆、泰勒共事,1932 年完成的博士论文《动态的教育:进步主义教育思想方法论》自出版后在教育和课程领域具有深远影响。

资料来源:COSTA ARTHUR L,RICHARD A LOVEALL. The Legacy of Hilda Taba[J]. Journal of curriculum and supervision. 2002(1):56-62.

这些策略运用的前提是,教师应由讲授者转变为鼓励学生积极思考的"思想传递者",教师应尽力并善于引导学生的讨论,激发学生分享自己的奇思妙想,尽可能地让学生探索和思考自己的想法和其他同学的想法有怎样的联系。

2. 塔巴提倡的课程模式

塔巴认为课程应由教师自下而上设计,最好从一个试验性的单元开始,因此被称作草根式的课程开发模式。她认为应该采取以下五个步骤进行。

(1) 提出不同年级层次或科目领域的试验性单元(pilot units),共八个步骤:诊断需要、建立特定的目标、选择内容、组织内容、选择学习经验、组织学习经验、决定所要评价的内容及其手段、检核平衡与顺序。

(2) 试用试验性单元。这一步骤主要是将所设计的试验性单元在课堂中实践出来,分析试用的过程,总结问题及可行性,检验单元的效度。

(3) 修订与强化单元结构、内容和活动。此步骤进一步从结构、内容和活动安排各方面完善单元设计,力图将其适用于更多的班级、科目等。

(4) 完成发展架构。依照已形成的单元设计过程,逐渐编订更多的内容,将单元发展成范围更大的课程材料,构建较为完整的课程结构。

(5) 安置与散播新单元。通过学校行政人员的支援,安排教师培训,以便新设计的单元能够有效实施。

(二) 斯滕豪斯的过程模式

**知识卡片 4-4**

劳伦斯·斯滕豪斯(Lawrence Stenhouse,1926—1982),英国著名的课程理论家。他创建了"教育应用研究中心"(the Centre for Applied Research in Education)并担任主任。他的代表著作是《课程研究与编制导论》。

在这本著作中,斯滕豪斯展示了当时与课程编制有关的多方面理论研究成果,并吸收了英国许多课程编制的实践经验,在此基础上提出了课程思想和课程编制的新方式——过程模式。

资料来源:施良方.课程理论——课程的基础、原理与问题[M].北京:教育科学出版社,1996:172.

1. 斯滕豪斯的主要观点

斯滕豪斯认为,教育是为了使人获得理性自主能力,使人从作为权威的固定知识的束缚中解放出来,把已有知识作为思考的材料,发展理解、"负责的判断"和批判反思的能力。

他主张以学生为主体,允许学生做自己的选择;经过课程设计,使学生接触具体的实务;课堂中教师不运用权威,由学生处理争议性的问题;以讨论作为探究的方式,尊重参与者意见的分歧;教师是引导者而不是教导者,教师、学生都在课程中学习;将对争议性议题的理解,作为教育的目的之一。

2. 斯滕豪斯提倡的课程模式

斯滕豪斯所提倡的过程模式,更像是一种编制课程的思想或理念。他不主张以一套设计好的"计划"或"处方"编制课程,然后实施、评价,而是强调对这个过程进行研究。在这个尝试中并没有确定不变的、必须实施的东西。以下我们以他主持的一个课程计划具体说明过程模式的主张。

1967年,英国学校委员会(Schools Council)和纳菲尔德基金会(Nuffield Foundation)发起制定新的"人文学科课程设计",授权斯滕豪斯领导一个委员会从事这项工作。他把教师权威与教学中呈现知识之间的关系作为中心问题来研究,这也是他以后一系列研究的焦点。

第一,斯滕豪斯根据自己的知识观重新界定了人文学科——人文学科是对社会中学生、家长和教师普遍关心的人类问题的研究。这些问题包括我们社会中有争议的人类行为和社会状况,如流产、离婚、社会中男女的角色、学校里的能力分组、战争与和平、核武器等。由于社会承认每个个体对这些问题有保留自己观点、做出自己判断的权利,这就使人文学科课程的知识在师生心目中有了不确定性,为共同探索和讨论这些问题、增进对这些问题的理解提供了可能性。这一举措与该课程的总目的是一致的。

第二,斯滕豪斯把人文学科课程计划的一般目的确定为:加深理解人类行为和社会情境及其引起的有争议的价值问题。他不用目标的方式详细界定"理解"所表现的行为结果,而是用程序原则的形式使教学过程本身与目的保持一致,从而指导教学。他认为,若要抛弃行为目标,就要寻找把目的转化为实践的某些其他手段。他试图通过具体说明教材的用法,以及采取与达到目的相一致的教学策略,来分析课程与教学目的的内涵。换言之,他把注意力集中在课堂教学过程与目的之间逻辑一致的程度上。

教育的一般目的隐含着实现这种目的所必需的某种课堂教学条件,斯滕豪斯认为这不需要在安乐椅上进行什么复杂的哲学思考,教师在尝试把程序原则转化为实践时,会得出比较清楚的课程的一般目的。

斯滕豪斯由此认为,人文学科课程与教学应遵循以下五条程序原则。

(1) 应该在课堂上与学生一起讨论研究有争议的问题。

(2) 教师在教授有争议的内容时,要遵循中立的准则。例如,教师不把提出自己的观点作为教师责任的一部分。

(3) 在有争议的领域进行探究的方式,主要方法应是讨论,而不是讲授。

(4) 讨论时应维护参与者的不同观点,而不是试图达成一致意见。

(5) 教师作为讨论的主持人,应对学习的质量和标准承担责任。

这些原则并没有告诉教师具体应该怎么做。换言之,它们也不是什么规则。对于如何把它们转化成课堂教学行动,可以有各种不同的做法。这为教师在实践中的思索和反思提供了广泛的余地。①

### (三) 奥利瓦的扩充式模式

>  **知识卡片 4-5**
>
> 奥利瓦(Peter F. Oliva,1922—2012),哥伦比亚大学教育学博士,曾任教于多所大学,在教学、督导、课程开发等领域出版多部著作。《课程开发》(Developing the Curriculum)一书至 2008 年已出版至第八版,其扩充式课程开发模式对课程研究领域产生了广泛影响。
>
> 资料来源:BRAVO I,ALVES M P. The Curriculum Development Process:An Overview of the Educational System in Ecuador[J]. European Journal of Curriculum Studies. 2019,5(1):810-829.

**1. 奥利瓦的主要观点**

奥利瓦认为课程应该遵循简单、综合、系统的标准来设计。基于这样的观念,他认为课程与教学两者都不可忽视,他对于两者关系的分析论述,在课程研究领域产生了广泛影响,这一观点也是他提出扩充式课程模式的前提和基础。他将课程与教学区分为:二元模式、联结模式、同心模式和循环模式四种,分别可以描述为:相互独立关系、交叉关系、包含关系以及虽彼此独立但二者相互调适和改良。他持循环模式的观点,认为课程与教学的关系可以表述为以下内容。

---

① 施良方. 课程理论——课程的基础、原理与问题[M]. 北京:教育科学出版社,1996:181-183.

(1) 课程与教学虽然有关,但不相同。

(2) 课程与教学存在相互依存的联结关系。

(3) 课程与教学虽是可以分开进行研究和分析的实体,但无法处于孤立的情况中各自运作。

2. 奥利瓦的扩充式课程模式

奥利瓦的课程模式最大的特点是将课程和教学一并考虑,融入课程设计的整体循环过程之中。其中一项至四项和六项至九项均属于计划阶段;十至十二项属于运作阶段;第五项课程的组织与实施则计划、运作阶段兼属。扩充式课程模式强调课程的动态发展;在第十一项教学评价之后返回到第六项详述教学目的;第十二项课程评估之后返回到第三项详述课程目的,提示课程开发者要使各个发展过程相互关联对照,并不断修正(如图 4-3 所示)。另外,第六至第十一之间的虚线部分,表示与课程要素有别的教学要素。

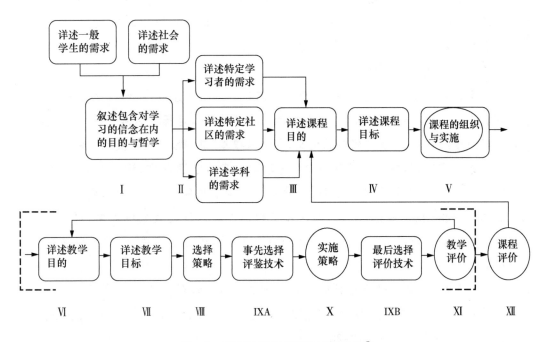

图 4-3 奥利瓦扩充式课程开发模式①

---

① 王文科,王智弘.课程发展与教学设计论[M].8版.台北:五南图书出版股份有限公司,2010:200.

## 第三节 教学设计的过程

> **案例 4-5**
>
> 一位骨干教师曾分享自己准备《和时间赛跑》一课的体会:
>
> 这篇林清玄的散文作品,清新、淡雅又略带忧伤情绪,朴实中有着感动人心的力量。课上好了,可以激起学生珍惜时间、珍惜现在的决心;课处理不好,则可能导致学生在虚无的时间里迷失。第一稿出来,我进行了自我审视:课程设计和平时上课的设计没多大区别;知识点的训练用的是平时的方法;学习方法的指导也是平时就在落实的;价值观培养更是和大家一样……没有新意,枪毙。第二稿,我花了整整一天的休息时间进行修改。为了有更美的过渡语,我绞尽脑汁;为了有更新颖的设计,我在问题设计上标新立异;为了有更大的教学容量,我补充大量资料……我自认为第二稿写得不错,至少在网络上没有我的这类版本。
>
> 第二天试教,课没有上完,还有大量内容。教学专家点评:过渡语很美,但课堂不是老师的舞台;教学容量很大,但一节课的教学目标是有限的,学生的接受能力也是有限的……"简单教语文,学生是根本"是专家多次重复的告诫。
>
> 第三次备课,我首先拿起课本,一遍又一遍地朗读课文,读着读着,我仿佛进入了课堂,在和我的学生对话,我听到了他们稚嫩的声音,也看到了他们沉思的表情,我需要告诉学生的课外资料自然地浮现在我的脑海中,教学环节的过渡语发自我的心声……我拿起笔,写下了我的第三稿,和第一稿大同小异。
>
> 从"锦上添花"到"删繁就简",是我这次迷途的收获。
>
> 资料来源:《和时间赛跑》教学体会[EB/OL].[2014-11-30].http://www.gzzgjy.gov.cn/Item.aspx? Id=2928.

从案例 4-5 可以看出,每一堂课的呈现都不是一件容易的事。教学设计不同于课程设计,因为它相对容量小、花费的时间短,因此也就有更多改动的机会,不确定性增加。虽然这样的反复斟酌可以使教学方案更成熟,不过也未必是好事情,因为这要投入很多的时间和精力。尽管"教无定法",但掌握教学设计的一般概念和过程,有助于教师有效地把握课堂的结构。

## 一、教学设计的基本假设

设计者(教师)和受教者(学生)所组成的情境千差万别,每位教师都有对教学和学习的不同理解,因此我们有必要回顾加涅等人对教学设计假设的阐述。[①]

假设一:教学设计必须以帮助学习过程而不是教学过程为目的。教学设计应以有目的的学习为目的,最终应指向学生的有意义的学习结果。

假设二:学习是一个受许多变量影响的复杂过程。学生的毅力、学习时间、能力倾向、学习能力、教学质量等都会影响学生学习所达到的程度和水平。

假设三:教学设计模型可以在多种水平上运用。不论教师是为一天或一节课的教学进行设计还是为三天或者一周的培训学习而设计,教学设计的基本原理都是适用的。

假设四:设计是一个反复的过程。因此可以说,设计者无法设计出完美的教学,只能达到更加完善的效果。

假设五:教学设计本身是一个过程,是由一些可以识别的子过程组成的。比如,首先预设目标,然后选择教学方法、评价方式等。

假设六:不同类型的学习结果需要不同类型的教学。比如,传统的讲授课堂,不能要求学生完成一份实践报告。只有教学类型和结果相互匹配,才是有效的教学。

## 二、学习的基本原理

要讨论教学设计,必须介绍一些基本的学习原理。

### (一) 强化

强化原理是桑代克、斯金纳等心理学家的研究观点,他们认为一个新的行为,如果在出现后伴随奖励,会使这一新的学习行为得到强化和巩固。随着研究的深入,学者们发现强化有内部和外部之分,所谓内部强化指不需要有外部的或周围人的奖励,学生在完成一个作品或克服一个难题之后,会发自内心地表达出自己的成就感和喜悦的情绪,这种来自学习者的"自我激励",同样会使新的学习行为得以强化。

### (二) 接近

接近原理指学习者的刺激情境与预期的反应同时呈现,如果学习者可以将两者相匹配,就说明达到了学习的目标。比如给学生提供若干被打乱顺序的中国省区图片,学生能从中指出哪一个是安徽省,接着得到老师的肯定,这个学习过程设计的目标应该是学生能识别地图上安徽省的大致形状。

---

① [美]罗伯特·M.加涅,等.教学设计原理[M].5版.王小明,等译.上海:华东师范大学出版社,2007:4-5.

### (三)重复

重复原理指刺激和反应对此重复或练习,以达到学习的进步及可靠的保持。最常见的例子就是学习英语单词,只有多次重复练习才能保证发音和拼写越来越准确。但是这一原理也受到不少质疑,因为它并不是实现学习的一项前提条件,在辅助练习时使用可能更加合适。

### (四)若干社会文化原理

现代教育心理学研究,对学习的社会文化情境更加重视,他们的一些观点对教学设计产生很多影响。以下介绍三个主要观点:

第一是情境对认知的作用,那些发生在有意义的可应用的真实情境中的学习,在需要时更可能被回忆起来。英国哲学家怀特海(A. N. Whitehead)在其《教育的目的》一书中提出"惰性知识"的概念,他认为所有教育的主要问题,在于学生无法将课堂上学习到的知识活用在日常生活中,这类知识因此变为呆滞的、无生命的,即"惰性知识"。这一观点提醒我们,很多时候我们在生活中遇到难题,不是因为我们缺乏知识,而是不能将所学到的知识灵活运用。

第二是学习过程中协商的重要性,和同伴一起学习有助于确定所学内容的意义。这一观点将学习看作是一个意义建构的社会过程,比如合作学习的方式,学生为了完成一个特定的学习任务,需要进行意见交流、观点碰撞,确定分工并制订计划步骤。在这样的学习过程中,学生不仅需要具备自我学习的能力,更需要锻炼听取他人意见的能力。

第三是学习是作为活动的结果产生的。在活动中学习也是众多专家、学者提倡的观点,他们认为只有在真实的活动中,学习才得以更为有效地进行。当然,在进行这类教学设计时,确定学习结果、设计活动时间、流程等,都是至关重要的方面。

## 三、教学设计的过程

一般来说,教学设计包括如下的步骤。

### (一)确定教学目标

教学目标是对课程目标的细化和具体化,是进行教学活动的出发点。确定教学目标需要考虑多方面的因素,比如课程标准中的各项目标要求、教材内容以及学生的学情等。通常情况下,一个完整的教学设计在陈述教学目标之前还需要包括两项内容:教材分析和学情分析。教材分析不仅需要对所执教的这堂课的教材内容进行解读,还需要从课程标准对该学段的目标要求以及本节课所在单元的教学目标两方面来加以审视和分析。学情分析一般从学习能力、学习兴趣、学习方法等方面展开,对所执教班级学生的已有情况进行全面分析。教学目标的陈述既要具体,紧紧围绕本节课所学内容,避免笼统空洞,又要全面,需要包含学生要达成的知识、能力、价值观等多项目标。

### (二) 确定教学步骤

传统的教学步骤(也称教学过程),一般包括复习旧知识、介绍新课目标、呈现新知识、促进新知识的理解等。教师如何决定教学的步骤,要根据个人的教育和教学理念而定,并没有一定之规。

### (三) 制定各分支步骤的具体教学活动

每一个教学步骤之下,都需要考虑更详细的活动。比如教学步骤的第一项一般设计为设置问题情境,究竟情境怎样设置,是用故事开场,还是游戏导入,或者是直接提出一个问题以引发学生的好奇心等,教师往往会设计多种方案,斟酌之后决定取舍。

### (四) 选定评价方式

教学过程中的评价环节非常重要,采用怎样的程序来评价学生的学习结果,是在确定教学目标时就应该考虑的,因为教学目标实际上所规定的正是选择测验项目的范围。纸笔测验式评价一般分为客观性和主观性测试两种,选择、判断、配对等都是客观性题型,写作、简答等属于主观性题型。除此之外,口头问答、行为检核表、观察、学习档案袋、逸事记录等也都是在课堂上可以运用的评价工具。

### (五) 对自我教学进行评价和反思

下课并不意味着教学的结束,对教师来说,反思教学目标、教学中各环节的进行情况,以及评价方式是否适当,有助于进一步完善教学。将这些自我反思进行整理和分析,是促进教师专业成长的有效途径。

## 第四节 教学设计的模式

**案例 4-6**

四川宜宾翠屏区的凉水井中学,是一所经过 24 道弯才能到达的偏远乡村学校。20 多年来,学校历经三轮课堂改革,在摸爬滚打中闯出了一条乡村学校的未来建设之路。凉水井中学的课堂变革,以其"自主学习、合作赋能、结构创生"改革理念,让学校呈现了"生长"之美、"生命"之美和"生态"之美。

1. 教改起步:2000 年由乡村职高转型的凉水井中学,只剩余学生 200 多人,面临关停的可能。面对这一困境,当时的学校团队通过延长教学时间,开启大量且集中的补课模式,靠着坚守与汗水,竭尽全力提升学生的成绩,使得学校因此得以延续和保存。

2. 第一轮教改:2007年后,学校团队意识到粗放型填鸭式教学方式的不足,领导班子聚焦课堂,"北上杜郎口,南下学洋思",参观走访了多所当时的教改名校,以"邯郸学步"的方式吸收内化其他学校"让学生成为主人"的经验,寻找学校的发展契合点。

3. 第二轮教改:2012年开始,凉水井中学结合校情"取各家之长",聚焦课堂,创新小组合作学习模式,强调课堂上的"生生互动",连续十年获得质量评估一等奖,取得了前所未有的成功。

4. 第三轮教改:2015年,凉水井中学在公益伙伴和专家的介入下,开始着眼于打造未来学校、重新定义学习。学校整合互联网资源,将过去的小组合作学习与互联网工具相结合,探索自导式教学,深度改变学生的学习方式及老师的教学方式,推动由知识型教师向教育型教师转变。

资料来源:宜宾凉水井中学微信公众号。本文根据"向阳花开——现代乡村学校培育计划"2022年5月17日线上研修课程整理。

一所遥远偏僻的乡村中学,在20年的时间里,由面临关停、学生不足200名,发展成为如今学生自主、合作,在无教师督促和要求的环境下,依然保持积极向上、自律自制的精神状态,堪称教育的奇迹。我们发现,学校的领导和老师们,一直在努力探索一件事:改变教学模式!什么是教学模式,教学模式有哪些种类,与学校、教师和课堂的关系是怎样的,教师怎样使用和驾驭这些模式,是本节要讨论的重点内容。

## 一、教学设计的模式

任何一位教师在教学的过程中,都会产生对于教学模式的思考与追求,如何帮助学生更有效地学习,是教师每次上课前都会反复思索的核心问题。美国学者乔伊斯(Joyce)等人,在五十余年的时间里,深入学校和课堂,通过对教与学的调查、观察等,在全世界范围内持续进行有效教学方法的研究,对教学模式的类型作了全面的总结和介绍。"教学模式是一种方式,通过这种方式建立一个利于学生成长且具有激励性的生态系统,学生可以与这个生态系统的组成部分互动,以此实现学生的自主学习。"[1]乔

---

[1] [美]布鲁斯·乔伊斯,玛莎·韦尔,艾米莉·卡尔霍恩.教学模式[M].9版.兰英,等译.上海:华东师范大学出版社,2021:4-5.

伊斯等人认为,教学模式就是学习模式,因为任何的教学设计和教学方法都需要落实到学生的学习活动中才有意义。他们将有效的教学模式分为四大类:社会型、行为系统型、信息加工型和个体型,本部分介绍前三种类型(表4-9)。

虽然教学模式有很多种类,但是也需要把握它们的共性所在:

第一,帮助学生学会学习,每一种教学模式都采取帮助学生提升学习能力的策略;

第二,建构主义倾向,所有的模式都在努力帮助学生掌握知识、提升技能和树立价值观;

第三,支架教学,所有模式都为教师提供了路径以推动学生战胜困难并进入下一个学习阶段;

第四,形成性评价和判定,应用形成性评价,可以决定学生是否需要更多的或其他方面的引导;

第五,21世纪所需技能,随着数字科技的发展,在探究、分类、总结方面的技能以及运用软件、网络技术的技能要求越来越高;

第六,文化能力和全球意识,人们越来越相互依赖并需要跨文化理解;

第七,合作与协作技能,社会媒介已经大量应用,它们甚至已影响到了世界范围的生活;

第八,创造性,聚合思维和发散思维帮助学生对知识和问题产生不同的认识和理解,形成新的观点和发现。

表4-9 三种教学模式所属类型及理论基础

| 类型 | 社会型 | 行为系统型 | 信息加工型 |
| --- | --- | --- | --- |
| 代表模式 | 团体调查模式 | 模拟训练模式 | 先行组织者模式 |
| 理论基础 | 杜威的民主主义 | 心理学的行为理论 | 认知心理学理论 |

### (一) 社会型教学模式:团体调查

社会型教学模式强调合作在学习中的重要作用。其课堂致力于在教室中营造合作的气氛和关系,通过个体间的互动、交流和共同努力,实现学习目标。它所包括的具体模式有:合作、团体调查、角色扮演等模式。

其中团体调查模式的哲学基础源于杜威的《民主主义与教育》一书。杜威认为,学校应成为一个微型的民主团体,学生亲身参与,通过切身体验,逐渐懂得运用科学的方法改善社会。即使是对低年级的学生,他们同样采用这种探究的方式激励学生获取知识。比如,一个二年级的社会课,教师设计了"不同的人们是怎么生活的"这样一个情境,学生选择他们知道的群体,把相关的资料写到自己编写的剧本中。团体调查模式的运作程序如下:

(1) 学生面临困境(有计划的或无计划的);

(2) 对困难做出试探性反应;

(3) 明确研究任务并建立研究组织(确定问题、分派角色和任务等);

(4) 独立研究和团体研究;

(5) 分析问题的进展和过程;

(6) 开始新一轮活动。

在实际操作中,教师的身份更多体现为学习的顾问和友好的批评家,学生和同伴以合作的方式围绕一个难题展开学习和探索,气氛是融洽、民主和协商式的。这一模式在操作时应注意的是,教师所设计的困难情境要真实,不能是人为的或强加给学生的,不然学生难以投入。另外,这一模式对学校的硬件设施和资源有较高的要求,应当能够满足学生进行探究时检索信息的需要。其使用条件和原则如表4-10所示。

表4-10 "团体调查模式"的使用条件和原则

| 教师角色 | 顾问、友好的批评家 |
|---|---|
| 学生角色 | 探究者、合作者 |
| 学习内容 | 真实的问题情境 |
| 课堂组织 | 民主、协商的气氛 |
| 学校 | 具备图书馆和网络平台,方便查阅资料 |

### (二) 行为系统型模式:模拟训练

行为理论属于心理学的研究范畴,主张行为取决于环境变量的作用,心理学家的研究课题是发现何种环境变量影响着行为,以及如何影响行为。但教育研究者只需要将这些研究发现运用到教学实践中就可以了。行为理论的观点包括:行为是一种可以观察并能确定的现象,不良行为可以通过学习改变,行为主义将目标具体化、个别化等。

模拟训练模式是网络时代常见的方式,其主要步骤包括以下几个方面(如图4-4所示)。

(1) 导向:呈现模拟训练的主题和融入模拟训练活动的概念;解释模拟训练;给出模拟训练概要。这一阶段要提出探究的题目,呈现主要概念,虽然需要的时间不应太长,但却是重要的预备。

(2) 参与者培训:设置情境;分配角色;进行简短实践。这一阶段教师介绍训练的规则,包括哪些角色、程序,如何计分,要做出哪类决定,以及训练的目标和情境等。教师给学生安排角色并指导实践,保证学生可以自行完成任务。

(3) 模拟训练操作:执行活动;反馈和评估;澄清错误概念;继续模拟训练。教师在这一阶段发挥裁判或教练的作用,可以暂停游戏或训练,对学生进行评价和指导。

(4) 参与者总结:总结事件和感受;总结困难和看法;分析过程;把模拟训练活动和真实世界相对比;把模拟训练活动和课程内容相联系;评价并重新设计模拟训练。以上各项总结可以任选一项或几项进行。

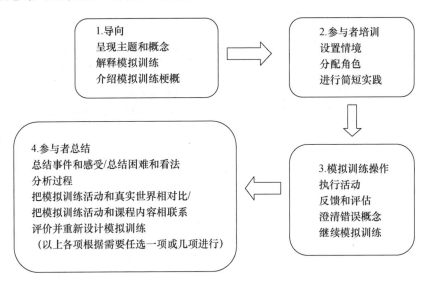

图 4-4　模拟训练模式流程图

这种模式的组织结构表现为教师选择学习材料和指导模拟训练。然而,班级里的互动环境对学生不应该构成任何威胁,也不能带有合作的特征。教师有管理模拟训练的职责(比如照料好组织和做好后勤服务)、解释游戏、保持规则、教练(提供建议,进行鼓励)以及进行总结问询和讨论。

(三) 信息加工型模式:先行组织者

美国著名的认知教育心理学家奥苏贝尔(D. P. Ausubel)曾在致乔伊斯的信中写道:为什么不在课程开始时给学生提供理解新观点的桥梁呢?让学生深入了解结构的秘密,懂得它是如何通过进一步的探究而不断出现的,这样可以让他们的思维随着课程的进展而活跃起来。

先行组织者(advance organizer)是奥苏贝尔在1960年提出的一个概念,他发现在学生面对新的学习任务时,如果在他原来的认知心理结构中缺少适当的上位概念,或者原有的概念不够清晰,教师有必要借助一些引导性材料,帮助学生将新旧知识联系起来,这类引导性材料可称为先行组织者。先行组织者可能是一个概念,也可能是一条定律,或者是一段说明性的文字,但必须是学生能够接受的,通俗易懂的或者具有直观的形象,要能够包含将要学习的知识。

奥苏贝尔认为,在教学实践中,大部分课本的组织形式是把每个内容放在单独的一个章或节中,而且所有的这些章节的抽象性和概括性在同一水平上。因此大多数情况下,学生都是在还没有获得适当的概括水平和足够多的相关知识以前,就被要求去学习一个新的、不熟悉的学科的详细内容。因此,他主张采用先行组织者模式,帮助学生掌握新的学习内容。

先行组织者模式分为以下三个操作步骤(见图4-5)。

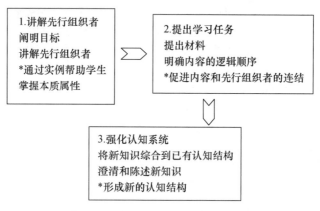

图4-5 "先行组织者模式"操作步骤

(1)讲解先行组织者:阐明课程目标;讲解先行组织者。这一阶段,教师要给出实例、给出背景使学习者意识到相关知识和经验,从而帮助学生掌握本质属性。

(2)提出学习任务或学习材料:提出材料;明确学习内容的逻辑顺序;把学习内容和先行组织者联结起来。

(3)强化认知系统:运用整体综合原则;确立学习新内容的批判性态度;澄清观点;主动应用观点;形成新的认知结构。

先行组织者模式最大的优势在于,可以帮助教师系统地向学生讲授某一领域的基本观点。通过教学中一步步将主要概念和原理加以解释和整合,学生能够在整个教学结束时对所学内容有一个整体的把握。

先行组织者中使用的观点本身和其他信息都是学生要学习的。它的另一个效果是提高学生探究的积极性,帮助学生养成缜密思考的习惯。

该模式具有高度的结构化特征,要求师生间保持积极的配合。另外需要教师提前准备丰富的、有良好组织性的材料。

## 二、教学计划的制订

### (一)教学计划的层次

教学计划是教学设计的具体化,决定学生需要学什么和怎样学。在制订教学计划之前,需要为学生确定重点、目的和目标。目的和目标两者的差异在于,目的一般比较抽象,是某种行为活动普遍的、统一的宗旨。目标则比较具体,是某种行为活动特殊的、个别化的、阶段性的追求。比如"培养学生的责任感"是一个重要的目的,为了实现这样的目的,可以设定多个具体的目标,如其中一个目标可以表述为"在 4—6 年级开设活动课"。

教学计划准备得是否充分,设定得是否明确、系统,直接影响到后续的教学效果。在进行教学计划之前,需要考虑如下方面。

学生:对学生整体及个人的了解程度、学习的兴趣、具备的学习程度和已有水平、是否有需要特殊照顾的学生等。

学习时间:课时数、与其他科目或活动的关联,以及是否会受到它们的影响等。

学习内容:要学的主要概念、需要运用的教学方法、安排教学次序的方式、可以安排的活动等。

可用的资源:课本,以及其他可用的材料。

教师个人:对所要教的课的熟悉程度、自己擅长的教学方式、是否可以讲明白要教的内容等。

我们将教学计划分为长期计划、单元计划、课时计划等不同的层次,且不同层次的计划要准备的内容有所不同。

(1)长期计划一般至少指学期计划,制订长期计划也应当在学期开始之前进行,教师需要为该学期的 3~4 个月列出每个月的计划表,标出学期开始和结束的日期、节假日、考试或考查时间、其他活动的时间等。接下来安排教学时间内的主要任务,比如包括多少个单元或主题,每个单元或主题的重点有哪些,预期完成的目标有哪些。

(2)单元计划是将长期计划进行第一次分解,将每个单元的任务和目标具体化的过程。制订单元计划一般的步骤包括:确定单元的主题;设定单元教学目标;挑选资源和材料;制定教学程序;形成评价工具(如表 4-11 所示)。

表 4-11 单元计划矩阵

| 内容 | 目标 | 教学活动 | 学习活动 | 学生的成果 |
| --- | --- | --- | --- | --- |
| 单元主题 | 1 | | | |
| | 2 | | | |
| | 3 | | | |
| | 4 | | | |

(3)课时计划又称"教案",是教师最熟悉的一类教学计划,从层级来说,课时计划是单元计划的组成部分。课时计划不是简单的教学活动流程,而应该包括单元计划的

主要元素,要陈述学生在课堂上要做的事。

## (二) 基于核心素养的教学设计举例

### 生态系统的组成①

1. 教材分析

本节内容是苏教版"生物学"八年级上册第七单元"生物和环境是统一体"第十九章"生态系统"第一节生态系统的组成。

本章围绕着剖析生态系统展开,本节为本单元的开篇章节,在学生认同生物和环境是统一体后将课程设置为两个课时,第一课时讲授生态系统的成分,第二课时讲授生态系统中的食物链和食物网和生物富集。学生可通过观察活动,在已建立的生态系统学习的基础上深入学习系统的组成。教材编排逻辑性较强,循序渐进地安排教学内容,层层相扣,从简单的概念,到对概念进一步解读和分类,再至功能的学习,从易到难,从浅到深,既为本章后续其他内容的学习奠定基础,也是学生形成生态学理念、树立生物与环境是统一体观念的基础,同时增强学生环境保护的意识。

2. 学情分析

授课班级为北京八中兰州分校八年级某班,该班学生整体基础较好,思维也比较活跃,有一定的类比、探究、合作和自学能力,善于思考,绝大部分学生有着较高的生物学习热情,能够积极主动地参与到课堂教学的各个环节。班级中部分学生课外知识面较广,在课堂中具有带动性,可拓展补充同类知识,为班级其他学生的思考过程提供素材。

在前一章对生物多样性的学习中,学生已知生态系统是由生物和环境组成的,能掌握具体的生物和抽象的环境所组成的生态系统,并能说出多种多样的生态系统名称,但尚未掌握生态系统准确的概念、生态系统的成分以及生物成分在生态系统中的分类。本节课较为宏观,理论性较强,学生好像能通过概念理解生态系统,但是又好像无法真实感受到这个宏观的系统。

传统教学课堂上无法外出探究生态系统的组成,只能通过图片或者视频展示,单纯地进行讲授,易让学生感到枯燥无味。因此结合核心素养的要求,为实现大课程理念的教学,进行教学设计时,在保证安全的前提下,课前利用周末时间,组织部分学有余力或感兴趣的学生实地调研生态系统的组成,并录制成视频,在课堂上通过视频的形式,激发学生的学习热情。通过这样的设计,既鼓励了参与视频录制的学生,也

---

① 本教学设计节选自:拓宁. 例谈初中生物核心素养下的教学与设计——以《生态系统的组成》为例[J]. 科学咨询(教育科研),2021(11):174-177. 选编时有改动。

可让其他学生真实感受到生态系统就在自己身边,激发学生的学习兴趣,调节课堂气氛。希望学生达成的学习期待为:能够概述生态系统的组成,分清生态系统中按物种分类和按功能分类的两者的区别,学会观察生态系统,会填写调查报告。

3. 教学目标

(1)通过对生态系统的观察,能够概述生态系统的组成,在教师引导下能够说出生物成分的分类。

(2)通过学生实践观察、合作探究,培养学生自主学习的能力。

(3)认同生物和环境是统一体,能够关注身边的生态系统。

4. 教学重点和难点

(1)教学重点:举例说出周围的生态系统,说出生态系统中的基本成分。

(2)教学难点:说出生态系统中的基本成分,分清按物种分类和按功能分类的不同生物成分。

5. 教学方法

(1)教师教法

情境创设法:播放环境视频,情境导入,让学生感受到生物和环境是统一的整体。

讲授法:讲授生态系统的概念。

实践教学法:课前带领学生实践观察生态系统的组成。

演示法:课上演示课前实践组学生的调查结果。

(2)学生学法

实践学习法:学生课前参与调研生态系统的实践活动,自主观察农田生态系统的组成。

自主学习法:让学生自主学习,找出按功能分类的生物成分。

观察调研法:课后让学生观察身边的生态系统,完成调查报告。

6. 课前准备

综合考虑兰州市11月份天气条件、学校周边环境以及学生出行安全性等因素,计划前往甘肃省农业科学研究院果树资源中心,带领学生调研农田生态系统。课前教师查阅资料,结合高校学生生态系统调查报告及其他学生综合实践活动,结合我校实际情况,形成符合我校初中学生能力水平的农田生态系统调查报告。利用课前周末时间,带领部分学生前往甘肃省农科院,对人工建造的农田生态系统进行生态系统组成的调研。学生分组观察农田生态系统中的生物成分和非生物成分,填写调查报告,各组交流讨论后,汇总调查报告。

7. 教学过程

| 教学环节 | 教师活动 | 预设学生行为 | 设计意图 |
| --- | --- | --- | --- |
| 一、创设情境 | 【提问】<br>离开这些生物,地球会怎样?<br>离开这些环境,地球会怎样? | 【认真思考】<br>积极回答出"缺一不可"。 | 播放视频的形式,让学生直观感受到生物和环境是统一的整体。 |
| 二、概念讲解 | 【过渡】<br>生物和环境缺一不可,是一个整体。我们把这个整体称为生态系统。讲解生态系统的概念。<br>【展示】<br>此时教师展示一个鱼缸,鱼缸内有鱼、水、水草,提问,这是一个生态系统吗?<br>【指出】<br>生态系统从范围上看有大有小,从类型上看多种多样,从组成上看是生物与环境的统一体,从功能上看有物质循环和能量流动。<br>【练习】<br>一条河、一块菜地、一条鱼、一间空教室、一片草原、一块农田的所有生物,哪些是生态系统,哪些不是生态系统。 | 生:<br>是,满足了生物与非生物构成统一整体。<br><br>生:<br>生态系统有一条河、一块菜地、一块农田,其余为非生态系统。 | 通过老师升华讲解,学生再次明确生态系统的概念,不仅学会概念,还能够分析生态系统。 |
| 三、活动展示 | 【过渡】<br>那生态系统里都有哪些生物成分和非生物成分呢?这需要同学们对不同的生态系统进行观察,但是由于课堂场地的限制,大家不能在上课时间走出去观察生态系统,因此以视频的形式一起来观看课前部分同学做的实践调查。<br>【播放】<br>以视频的形式展现课前农田生态系统的观察调研活动。 | 生:<br>认真观看视频。 | 通过课前带领部分学生感受生物学实践调研活动,体现生物学科科学探究的核心素养。 |
| 四、结果展示 | 【视频结尾留出悬念】<br>同学们想知道调研组的同学看到了哪些生物成分和非生物成分吗?我们一起回课堂看看他们的调研结果吧。<br>【展示】<br>以图片的形式展示调查组的学生填写的调查报告,分析农田生态系统中生物成分和非生物成分。 | 生:<br>学生观看调查结果,并思考自己能在农田生态系统中观察到什么。 | 采用学生的观察结果讲授,提高学生的学习兴趣。 |

续表

| 教学环节 | 教师活动 | 预设学生行为 | 设计意图 |
|---|---|---|---|
| 五、自主学习 | 【提问】<br>在同学们的调查报告中我们把生物按物种分为植物、动物、微生物，可是想想，这些生物在生态系统中所体现的功能相同吗？如果按功能分类要怎么分？<br>【讲授】<br>绿色植物在生态系统中可以通过光合作用制作有机物，因此属于生产者；消费者是指直接或间接以绿色植物为食的生物，以此获取食物和能量；分解者多数为细菌和真菌，能够把有机物分解为无机物，获得所需的物质和能量。 | 【自主学习】<br>阅读课本102页内容，自主学习生产者、消费者、分解者的概念。 | 由于此部分知识较为抽象，让学生当堂自学，再讲解，有利于学生理解并掌握所学知识内容。 |
| 六、结果再现 | 【展示】<br>再次展示课前实践观察结果，让学生分析，是植物就是生产者、动物就是消费者、微生物就是分解者吗？<br>【提问】<br>我们再来看调研组提供的这张调查结果，是植物就是生产者、动物就是消费者、微生物就是分解者吗？在生态系统中生物成分按物种分类和按功能分类是相同的吗？<br>菟丝子虽为植物，但并不是生产者；蜣螂、蚯蚓、秃鹫虽为动物，但却是分解者；自养细菌是生产者。 | 生：<br>【思考后回答】<br>蚯蚓是动物，但是属于分解者。 | 通过列举反例，让学生知道生物成分中按物种分类和按功能分类并不是一一对应的。 |
| 七、总结巩固 | 以思维导图的形式总结本节课，并设置练习题，进行巩固练习。<br>（板书设计与总结相同）<br>第十九章第一节 生态系统的组成（一）<br>生态系统 { 非生物成分<br>生物成分 { 生产者<br>消费者<br>分解者<br>习题：<br>水草 藻类 鱼 蚯蚓 硝化细菌 非洲狮<br>生产者 消费者 分解者 | | 梳理所学内容，巩固练习。 |
| 八、作业布置 | 采用分层的形式布置作业：<br>C组同学完成课后练习题，巩固记忆本节课的重点知识；<br>B组同学完成配套练习；<br>A组同学在完成课后练习的基础上，可以自行分组，观察身边其他的生态系统，填写调查报告，或制作生态系统模型。 | | 以分层作业的形式，在巩固练习的基础上，引导学生关注身边的生态系统，并加强对生物和环境组成生态系统的认知，形成生物与环境统一体的观念，保护环境。 |

8. 教学反思

(1) 学科核心素养的体现

生物学科核心素养为生命观念、理性思维、科学探究、社会责任。

本节课对学科核心素养的落实情况如下：

在课前，组织部分学生实践观察生态系统，在观察的过程中，既提升了学生对本学科的兴趣，也让学生体会到生活处处有生物学，生物学也能运用在生活各处。在实践观察活动中，严谨地以发表在各类期刊上的论文为依据，制作调查报告，既符合中学生学情认知水平，又能全面地体现生态学的调查方式。在分组对生态系统进行观察调研的活动中，小组分工明确，科学严谨，达成了生物学科中科学探究的核心素养。

课中通过自主学习生物成分的分类，让学生进入深度阅读状态。根据对八年级学生作业反馈的问题可以看出来，学生缺乏自主学习、自主分析问题、深入思考的能力，在平时的学习中更注重积累老师所传达的知识，由于课堂时间有限，所以更重要的应该是带给学生获取知识的方法，因此本节课安排需要深入理解的内容让学生先自主学习，教师再深入讲解，培养学生理性思维的核心素养。

课后让学生根据已学的知识，再去感悟生态系统，既是对课堂内容的巩固记忆，也是对本节课的延伸，可以让学生感悟到身处的环境与人类息息相关，树立爱护环境的观念。

本节课的重点是：认同生态系统是生物和环境组成的统一整体。这一观念贯穿课堂始终，无论是在课前的调查活动中，课上的视频展示、概念讲解，还是课后构建生态系统的模型中，均反复强调生物与环境相辅相成、缺一不可，体现了生物学的生命观念，在此基础上引导学生关注身边的生态系统、保护生物、爱护环境，体现了社会责任的核心素养。

(2) 教学目标的达成

通过采取情景创设、概念讲解、调查结果展示等教师教法以及自主学习、合作探究等学生学法，学生能够说出生态系统的成分，能举例说出生态系统的类型，在课堂检测环节中，学生能正确判断出生态系统。

在自主学习环节，学生能够分析出生物成分的功能类型，已具备自主学习的能力。在教师的引导下，学生能够分析出生物成分按功能分类和按物种分类的区别，分析问题的能力。

整个课程的课前、课中、课后任务布置的环节，均在引导学生认同生态系统是生物和环境组成的统一整体这一概念，培养了学生爱护生物、保护环境的意识。

**本章小结**

本章包括四节内容，主要讨论了课程开发、课程设计的过程和模式、教学设计的模式及步骤等话题，每部分都力图将理论与实践结合，促进读者对内容的理解和把握。

课程开发和课程设计都体现出动态发展的特性，课程设计表现出设计者更强的主体性和个性特点。课程开发具有层级性，古德莱德将之区分为：理想课程、正式课程、感知课程、运作课程和经验课程。当前我国的课程改革推行三级课程管理：国家课程、地方课程和学校课程。课程设计包含五个重要的元素：范围、顺序、衔接、连续和平衡。课程设计有四种典型模式：目标模式、草根模式、过程模式和扩充式模式。

教学设计是基于一定的学习原理进行的，比如强化、接近、重复以及一些社会文化原理。教学设计的过程包含如下步骤：确定教学目标、确定教学步骤、制定各分支步骤的具体教学活动、选定评价方式、对自我教学进行评价和反思。依据不同的哲学或心理学理论，教学设计的模式可以区分为：社会型教学模式如团体调查模式、行为系统型模式如模拟训练模式、信息加工型模式如先行组织者模式。制订教学计划需要考虑：学生、学习时间、学习内容、可用资源等。根据所需时间和涉及内容的多少，教学计划可以分为长期计划、单元计划和课时计划。

 **思考与练习**

1. 课程开发需要经历哪些环节？各环节之间存在怎样的联系？
2. 教师会参与哪些层级的课程开发？他们将如何参与？
3. 设想你是某一个学科的教师，教学模式对你的教学有怎样的作用？
4. 请举例说明三种不同层次的教学计划的关系。
5. 案例分析活动

根据古德莱德的课程层次理论，阅读并分析以下案例。

### 我的课程改革经历

6月份到了学校，我接管了一个班级，负责教授数学。由于受到领导重视，我担任了这个班级的班主任，要求运用新的教学理念推动班级的课程改革试点工作。可是，我对新课程改革却一无所知。是什么改革啊？我怎么从来没有见过啊？……

那天我接到学校通知，要求所有新课改教师参加教师培训。

在培训中，我连续听了三天新课程改革的课，内心既激动，又感动。一方面，我切实感受到了新课改教学方式的力量，下定决心要将其运用到我自己的课堂上；另一方面,我又懊悔自己生不逢时,无法在自己的学生时代接受这样先进的教学方法。

就这样好不容易到了开学。上课时,我时刻牢记"以人为本"的理念,坚持"以学生为主体",而老师只不过是个导演、是个幕后的工作者而已,不能抢学生风头。

所以数学知识不要教了,创设一个知识重现的情境就是了;以前的"满堂灌"不行了,所以我也不要"灌"他们了,让他们自己去总结,自己学,自己看书,老师只是诱导。但也不能放得太多,老师要诱导吗?那怎么诱导呢?不是要课题学习吗?我就将知识点放到课题学习中去学习,去理解。可是我的学生不知道什么是课题,怎么样去搞课题?不懂没有关系,老师教他们,教他们怎么样作论文,教他们怎么学习,可是还是没有效果!于是,学生有意见了;家长有意见了;学校领导有意见了:

"我们老师根本不会教书,他和我们以前的老师不同,他好懒的,什么事情都要我们自己做,还不如不要他呢?"

"你们学校的老师是做什么的,只知道领工资,家庭作业都不要布置了,我小孩的成绩怎么会好呢?拿什么去考高中呢?高中没有读,怎么去读大学呢?不读大学怎么生存呢?你这是毁了我孩子的一生,你知道不知道?"

"小伙子,刚刚出来没有什么经验,要向老同志学习,班主任不要当了,专心抓好业务就可以了。"……

我再次接到学校通知:课程改革调研。大家积极配合!

于是,我精心备课,上课一气呵成,思路清晰,但最后却只得到了一个"基本功扎实"的评价。

"课程改革的理念没有得到体现,思维没有改变过来,暑假培训的课程改革精神没有得到实施,现在的年轻人!唉!……"

"小伙子,学校让你参加培训,你得认真学习,要将新的思想贯彻在你的教学当中,说实话,暑假培训时你是不是没有好好学呀?现在的年轻人,唉!……"

我终于找到了一种好的方法,简直是诱导的最佳方式!

"实数包括有理数和无理数,对不对?"

"0是自然数,是不是?"

"……对不对?"

"……是不是?"

……

这是一种最好的诱导方式,是不是?

资料来源:我的课程改革经历[EB/OL].[2014-12-06].http://sq.k12.com.cn/discuz/thread-148786-1-1.html

## 参考文献

1. [美]拉尔夫·泰勒.课程与教学的基本原理[M].罗康,张阅,译.北京:中国轻工业出版社,2014.

2. 丛立新.课程论问题[M].北京:教育科学出版社,2000.

3. [美]布鲁斯·乔伊斯,玛莎·韦尔,艾米莉·卡尔霍恩.教学模式[M].9版.兰英,等译.上海:华东师范大学出版社,2021.

4. [美]荷烈治,哈尔德,卡拉汉,等.教学策略——有效教学指南[M].8版.牛志奎,译.北京:中国人民大学出版社,2011.

5. [美]罗伯特·M.加涅,等.教学设计原理[M].5版.王小明,等译.上海:华东师范大学出版社,2007.

6. [美]约翰·富兰克林·博比特.课程[M].刘幸,译.北京:教育科学出版社,2017.

7. 王文科,王智弘.课程发展与教学设计论[M].8版.台北:五南图书出版股份有限公司,2010.

# 第五章　课程与教学实施

**学习目标**

1. 理解课程实施、教学实施、教学原则、教学方法的含义。
2. 理解课程实施的取向及基本模式。
3. 能正确理解和灵活运用各种教学原则和教学方法。
4. 理解制定教学原则的依据。
5. 掌握选择教学方法的依据。

回顾课程发展史,人们不难发现:许多重大的、影响深远的课程改革计划不能很好地贯彻实施,或者实施结果与原先的设定相去甚远。反思其中原因,这些课程改革的倡导者往往过多地沉醉于描述改革的理想与蓝图,而对课程计划的实施过程极少关注。因而课程与教学实施问题是伴随课程改革的不断深入而提出来的,并逐步成为一个相对独立的研究领域。

## 第一节　课程与教学实施概述

**案例 5-1**

**洋思中学、杜郎口中学、东庐中学课堂教学改革省思**

江苏泰兴的洋思中学、山东茌平的杜郎口中学、江苏溧水的东庐中学三所学校的课堂教学改革曾在全国产生了"旋风般"的轰动效应。然而,在这三所学校受到人们推崇的同时,也存在各种质疑和批评的声音。任何课堂教学模式都有其先进性、特殊性和一定范围的适应性,面对三所学校的课堂教学改革,我们需要进行科学、实事求是的审视与反思。

洋思中学基于"先学后教,当堂训练"的教学模式开展教学改革。成功之处在于"目标导向、任务驱动",可以把课堂教学过程转化为引导学生自学的过程。弊端在于:一是需要学生在课前做大量的准备工作,加重了学生的课余负担;二是忽视了教学需要保持一定的"神秘、惊奇与好奇心";三是缺乏教师引领的学习重心容易偏离方向;四是教学所要求的"当堂清、日日清、周周清、月月清"中的"清"不易界定。

杜郎口中学基于"以学生为主体,以学习为主线,以展示为特征"的教学模式开展教学改革。成功之处在于,课堂的开放程度大,"兵教兵"调动了学生的学习积极性。弊端在于:一是指令性规定"讲与学",存在着"线性思维"现象;二是"兵教兵"导致课堂信息量减少,有效教学时间难以保障,有时还难以区分学生求知欲、展示欲与表现欲;三是课程"整体性与系统性"体现不够到位。

东庐中学基于"讲学稿"的教学模式开展教学改革。成功之处在于,强调教师的合作,激发了集体备课的智慧。弊端在于:一是容易把"教学目标"与"学习目标"混淆;二是内容安排不一定适合学生需求,学生主动性不足;三是容易把"讲学稿"的内容习题化;四是容易削弱学生"学"的主体意识;五是师生共用一个"讲学稿",容易忽视教师独特的教学风格与学生的学习特点,难以进行个性化教学和因材施教。

资料来源:时晓玲,于维涛.中小学课堂教学模式改革的省思与多元创新——基于洋思、杜郎口、东庐等校课堂教学实践的思考[J].教育研究,2013(5):129-133;洪明."先学后教"教学模式的关系范畴及遭遇质疑之分析——以杜郎口中学、洋思中学、东庐中学的教学改革为例[J].教育理论与实践,2012(29):45-47.

在深化课程与教学改革的过程中,创设以学生为中心的学习环境,凸显学生的主体地位,满足学生多样化的学习需求,引导学生明确目标、自主规划与自我监控,提高自主、合作和探究学习能力,服务个性化学习,是我们追求的理想课程与教学改革。课程改革中对理想课程的描述,落实到实际的课程,这中间要经历若干个动态的转化过程,这个过程就是课程与教学实施的过程,因而课程与教学实施是课程改革研究的重要领域。

## 一、课程实施概述

### (一) 课程实施的含义及主要观点

关于什么是课程实施,主要有两种影响较大的观点。

一种观点认为,课程实施就是课程方案的执行过程,对课程实施的研究重点就是考察课程方案中所设计内容的落实程度。这种观点将课程方案视为固定的、不可变更的,实施就是一个执行的过程。作为课程执行者的学校和教师,应当很好地理解和运用课程,忠实地执行课程方案中规定的项目。而实施的效果如何,则取决于课程执行者对课程方案的理解水平和落实程度。

另一种观点认为,课程实施是作为一个动态的过程而存在的。课程实施是把一项课程改革付诸实践的过程。实施的焦点是实践中发生改革的程度和影响改革程度的那些因素。因此,课程实施问题不只是研究课程方案的落实程度,还要研究学校和教师在执行一个具体课程的过程中是否按照实际的情况对课程进行了调适,以及影响课程改革程度的因素。

以上是两种比较典型的对课程实施的认识。可以说,对课程实施的不同认识,决定了课程实施的策略选择、课程实施取向以及实施过程中问题解决方式的不同。持第一种观点的人更倾向于以国家或地方为中心来推行改革,认为改革的过程即是忠实地执行计划的过程;而持第二种观点的人则强调在一个连续的、动态的实施过程中,将学校、教师、学生作为改革的主体,赋予其更多的自主权实施变革,没有课堂教学层面的改革,就不可能有真正的新课程实施。

 **知识卡片 5-1**

关于课程实施的定义繁多,认识不一,但至少在三个方面已形成共识。

第一,课程实施是将编制好的课程计划付诸实践的过程,是实现预期的课程理想,达到预期课程目的,实现预期教育结果的手段。课程计划与课程实施是理想与现实、预期的结果与实现结果的过程之间的关系。

第二,课程实施是通过教学活动将编制好的课程付诸实践。

第三,课程实施的焦点是实践中发生改革的程度和影响课程实施的那些因素。

资料来源:李定仁,徐继存.课程论研究二十年(1979—1999)[M].北京:人民教育出版社,2004:90-91.

在我国,国家所规定的课程都是经过一段时间的研究、实践和论证而形成的,从总体上看,具有科学性和可行性。但由于我国地区之间的差别较大,在实施的过程中,不可避免地会产生一些问题。所以,在理解课程实施问题时,应当将课程计划看作是可以调整和改变的,判断课程实施的成败也不应以对原有计划的执行程度为标准,而应关注执行过程中教师在特定的情境下对课程计划的调适和改造。因此,我们认为:课程实施是指把课程计划付诸实际教学行动的实践过程,它是达到预期的课程目标的基本途径。课程能否有助于教育目的的实现,能否为学习者接受并促进其身心发展,都必须通过实施才能得到答案。

### (二)影响课程实施的主要因素

课程实施是一个复杂的过程,受诸多因素的影响,如课程计划本身的特性、相关人员对课程实施的态度以及课程实施的情境因素等。要顺利推进课程实施,有效达成课程改革的目标与理想,就必须对可能影响课程实施的因素进行全面分析,并采取相应的策略努力促使这些因素成为课程实施的动力。

1. 课程计划本身的特性

课程开始于计划,良好的课程计划是有效课程实施的必要条件,因而课程计划本身的特征是影响课程实施的一个变量。这些特征包括:第一,适恰性,即新的课程计划是否能满足使用者的需要。这种需要可以理解为变革的迫切性,如果使用者觉得某一变革是需要的,他便愿意投入较多的时间和精力去实施它。第二,明确性,即能让实施者明确地知道应该做什么、为什么要这样做和怎么做。有些新课程为什么得不到有效实施,主要原因之一就是课程改革目标不清晰或过于复杂,可能会使教师没有足够的能力和信心推行变革。第三,复杂性,指课程改革的范围与深度,包括教学内容、参与改革的人数、观念变革、教学方法和组织变化等多方面、多层次、不同程度的变化。第四,可操作性,即课程计划在被实施时操作的方便程度。

2. 相关人员对课程实施的态度

同一个改革方案可能在一个地区、一所学校实施成功,而在另一个地区或另一所学校实施不成功,这与课程实施的相关人员的教育理念,对课程改革的需求程度,对改革的目的、方法以及其他方面问题的理解程度等有着密切的关系。

(1)校长

一个好校长对建设一所好学校起到举足轻重的作用。学校是课程改革的最终实施地,新课程理念能否走进学校、走入课堂,在很大程度上取决于校长对课程改革的理解、认同以及对实施改革的积极领导。实施基础教育课程改革,提高学校教育质量,校长是关键。课程改革是一项艰巨而复杂的工程,单单靠教师的自发努力是远远不够的。没有校长的统筹和引领,即使教师再热血沸腾、锐意改革也难以形成共同参与、互相合作的文化氛围。

在新课程实施的过程中,校长要为教师创造学习机会,为教师开阔视野,使教师有机会直面课程改革。要善于组织和引导教师大胆实践,在合作与交流的过程中创造性地实施新课程。

校长既是学校教育的管理者,又是教育的实践者,是学校管理的责任主体,在课程改革实施中起着至关重要的作用。

（2）教师

任何课程改革,最后一定要落实到课堂教学,由一线教师去实施。一般认为,教学活动是课程实施的中心环节,而教师是课程实施的关键人物。因此,在课程改革的过程中要充分依赖教师,发挥教师的作用,给予教师在课程改革中发表意见、参与改革的权利,更要通过培训使教师形成新课程的理念,掌握实施新课程的方法。实践表明,教师在课堂教学中是否具备积极主动对课程进行修正和调适的意识和能力,是衡量课程实施效果的一个重要因素。

（3）学生

一般来说,教育者较少考虑学生在课程实施中的作用。事实上,正如成功的改革要求教师必须接受新的改革方案一样,改革也要求学生的参与。因为学生是教学过程中的当事人,他们有权表达自己的期望;而且教学过程是师生协作的过程,在这个过程中,学生不是课程的被动接受者,他们在选择班级活动和学习内容上发挥积极的能动性。因此,在课程实施中要从整体上关注学生所处的文化环境及其既有的文化认同,不能忽视人的现实存在、人的愉悦与痛苦、人的文化背景。否则,精心筹划好的教育行为将难以得到学生的理解和合作,从而导致课程实施无法取得理想的效果。

（4）家长

家长也是影响课程实施的一个重要因素,家长对学校的关注程度,在很大程度上也影响着当前的课程改革。在新的课程计划的实施中,家长对新课程的理解程度、支持程度、教育理念和教育水平的高低都在一定程度上影响了课程实施。

3. 课程实施的情境因素

课程实施情境包括各种外部因素,如国家和地方政府政策的倾斜、资金的支持、地方社会经济发展水平、社会团体的支持和理解等,也包括教育系统的内部因素,如在教室、学校、学区、社区等各层次上都涉及一定的情境要素,包括关键人物的作用、文化因素、组织特征等。

以上这些因素在不同水平上不同程度地影响着课程实施。在具体的课程实施过程中,不同因素对一个确定的课程所产生的影响也可能是不同的。对于一个新的课程改革方案,诸如地方政府、校长以及家长的认同与否,都会对课程实施产生很大影响。此外,影响课程实施的各种因素往往也不是单独发挥作用的,各因素之间又存在复杂的相互作用,共同影响着课程实施。

## 二、教学实施概述

目前,在世界范围内,教学实施的基本形式主要是班级授课制,也称"班级上课制",是将学生按年龄和知识水平分成有固定人数的不同的班级,由老师按照固定的时间表和课程表对全体学生进行分科教学的一种教学组织形式。

**知识卡片 5-2**

**班级授课制的产生**

早在公元1世纪上半叶,古罗马就曾实行过分班教学,教育学家昆体良不但称赞并论证了这种教学形式的优越性,还尝试实行了分班教学这一模式。然而在西欧中世纪的大变动中,分班教学的做法被废弃了。在这段漫长的时间里,西欧各国主要实行个别教学。到了中世纪后期,一些教会学校中出现了班级授课制教学的萌芽,并积累了较好的教学工作组织经验。这为夸美纽斯在《大教学论》中提出班级授课制奠定了基础,他提出一个教师对一个班级的学生同时上课,以代替传统的个别施教。夸美纽斯认为这样不仅教师教得省力,学生还可以相互激励、帮助,从而可以愉快而有效地学习。由于班级授课制比个别教学优越,所以很快得到了推广,并在之后的实践中逐步完善起来。

资料来源:商春锦.班级授课制的历史、现状与对策[J].福建教育学院学报,2003(7):110-112.

教学实施是一个完整有序的系统,它由一个个相互联系、前后衔接的环节构成。从教学实施流程看,完整的教学工作由备课、上课、课外作业的布置与批改、课外辅导、学业成绩的检查与评定等基本环节组成。其中上课是整个教学工作的中心环节。一般而言,要使课堂教学进行得系统有序、优质高效,就要求教师把学科知识、教育理论知识与教学艺术、自己的经验与感悟融为一体,只有这样才能充分调动学生学习的主动性、积极性和能动性,使师生产生情感共鸣,使课堂教学富有生机和活力。

1. 教学实施的导课艺术

古人作文有"凤头、猪肚、豹尾"之说,凤头意指文章开头要美。如同古人作文一样,教学实施的开头也要富有吸引力,应在很短的时间内使学生迅速地集中注意力,激发求知欲和思维活动,激发学生学习新知识的兴趣,从而全身心地投入学习,做到心动、脑思、口说、手写全方位投入,进入听课的良好准备状态,进而为教学的顺利进行创造有利条件。著名特级教师于漪说:"上课的第一锤要敲在学生的心灵上,激发他们的思维火花,好像磁石一样把学生深深吸引住。"

教师精心设计导课环节,可以起到先声夺人的效果,为整堂课的进行打好基础。而好的导课环节也具有一定的特性。导课要有针对性,满足学生的听课需要;要有启发性,发展学生的思维能力;要有新颖性,吸引学生的注意指向;要有趣味性,激发学生的学习兴趣;要具有简洁性,节约学生的听课时间。[①]

在实际教学中,课堂导入主要可以分为以下几种。

(1) 直接导入法

教师开讲就点明该课主题,直截了当地点明难点、重点、关键点,以引起学生的注意;或者开门见山地提出问题,引起学生的思考;或者从破题释义入手;或者从某一层次或视角直接导入课文。例如,有位教师在讲《将相和》这篇课文时,教师以巧妙的释题直截了当地引出课题。"将"指谁?"相"指谁?"和"是什么意思?"将"和"相"始终都是"和"的吗?他们为什么会不"和"?后来为什么又会"和"呢?这样的导语有的放矢,能让学生带着问题读书,思维迅速定向,很快进入对课文中心的探求,教学效果很好。

(2) 设疑导入法

教师通过故事、笑话、典故等精心设疑问难,巧妙布阵,引起悬念,使学生的求知欲由潜伏状态转入活跃状态,开启学生思维的钥匙,从而使学生从始而疑,继而思之,到终而知之。例如,于漪老师在教鲁迅先生的小说《孔乙己》时,首先告诉学生,鲁迅先生曾经说过,在自己创作的小说中最喜欢《孔乙己》。然后,就提出问题"为什么他最喜欢《孔乙己》呢?孔乙己是怎样的艺术形象?鲁迅先生是以怎样的鬼斧神工之笔来塑造这个形象的?"这样的导语像一块磁石牢牢吸引住学生的注意力,问题提得也很尖锐,能够激起学生思维的涟漪,激励学生的探求精神,促使学生探幽取胜,主动寻找答案。

(3) 趣味导入法

教师用诙谐、风趣、幽默的言语和手段导入新课,活跃课堂气氛,增强教学的趣味性,迅速抓住学生的心思,吸引学生学习新课的兴趣,并引导学生抓住学习的重点,真正做到寓教于乐。

---

① 李如密.教学艺术论[M].济南:山东教育出版社,1995:179-183.

### 案例 5-2

一位语文教师在讲授《项链》一课时,设计了这样的导课:平时大家常常听到一些歇后语,如"癞和尚戴花——疯美""厕所里开电扇——出臭风头"等。我今天说几条"歇后语"大家听听,"路瓦栽夫人借项链——穷出风头""路瓦栽夫人丢项链——乐极生悲""路瓦栽夫人赔项链——自讨苦吃"。当然这三句不能算歇后语,因为歇后语是全社会约定俗成的。这篇课文大家已经预习过了,对莫泊桑笔下的路瓦栽夫人有什么看法呢?现在我出个上联——"一夜风头项链即锁链",请大家现在再仔细地阅读一遍课文,然后根据个人感受,对出一个下联,把自己的看法表达出来,对仗要工整。

资料来源:李如密.教学艺术论[M].2版.北京:人民教育出版社,2011:188-189.

(4) 创境导入法

教师根据所讲内容的特点,用生动的语言进行直接描述或通过多媒体辅助教学手段,创设一定的、能够引发学生响应情感体验的情境,让学生置身于特定的情境之中,体验所学内容的内涵的一种导课方式。例如,李吉林老师在教《小白花》一课时,便将背景画面(周总理的遗像、有关照片)与背景音乐等巧妙地融合在一起,创设了悼念周总理的特定环境。把学生带入情境中,让学生感到"情境即在我眼前""我即在情境中",仿佛进入了其人可见、其声可闻、其景可观、其物可赏的境地。学生的学习动机在这种"情"与"境"的相互作用中得以强化,学生从而也深刻体验到教材内涵之美。

(5) 故事导入法

教师运用绘声绘色的语言来讲述寓意深刻又幽默轻松的故事以导入新课的方式。这种导入法的要点是故事要短小,本身要能说明问题,而且教师要注意把这种形象的讲述及时引向抽象的思维,发展学生的逻辑思维能力,提高学生的理解水平。

(6) 温故导入法

教师利用新旧知识之间的联系,通过温习旧课达到启发新知的一种导课方式。运用这种方法使新旧知识过渡自然连贯,顺理成章,起到"老课不生厌,新课不生畏"的作用。温故导课中的"温故"只是一种手段,导入新课才是真正的目的。在具体导课时切不可颠倒主次、喧宾夺主。温故导课一旦成了纯粹的复习课,就是一种失败。

> **案例 5-3**
>
> 　　有位老师在上《开天辟地》第二课时时,没有直接进入新内容的学习,而是以温故的方式进行教学导入。他首先提出一个问题:"上节课,我们把这个神奇的故事概括为三个部分,还记得吗?"学生回答:"开天地、撑天地、化万物。"老师又问:"我们还学习了故事的第一部分,读到一种有趣的语句:左手持凿,右手握斧。轻而清的东西冉冉上升,变成了天;重而浊的东西慢慢下沉,变成了地。通过研究这两个句子,我们有了不少发现。你能说说看吗?"学生回答:"这样的句子前后内容相反或者相对,字数也差不多,很对称,很讲究。""读起来也特别上口,很有节奏感。""我们还用上这两个对称的句子复述了开天地的情景。"这时,老师说:"这节课我们读故事,还要继续关注这种有趣、对称的语句,盘古撑天地的部分有这种句子吗?"学生回答:"有。"老师出示本节课的学习要求,引入新课。
>
> 资料来源:储玲玲.让核心素养真正在语文课堂落地生根——《开天辟地》第二课时教学实录[J].语文知识,2017(22):39-41.

总之,正确恰当地运用导课方式导入新课,能集中学生的注意力,明确思维方向,激发学生的学习兴趣,引起学生的内在求知欲望,使学生在新课学习中一开始就有一个良好的学习环境和心理准备,为完成本节课的教学任务创造先声夺人的优越条件。

2. 教学实施的组织艺术

组织教学是搞好课堂教学,提高教学质量的重要环节。按照心理学规律,针对学生的心理特点,科学地组织好教学,可使学生集中注意力,稳定情绪,产生兴趣和求知欲,有利于教学的正常进行。

(1) 利用注意规律组织教学

教师要善于运用学生有意注意和无意注意相互转化的规律组织教学。心理学研究表明,不同年龄的学生,有意注意的时间也不同。7～10岁时,有意注意时间为20分钟,10～15岁为25分钟,15岁以上为30分钟。在教学实施中,如果过分强调或过多地要求学生依靠有意注意来进行学习,学生就容易疲劳。如果单纯依靠无意注意,就不能有效地发展学生与困难作斗争的精神。所以,教师一方面要求学生努力集中自己的注意力,在学生有意注意时间内讲授重点和难点,进行严肃内容的讲解;另一方面也应该在教学活动中穿插一些有趣的情节,使学生对学习本身发生兴趣,学习轻松的内容。在组织教学的过程中,经常在严肃的内容和轻松的内容之间巧妙地变换,可使课堂教学充满节奏感,让学生听课不会感到太累,这样才能提高教学的效果。

(2)妙用课堂提问组织教学

教学实践表明,提问是课堂上师生互动最常见的方式,是调动学生主动性和积极性最普遍的方法,也是检验教学效果的重要手段。课堂提问要引起学生的学习动机,启发学生的思考,达到深化和巩固知识的目的,并能调控教学过程和检查教学效果。因而提出的问题要难度适中,符合学生的实际认知水平和想象能力。《学记》中"善问者如攻坚木,先其易者,后其节目,及其久也,相说以解"讲的就是这个道理。遵循量力性原则,既要考虑大多数学生的实际水平,使他们回答问题后有一定的成就感,即在学生"跳一跳,能够得着"的高度上,减少学生的挫折感;又要使大多数学生都参与进来,有了参与感,学生学到的东西更容易记住,更容易理解。

(3)善用口头评价组织教学

课堂评价语不同于一般的表扬、鼓励和批评,而具有较浓的评定、评议、评析和评点的色彩,因而教师可采用赞同、肯定、表扬、告诫、提醒等多种方式对学生的表现做出评价。课堂评价语要准确、有启发性,要指出学生的长处或不足,给予肯定或纠正、提醒;要及时、有激励性,教师要关注学生在课堂上的表现,根据情况及时做出评价,使学生在学习过程中知道该做什么和如何去做。教师充满激励的评价语能够让学生感受到教师的关爱,增强自信心,获得不断前进的动力,努力达到某种教学目标。

(4)恰用教学方法组织教学

教学方法是教师与学生为实现教学目的所采用的途径和程序。如果从教师的指导作用这个角度而言,教学方法可谓是对学生认识活动的组织方式和控制方式。一名合格的教师,不仅要掌握专业知识,也要掌握教学艺术,正确恰当地使用科学的教学方法。"教学有法,但无定法,贵在得法",教学方法多种多样,教师在实际的教学实施过程中,要从教学目的、教学内容、教学环境、教学设备、教学对象等实际出发,根据具体的情况灵活选择不同的方法,切忌生搬硬套,以免造成适得其反的后果。

(5)巧用教学语言组织教学

教学实施离不开教学语言,教学语言是教师课堂教学的重要工具。为了让学生能够充分享受知识的乐趣,一个好的教师应该巧用语言组织课堂教学,把一堂课上得生动活泼,让课堂的气氛活跃起来。一旦课堂的气氛活跃起来,学生与教师之间的互动就会变得非常自然,学生听课便不会感觉疲倦,教师也因为有成就感而不会觉得太累。教师应该用最简单朴实的语言、最鲜活生动的例子和最简洁直观的推理把理论和基础知识讲清楚。

**知识卡片 5-3**

关于教学语言，我国古代教育史上就有过精辟的论述。《学记》中说："善歌者，使人继其声。善教者，使人继其志。其言也，约而达，微而臧，罕譬而喻，可谓继志矣。"孟子也曾说："言近而指远者，善言也；守约而施博者，善道也。"

组织教学是课堂教学的重要组成部分，它贯穿于一堂课的始终，是课堂教学得以顺利进行的基本保证。教师要想使课堂教学获得良好的效果，就必须不断提高自己组织课堂教学的艺术水平。在课堂教学中，充分利用注意规律，把握课堂的动静相生的教学节奏，让学生"乐学"；运用提问技巧，遵循量力原则，让学生"想学"；善用激励评价语，让学生"爱学"；巧用教学语言，让学生"能学"；恰用教学方法，让学生"会学"。

3. 教学实施的结课艺术

古人写文章讲究设计一个发人深省的结尾，形象地称作"豹尾"。一堂课的成功，不仅要有良好的开端，有声有色的讲课过程，还要看教师是否完成了全部预设的教学目标，教学结束时是否合情合理，恰到好处。一堂好课的结尾常有"言已尽而意无穷"的感觉，它能给人以美的遐想和有益的启示。因此，教师还要做好课程的结束工作，不可"虎头蛇尾"，有始无终。

（1）首尾呼应，归纳结课

结课时应当紧扣教学内容，使结课成为整个课堂教学艺术的有机组成部分，做到与导课遥相呼应。特别是有些课的结尾实际上就是对导课的总结性回答，使导课思想内容得到进一步延续和升华。因而，为了使学生对所学内容有完整而深刻的理解，结课时，教师应注意做好总结工作。用简短的时间，简洁明了地使讲课主题得以升华，也使教学内容系统连贯、相对完整，促进学生的理解和记忆。

**案例 5-4**

有位老师在讲化学的《原电池和电解池》这一课时，应用了归纳结课的方式，将整节课的内容用"一、二、三"口诀进行归纳总结。"一"是指"一个本质"，即无论是原电池还是电解池，其反应的实质都是氧化还原反应，前者是化学能转化为电能，后者则是电能转化为化学能。"二"是指"两个组成"，即电极材料和电解质的物质组成，包括是活性电极还是惰性电极，电解质是否参与反应，如何反应等知识。"三"是指"三个守恒"，即元素（质量）守恒、电子守恒、电荷守恒，它们从宏观和微观、定性和定量等方面,对原电池和电解池的原理进行了全面的概括。

资料来源:孙天山.浅谈化学课堂的"结课"艺术[J].教育研究与评论(中学教育教学),2019(4):74-77.

(2) 水到渠成,自然结课

教师所讲一堂课的最后一个问题的最后一句话落地,下课铃声响起,正所谓"瓜熟蒂落,水到渠成"。这种结课方式要求教师精心设计教学内容和教学结构,准确把握教学的进程和时间,只有这样才能有效地达到预期的结果。

### 案例 5-5

有位教师讲解《开天辟地》时,在引导学生围绕着"中华民族的祖先,想通过《开天辟地》这个神话表达些什么呢"这一问题表达自己的想法之后,顺势进行教学总结:"孩子们,这就是我们中国的神话,它是那么神奇、优美、耐人寻味。中国神话还有很多,课后我们可以继续走进神话世界,阅读神奇故事,探究更多神话奥秘。"最后出示课后阅读推荐资料,这堂课就自然结束了。

资料来源:储玲玲.让核心素养真正在语文课堂落地生根——《开天辟地》第二课时教学实录[J].语文知识,2017(22):39-41.

(3) 设疑启疑,悬念结课

悬念是电影、戏剧、评书、小说等艺术创作中常常采用的艺术手法。通过这种艺术手法,可把读者、观众的思绪"悬"起来,从而产生猜测、期待、渴望等一系列心理状态,并使之持续与延伸,以达到必欲释疑团而寻根究底之效果。优秀的教师在教学结课时常常使用设立悬念的方法,即教师通过巧设疑障,对教学内容留有余地,使学生达到"欲罢不能,启疑寻根"的效果,以激发学生去思维、去探索,以进一步获取知识。

### 案例 5-6

有位老师在开展"角的认识"一课的教学时,通过设疑启疑的方式激发学生思考,先用多媒体展示了三种情境,分别是小明在与地面形成 45°角、小红在与地面形成 20°角、小华在与地面形成 80°角的滑梯上滑滑梯的情境图,然后引导学生认识滑梯中的角,思考小红、小明、小华在形成不同度角的滑梯上滑滑梯的速度有什么不同,并要求学生在生活中进行观察和体验。

资料来源:汤伟珠.编筐编篓 重在收口——例谈小学数学的结课艺术[J].数学教学通讯,2016(16):9-10.有改动。

(4) 机言警语,震颤结课

教师在结课时以机言警语触动学生的心灵深处,可使学生情思之弦震颤不已,心潮之澜难以平静,产生发人深省的教学效果。教师运用此结课方式时,教学内容和语言一定要体现出足够的力度,才能收到预想的效果。

### 案例 5-7

在《孔乙己》的总结课上,教师问学生:"孔乙己有脚吗?"学生回答:"有啊!"教师又问:"他在离开我们的时候,是用脚走开的吗?"学生肃然回答:"用手。"教师就势总结道:"课讲完了,孔乙己也离我们而去了,他走了。是用脚走开的吗? 不!是用手。孔乙己这个备受凌辱、尝尽人间酸甜苦辣的读书人,这个善良忠厚、迂腐困窘的读书人,由于被打致残,频遭冷遇,只好用一双手走了,悲凄地、艰难地走了,走出了读者的视线,也走出了生活的舞台。"这样的结课多么震颤人心,又是多么令人警醒。那股潜入人心的苦涩情味,是对人物的同情?还是对社会的控诉?让人久久难以排解。一节课结束了,孔乙己的形象也走进了学生的心坎,成为学生刻骨铭心的永恒记忆。

资料来源:李如密.教学艺术论[M].2版.北京:人民教育出版社,2011:203.

(5) 内外纽带,延伸结课

俗话说"编筐编篓,全在收口"。教师要讲究结课的艺术,或引导学生归纳、复述,加深学生对知识的理解;或激发学生的兴趣,变"要我学"为"我要学";或给学生留下"言已尽而意无穷"的思考和想象空间;或前瞻后顾,妙手点拨,使这节课的结束,成为下节课的开端。一个恰到好处的结课能起到画龙点睛、承上启下、提炼升华、引人深思的作用,它可以给学生留下难忘的记忆,激起学生对下一次教学的强烈愿望。

### 案例 5-8

有老师在讲《假如生活欺骗了你》时,在指导学生仿写诗句、分享老师自己仿写的诗句之后,引入了邵燕祥写的《假如生活重新开头》,作为拓展材料引导学生鉴赏。然后,老师将打印好的这首诗分发给学生,并希望学生很好地吟诵邵燕祥这首诗,指出这首诗同样给我们思想的启迪,告诉我们要自信、自强,要自强不息。最后,老师说:"今天我们的课就上到这儿,在课的'尾声',老师送给大家两句话,一起读起来"。屏幕上显示:生活就像大自然,总是有风雨伴随着我们的生命。我们要珍视生命,珍惜青春,热爱生活。

资料来源:武玉鹏,郭治锋.语文名师名课案例研究[M].北京:北京大学出版社,2018:146-147.

## 第二节 课程实施的取向与模式

### 案例 5-9

#### 一线教师对课程的调适

问:在平时的教学中,你是否会对教材、教参做出修改?

教师甲:这个是肯定的,因为随着课程改革的深入,我们对教参有了进一步的认识,我始终强调,教师不能是教材的忠实执行者,也就是说我们不是教教科书,而是用教科书教。教科书上所体现的那些理念或者课程标准,我们能实现它就可以了。

问:你是怎么看待我们手中的教材或教参的?它对于你的教学起着什么作用?

教师乙:我觉得是一个依据,应该依据它,但不能一成不变,也不能全盘照搬……我认为应该以它们为蓝本,然后教师有选择地摘录一些内容,穿插到平时的教学中去,而不能全盘地接受和照搬。

资料来源:宋时春.静悄悄的革命——教师对课程的重建[D].上海:华东师范大学硕士学位论文,2004.

## 一、课程实施的取向

课程实施的取向是指对课程实施过程本质的不同认识以及支配这些认识的相应的课程价值观。课程实施的取向集中表现在对课程计划与课程实施过程之间关系的不同认识上。在课程实施过程中,由于课程实施者持不同的教育价值观,相应地会对课程实施有不同的认识,并会以不同的态度和方式参与课程实施。根据美国课程学者辛德、波林和扎姆沃特(J. Snyder,F. Bolin & K. Zumwalt)的归纳,课程实施存在三种基本取向,即"忠实取向""相互调适取向"和"课程创生取向"。①

### (一)忠实取向

课程的忠实取向即视课程实施为忠实地执行课程方案的过程。衡量课程实施成功与否的基本标准是课程实施过程中实现预定的课程方案的程度。课程实施愈接近预定的课程方案,则愈为忠实,课程实施程度也愈高;若与预定的课程方案差距愈大,则愈不忠实,课程实施程度愈低。这种观点强调课程设计的优先性与重要性,强调事前规划的课程方案具有示范作用,教师应当不折不扣地执行。忠实取向的课程实施适用于某些特定的课程情境,特别适用于课程内容极为复杂、困难且不容易掌握精熟的新课程方案,或是学生的理解有赖于配合课程内容的特定安排,因此,课程实施的顺序有必要在事前加以规定。然而,课程的规范说明及其规定可以限制课程科目知识的最小范围与最低标准,但不能硬性限制师生的最大选择范围与最高成就标准,更不应该限制师生对学习方法的选择。

>  **知识卡片 5-4**
> 
> **课程实施忠实取向的局限**
> 
> 课程实施的忠实取向不能给教师留下太多的弹性与自由发挥的空间,不鼓励或不允许个别教师在自己的课堂情境中因应变革而修改课程内容。其基本假设是,倘若教师的课程实施选择权不多,则课程实施的方法就愈明确,课程实施就愈"忠实"。忠实取向强调课程专家在课程变革中的重要地位,把课程变革看成实施预定课程计划的机械、线性的过程,对课程实施者的主动性认识不足,容易陷入机械主义和教条主义的泥潭。

---

① 张华.课程与教学论[M].上海:上海教育出版社,2000:335-336.

## (二)相互调适取向

相互调适取向即把课程实施视为课程设计人员与课程实施者双方同意进行修正调整,采用最有效的方法以确保课程实施之成效的过程。相互调适取向强调课程实施不是单向的传递与接受,而是双向的互动与改变。课程方案有必要视学校教育的实际情境而加以弹性调整。事实上,所有的课程方案在实施过程中都必须经过修正调整才能适用于特定而变化的课堂情境。唯有如此,教师才能使学生的学习获得最大的效能。相互调适取向认为,一项课程方案付诸实施之后,可能会发生两方面变化:一方面,既定的课程方案发生变化,以适应各种具体实践情境的特殊需要;另一方面,既有的课程实践会发生变化,以适应课程方案的特定要求。课程实施中的相互调适现象是必要的,也是必然的。相互调适取向倾向于把课程变革视为一种复杂的、非线性的和不可预知的过程,而不是预期目标与规划方案的线性演绎过程。因此,应关注课程实施过程中的社会情境因素的分析,借以揭示课程变革的深层机制。相互调适取向考虑了具体实践情境,如社区条件、学校情境、师生特点等对课程实施的影响,反映了师生的主动性、课程实施的复杂性、不确定性和过程性。与忠实取向相比,相互调适取向更符合课程实施的实际情况。

## (三)课程创生取向

课程创生取向即把课程实施视为师生在具体的课堂情境中共同合作、创造新的教育经验的过程。真正的课程并不是在实施之前就固定下来的,它是情境化、人格化的。课程实施本质上是在具体的课堂情境中"创生"新的教育经验的过程。既有的课程方案不过是一种供这种经验创生过程选择的工具而已。课程创生取向强调"课程是实践",课程不是被传递的教材或课表,不是理所当然的命令与教条,而是需要加以质疑、批判、验证和改写的假设。课程创生取向强调"教师即课程",教师是决定新课程成败的关键角色。由于创生取向强调教师和学生在课程开发中的创造性,重视教师和学生在课程制定过程中的作用,因此这一取向对教师和学生的要求很高,推行的范围相对有限。

**知识卡片 5-5**

**核心素养与课程创生取向**

核心素养在本质上是面对和解决复杂的、不确定的现实生活情境的综合性品质。这一过程离不开个体能否综合运用相关的知识技能、思维模式或探究技能以及态度和价值观等在内的动力系统。在这个意义上,核心素养是"三维目标"的整合。这种整合发生在具体的、特定的任务情境中。核心素养是个体在

> 与情境的持续互动中,不断解决问题、创生意义的过程中形成的。在这一过程中,个体在情境中通过活动,创生知识,形成思维观念和探究技能,发展素养。教育或教学的功能就在于选择或创设合理的情境,通过适当的活动以促进学习的发生。
>
> 资料来源:杨向东.核心素养与我国基础教育课程改革的关系[J].人民教育,2016(19):19-22.

上述三种取向从不同侧面揭示了课程实施的本质,各有其存在的价值。从忠实取向到相互调适取向,再到课程创生取向,意味着课程变革从追求"技术理性"到追求"实践理性",再到追求"解放理性",体现了课程变革的发展方向。

## 二、课程实施的三种基本模式[①]

### (一)"研究、开发与传播"模式

"研究、开发与传播"模式把课程变革视为一种技术化、理性化的过程,包括如下四个分离的、有顺序的步骤,即"研究—开发—传播—采用"的线性过程。

第一,研究。通过研究确立课程与教学的基本原理,这些原理是课程变革的基本价值取向和指导原则。

第二,开发。将研究发现的基本原理运用于课程资料的开发过程中,由此获得新课程。

第三,传播。将研究开发出的新课程系统传播给具体教育情境中的教师,供其使用。

第四,采用。具体教育情境中的教师使用新课程并将新课程整合于学校课程之中。

### (二)兰德课程变革动因模式

兰德社团于1973—1977年对美国联邦政府资助的教育变革展开研究,这项研究统称为"兰德变革动因研究"。"兰德课程变革动因模式"即产生于该研究。兰德课程变革动因模式研究发现,课程变革过程包括三个阶段。

第一,启动阶段。在本阶段,课程变革的发起者致力于使人们支持课程变革计划,这需要对课程变革计划的目标作出解释,以使教育实践者理解与接受。

第二,实施阶段。兰德课程变革动因模式认为,成功的课程实施取决于课程变革的特征、教学和行政管理人员的能力、社区环境以及学校组织结构等因素。因此,

---

① 张华.课程与教学论[M].上海:上海教育出版社,2000:347-352.

课程实施的关键是对既定课程变革计划作出适当调整,以适应具体教育实践情境的需要。

第三,合作阶段。在本阶段,所实施的课程计划已成为现行课程制度的一部分,这需要课程专家、教育行政管理人员、教师、社区代表等密切合作、相互适应,以使变革计划不断进行下去。

### (三) 课程变革的情境模式

美国学者帕里斯(C. Paris)对课程实施研究持课程创生取向,由此提出课程变革的情境观。帕里斯的研究基于以下三个假设。

第一,课程知识包括情境知识,这些情境知识是教师在"不断前进的"教与学的实践过程中创造的。

第二,课程变革是个体在思维和行动力方面成长与变革的过程,而非课程设计与实施的组织程序。

第三,教师不论是创造和调整他们自己的课程,还是对别人创造和强加的课程作出反应,他们的课程实践总是基于他们对特殊情境的知觉而发生变化。这些假设使帕里斯运用解释学的研究方法来理解课程变革的本质。

## 第三节 教学过程的原则与方法

### 一、教学原则

#### (一) 教学原则的概念

教学原则是根据教育教学目的、反映教学规律而制定的,是教师有效开展教学工作所必需遵循的基本要求或行为准则,是指导教学活动的一般原理。它既指导教师的教,也指导学生的学,应贯彻于教学过程的各个方面和教学过程的始终。教学原则是反映人们对教学活动本质特点和内在规律的认识,是指导教学工作有效进行的指导性原理和行为准则。教学原则对教学中的各项活动起着指导和制约的作用。教学原则在教学活动中的正确和灵活运用,对提高教学质量和教学效率发挥着重要的保障性作用。教学原则不是任何人随意提出的,而是有一定的客观依据。

1. 教学原则受教育目的的制约

任何一个教学原则或教学原则体系的提出,必须服从于一定的教育目的。我国社会主义教育的目的,是使受教育者在德、智、体、美、劳等方面都得到发展,成为社会主义现代化事业的建设者和接班人。这一目的从总体上规定了社会主义学校教学活动的发展方向和预定的发展结果,指导和支配着教学活动的各个方面。教学原则作为指导教学活动的基本要求,必然要遵循和反映这一目的。例如,教学的整体性、理论联系实际和因材施教等原则都从不同侧面体现了教育目的的基本要求,遵循了对学生进行全面发展教育这一教育工作的根本方向。

2. 教学原则是教学规律的反映

教学原则虽然是人们主观制定的,但也反映了教学过程的客观规律。教学作为一种特殊认识过程,存在一些共同的、不以人的主观意志为转移的客观规律。古今中外许多教育家之所以能从教学实践中总结出正确的教学原则,就是因为这些教学原则是合乎教学规律的,不管这些教育家们是否意识到这些规律。教学规律是教与学的内部矛盾运动的客观规律,人们只能去发现它、掌握它、遵循它,但不能制造它。教学原则则是人们在认识教学规律的基础上制定的一些教学的基本准则,它反映教学过程的客观规律。只有人们不断发现和掌握教学规律,才会使人所制定的教学原则不断发展和完善。

3. 教学原则是人们教学实践经验的总结

教学原则是人们从教学实践中总结出来的。人们在长期从事教学实践的过程中,不断探索出一些成功的经验或失败的教训,对这些经验或教训反复认识、不断深化,并经过概括抽象,对教学规律有所认识,从而制定了教学原则。由于人们对教学过程规律的认识不同,在教学实践中所面临的课题不同,所制定的教学原则也就会有所不同。

**知识卡片 5-6**

> 古往今来,教学原则的提出总是与一定的教学实践密不可分。我国古代教育家孔子在长期的教学实践活动中,概括出"学思结合""学而时习""因材施教"等教学原则。我国古代著作《礼记·学记》中也总结了"教学相长""启发诱导""藏息相辅""豫时孙摩""长善救失"等教学的宝贵经验。在西方,17世纪捷克教育家夸美纽斯结合相关经验在《大教学论》中,首次提出"教学原则"的概念,总结出"直观性""系统性""量力性""巩固性""自觉性"五大教学原则,建立了教育史上第一个完整的教学原则体系。

### (二)中小学常用的教学原则

目前,我国中小学教育中常用的教学原则主要有:直观性原则、启发性原则、巩固性原则、循序渐进原则、因材施教原则、理论联系实际原则、伦理性原则和创造性原则等。

1. 直观性原则

直观性原则是捷克著名教育家夸美纽斯为教学所定的一条"金科玉律"。他主张:"在尽可能的范围内,一切事物都应该尽量地放在感官眼前。"[①]直观性原则是指根据教学活动的需要,通过实物、模像、语言的形象描述等直观手段,让学生直接感知学习对象,形成清晰的表象,促进学生从感性到理性认识的发展。这一原则是根据学生掌握知识的认识规律和学生的年龄特征提出的。一般来说,直观手段主要有以下三种。

(1)实物直观。实物直观指借助实物可以直观地将学习内容呈现在学生面前,在学习比较生疏的内容时,实物直观能够为学生提供理解、掌握此类内容所必需的感性经验。

(2)模像直观。模像直观是运用各种手段对实物的模拟,包括图像、图表、模型、幻灯、音频、视频等。实物直观虽然真实有效,但一些实物往往受到实际条件的限制而无法展示,模像直观能够有效地弥补实物直观的不足。随着现代技术在教育领域的应用,模像直观的范围更加广阔,在现代化教学中的应用也更加广泛。

(3)语言直观。语言直观是教师运用自己的语言,通过形象化的描述来引起学生的感性认识,达到直观的效果。与前两种直观相比,语言直观可以最大限度地摆脱时间、空间、物质条件的限制,最为便利和经济,但对教师的教学素养和语言表达能力也提出了更高要求。

在教学中贯彻直观性原则的基本要求有以下几方面。

第一,教师应恰当地选择直观手段。学科不同,教学任务不同,学生年龄特征不同,所需要的直观手段也不同。同时教师还应注意合理运用直观教具,应认真考虑直观教具呈现的时间、地点、数目和条件等问题。

第二,直观是手段而不是目的。一般来说,在学生对教学内容比较生疏,在理解和掌握上遇到困难或障碍时,才需要教师运用直观手段,目的在于促进学生理性认识的发展。为直观而直观,只能导致教学效率的降低。

第三,在直观的基础上提高学生的认识。直观虽然能够丰富学生的感性经验,但并不意味着就能够有效提高学生理解知识的水平。因此,教师在运用直观时应注意指导,比如通过提问和解释鼓励学生细致深入地观察,启发学生区分主次轻重,引导学生思考现象和本质、原因和结果等。

---

① [捷]夸美纽斯.大教学论[M].傅任敢,译.北京:教育科学出版社,1999:141.

> **案例 5-10**
>
> **数学课中的直观教学**
>
> 一位教师在讲小学数学一年级上册"比多少"这一课时,遵循直观性原则进行如下设计:
>
> 在"猴子分水果"环节,引导学生结合"猴子分水果"情境中的具体物——桃、梨、香蕉比较物体的多少,将生活中的实物抽象成实物图片,并通过摆、数、比、说等活动,直观比较水果与猴子数量的多少。
>
> 在"比较动物数量"环节,借助多媒体动画呈现情境(森林里有 3 只长颈鹿、4 只猴子、5 只羊),让学生模仿教材中的直观方式表示出比较长颈鹿和猴子、猴子和羊数量多少的过程。直接画出动物图片难度较大,教师便引导学生将长颈鹿、猴子和羊都用 O 表示,提高表示物和数量的数学抽象程度。
>
> 资料来源:黄兴. 几何直观教学让数学核心素养落地[J]. 教育评论,2021(10):152-155.

### 2. 启发性原则

启发性原则指在教学中教师要承认学生是学习的主人,充分调动他们学习的积极性和主动性,引导学生独立思考、积极探索,使学生能够主动地学习,以达到对所学知识的理解和掌握,提高分析问题和解决问题的能力。这一原则是为了将教学活动中教师的主导作用和学生的主体地位统一起来而提出的。

>  **知识卡片 5-7**
>
> "启发"一词源于《论语·述而》篇。子曰:"不愤不启,不悱不发,举一隅不以三隅反,则不复也。"《学记》中提出"道而弗牵,强而弗抑,开而弗达"的教学要求,阐明了教师的作用在于引导、激励、启发,而不是牵着学生走,强迫和代替学生学习。宋代理学家朱熹注曰:"愤者,心求通而未得之意;悱者,口欲言而未能之貌。启,谓开其意;发,谓达其辞。"苏格拉底提出的"产婆术"表现了西方教育家对"启发"问题的认识。19 世纪德国著名的民主主义教育家第斯多惠也有一句名言:"一个坏的教师奉送真理,一个好的教师则教人发现真理。"

在教学中贯彻启发性原则的基本要求有以下几方面。

第一,确立学生的主体地位。教师的启发只有在获得学生积极的回应时才能产生应有的效果,而学生的积极回应建立在学生内在动力得到有效激发的基础上。为此,教师要充分了解学情,精准把握学生的未知之域,并调动其求知的意向,在同频共振中实现"悱"而"启","愤"而"发"的效果。

第二,建立民主平等的师生关系。如果师生关系是紧张的,学生在回答教师问题时就会有更多的顾虑,无法自主地思考和表达,启发的效果也就大打折扣。所以,教师要充分尊重学生的意见,平等地对待学生,在课堂教学中营造可以自主思考与表达的宽松氛围。

第三,激发学生的积极思维。学生的思维状态对启发性原则的应用效果至为关键。要激发并保持学生的积极思维状态,教师要了解学生的最近发展区,抓住思维的契机及时提问,同时,通过倾听和等待为学生的积极思维创造空间。

---

**案例 5-11**

### 课文《称赞》的启发教学

一位教师在讲授小学语文《称赞》一课时,将发展学生思维贯穿于整个教学过程中,取得了很好的教学效果。

在"设疑引惑"环节,该教师先抛出了"小刺猬称赞了小獾,是不是因为小獾的板凳做得都很好?"的问题,并进一步提出"那小獾做了三个什么样的小板凳?""这样的板凳坐上去、摸起来会是什么感觉?"等小问题。在小问题的引导下,学生细读文本,发现小獾做的板凳并不好,这时老师抛出"我觉得,小刺猬不应该称赞小獾。那同学们认为到底该不该称赞小獾呢?",并要求"大家先不要急着回答,请你们再读一读1~4自然段,找出理由来说服老师",引导学生开始关注更多的文本细节,思考也逐步走向深入。

在"大胆设想"环节,该教师认为经过前面的学习,学生的思维已经变得活跃起来,对文本也有了较为全面的了解,所以在这一环节直接抛出了一个让学生意想不到的问题:"如果小刺猬看到小獾做出来的板凳很粗糙,没有称赞小獾,甚至嘲笑了小獾,结果会是怎样?"这是对文本内容进行的"颠覆式"追问,这样的问题往往因带有批判性而产生"破坏式"创新。果不其然,学生的观点出现分化。制造讨论的话题和空间是发展创新思维的重要手段,面对观点分化,这位教师及时引导学生继续关注文本的细节,在基于文本内容的讨论中最终达成一致的看法。

资料来源:齐军.如何通过文本细读来发展学生思维——L老师执教《称赞》[Z].中国专业学位案例中心。

3. 巩固性原则

巩固性原则是指教师在教学中通过强化学生对知识的理解以使其牢固地掌握和保存所学知识,并能根据需要及时正确地再现和运用。这一原则是为了处理好教学中获取新知识与保持旧知识之间的矛盾而提出的。由于教学活动是不间断地、连续地进行的,学生就需要不断地学习、记忆新知识,但在学习新知识的同时必然会产生对旧知识的遗忘,这就需要进行不断的复习巩固,通过强化练习帮助学生牢固地掌握所学知识。

人类很早就已注意到巩固对于学习的价值。孔子要求"学而时习之""温故而知新";夸美纽斯提出教与学的"巩固性原则";乌申斯基认为复习是学习之母,并形象地把学习中不注重巩固知识的现象,比喻成醉汉拉货车,边拉车,边丢货,最后到家时只剩下一辆空车。

在教学中贯彻巩固性原则的基本要求有以下几个方面。

第一,巩固建立在理解的基础上。要巩固知识首先要理解知识,这是巩固知识的前提。也就是说,教师首先应当通过教学使学生理解知识,然后才能通过练习、测验等方式对所理解的知识进行巩固。

第二,巩固的过程要注重科学性。心理学家在揭示记忆和遗忘规律方面取得了很多成果,教师在指导学生巩固知识时应基于记忆和遗忘规律开展工作,不断提高巩固的效果。

第三,巩固的方式要追求多样化。除了反复识记和抄写之外,教师应结合所巩固的知识,灵活利用各种不同的方式帮助学生加深对知识的理解,并创造机会引导学生将所学知识应用到日常生活中,在实际应用中进一步巩固知识。

**知识卡片 5-8**

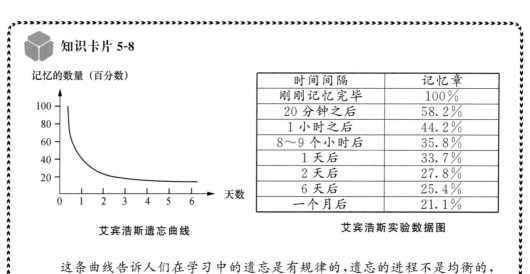

艾宾浩斯遗忘曲线　　艾宾浩斯实验数据图

这条曲线告诉人们在学习中的遗忘是有规律的,遗忘的进程不是均衡的,而是先快后慢。观察曲线会发现,学得的知识在一周后,如不抓紧复习,就只剩下原来的25%。随着时间的推移,遗忘的速度减慢,遗忘的数量也就减少。有人做过一个实验,两组学生学习一段课文,甲组在学习后不复习,一天后记忆率36%,一周后只剩13%。乙组按艾宾浩斯记忆规律复习,一天后保持记忆率98%,一周后保持86%,乙组的记忆率明显高于甲组。

资料来源:边玉芳.遗忘的秘密——艾宾浩斯的遗忘记忆曲线实验[J].中小学心理健康教育,2013(3):31-32.

表5-1 复习巩固[①]

| 复习的种类 | 复习的任务和方法 |
| --- | --- |
| 学期开始时的复习 | 为了恢复学生以往的知识,使新知识的学习尽可能顺利进行。根据情况和需要进行重点复习,一般不作全面复习 |
| 经常性的复习 | 为了及时巩固学生所学的知识。可以在讲授新知识前复习已学的有关知识,为新课做准备,或由旧课导入新课;在讲授新知识过程中,注意复习和联系已学过的有关知识,利用已有知识掌握新概念;在讲完新知识后,注意通过小结、提问、学生作业、复述等方式及时复习新知识;课后,要求学生对当天的功课及时复习 |
| 阶段性的复习 | 为了把一个阶段(或单元)中学生所学知识系统化、深化,弥补学生掌握知识的缺陷。单元结束后立即进行,主要复习基础知识、基本技能 |
| 期末的复习 | 为了使学生全面、系统、巩固地掌握一学期所学的知识、技能,弄清重点和关键,前后章节之间的内在联系,辨析易混淆的概念(纠正常犯的错误),可以将系统复习与重点复习结合起来 |

4. 循序渐进原则

循序渐进原则指教学活动应当按照学科内在的逻辑系统和学生认识发展的顺序持续、连贯、系统地进行,使学生系统地掌握基础知识和基本技能,形成严密的逻辑思维能力。这一原则又称系统性原则,是为了处理好教学活动的顺序、学科课程和科学理论的体系、学生发展顺序之间错综复杂的关系而提出的。

我国古代就特别重视按一定顺序进行教学。《学记》要求"学不躐等""不陵节而施",提出"杂施而不孙,则坏乱而不修";朱熹进一步提出"循序而渐进,熟读而精思",明确提出了循序渐进的教学要求。在西方,夸美纽斯提出了"系统性教学原则",他主张"应当循序渐进地来学习一切,在一段时间内应当只把注意力集中在一件事情上"[②]。

---

[①] 王道俊,王汉澜.教育学[M].3版.北京:人民教育出版社,1999:237.
[②] 曹孚.外国教育史[M].北京:人民教育出版社,1979:91.

在教学中贯彻循序渐进原则的基本要求有以下几个方面。

第一,依据课程标准的顺序进行教学。课程标准是课程实施的指导性文件,课程标准学段目标和内容组织与呈现方式都有具体要求,并据此来编写教材。而且,课程标准还针对如何教学提出了教学建议,供教师在教学时参考。

第二,遵循由浅入深、由简到繁的顺序进行教学。无论是知识在教材中的呈现,还是学生学习知识的进程,所遵循的基本都是由浅入深、由简到繁的顺序,这也构成了循序渐进原则的基本要求。

第三,根据教学的实际情况调整教学进程。强调循序渐进地教学并不意味着就要刻板、僵化地执行预设的教学进程,更不意味着在不同的教学环节上平均用力。教学过程是预设与生成的统一,教学的魅力不在于对预设的僵化执行,而在于对生成的灵活应对。这就需要教师要注重教学中出现的新问题、新观点、新状况,并据此来及时调整教学进程。

5. 因材施教原则

因材施教原则指教师在教学活动中要结合学生的实际情况、个性差异进行有差别的教学,使每个学生都能够扬长避短,获得最佳发展。

知识卡片 5-9

"因材施教"的来源

因材施教在我国有着悠久的历史传统,孔子的教学实践就为后人提供了这方面的典范,值得后人学习。比如对于两个学生所问的同一个问题"闻斯行诸",孔子的回答却截然不同。子路问:"闻斯行诸?"子曰:"有父兄在,如之何其闻斯行之?"冉有问:"闻斯行诸?"子曰:"闻斯行之。"公西华曰:"由也问'闻斯行诸?'子曰'有父兄在';求也问'闻斯行诸?'子曰'闻斯行之'。赤也惑,敢问?"子曰:"求也退,故进之;由也兼人,故退之。"宋代朱熹总结孔子的教学经验说:"夫子教人,各因其材。"这就是"因材施教"的来源。

在教学中贯彻因材施教原则的基本要求有以下几个方面。

第一,对学生进行充分了解。对学生的了解不仅是指对学生整体情况的了解,还包括对学生个体情况的了解,同时所了解的不仅是知识学习方面的情况,还包括情感、兴趣、态度等方面。可以说,要做到因材施教,就必须充分地了解学生。

第二,对学生差异予以充分尊重。教师在教学中总是习惯以一把标尺衡量所有学生,达到相应标准的就是好学生,能够得到教师的关注和表扬,达不到相应标准的往往就会被认为是差生,容易被忽视和批评。事实上,每个学生都是不同的,在性格、禀赋、爱好等方面都存在差异,这就使得不同学生很难有符合同一标准的表现。为此,教师应意识到学生差异的合理性和必然性,充分尊重他们之间的差异,并予以有针对性的引导和教育。

第三,助力每个学生充分发展。党的二十大报告中提出"坚持以人民为中心发展教育,加快建设高质量教育体系,发展素质教育,促进教育公平"。高质量教育体系的重要体现就在于要促进每个学生都能得到充分发展,成为德智体美劳全面发展的社会主义建设者和接班人,这也是促进教育公平的目的所在。所以,教师要在教学中关注每个学生的成长,以多样化的教学助力学生充分发展。

> **案例 5-12**
>
> "西邻之人有五子焉。一子朴,一子敏,一子瞽,一子偻,一子跛。乃使朴者农,敏者贾,瞽者卜,偻者绩,跛者纺,五子者皆不患于衣食焉。"这位古代的西邻公对自己的五个孩子,根据其不同的情况,安排不同的工作,让朴实无华的务农,机智敏捷的去经商,瞎眼的卜卦算命,驼背的搓麻,跛脚的纺纱。如此安排,发挥了各人的长处,又避开了各人的短处,可以说是"人尽其才"之典范。

6. 理论联系实际原则

理论联系实际原则指教学要以传授知识为主导,加强理论知识的教学和基本技能的训练,从理论与实际的联系上去理解知识,注意运用知识去分析问题和解决问题,达到学懂会用、学以致用。

我国和西方的教育家都十分重视知与行关系的研究。我国古代教育家孔子不仅强调"学思"结合,还强调"学以致用";俄国著名的教育家乌申斯基也指出:"空洞的毫无根据的理论是一点用处也没有的。理论不能脱离实际,事实不能离开思想。"

在教学中贯彻理论联系实际原则的基本要求有以下几个方面。

第一,结合实际情况进行理论知识教学。这里的实际情况包括学生学习的实际情况、教师自身的实际情况、教学过程的实际情况等,只有结合这些实际情况,理论知识教学才能够避免走向灌输,学生对理论知识的学习也才能避免死记硬背。

第二,在联系实际的过程中促进学生能力发展。理论之所以要联系实际,就是要提供更多机会引导学生将理论应用于实际生活中,并在这一过程中深化他们对理论知识的理解,提高他们的应用能力。因而,理论联系实际不是简单地举例子、打比方,而应当以发展学生能力为旨向。

第三,在理论联系实际中要注重总结提炼。学生对理论知识的自我建构是建立在对知识总结提炼的基础之上的,也就是说,学生在结合实际对理论知识进行深入理解之后,所习得的知识已经不再是原来的理论知识,而是经过总结提炼所形成的新知识。

> **案例 5-13**
>
> 一位教师在教概率初步时,为了证明大量现象中蕴藏着的自然规律,提出了如下问题:一个人出生在正月的概率是多少?学生立刻回答是$\frac{1}{12}$。教师又问:我们班里50个同学中,有几个出生在正月里?学生们想了想都回答是4个,接着教师请出生在正月里的学生举手,这一下全班学生活跃起来了,不是出生在正月里的学生都注视着举手的人,有3个男生和1个女生举起手来——果然是4个学生出生在正月里。真理展示在眼前,学生们都感到惊奇和信服;当教师进一步指出概率在自然科学和生产、经济、军事上都有广泛的应用时,学生学习概率的兴趣就被激发起来了。
> 资料来源:傅道春.教育学——情境与原理[M].北京:教育科学出版社,1999:271.

7. 伦理性原则

教学的伦理性原则是指教师要尊重学生、提升人性,以学生的存在和价值为目的,使教学达到"科学的人道主义"。所谓"科学的人道主义"是指教学是人道主义的,因为它的目的主要是关心人和其福利,人的高贵和尊严是人道主义的核心价值;教学又是科学的,因为它的人道主义的内容还要通过科学对人和世界的知识领域继续不断地做出新贡献而加以规定和充实。[①]

当下的教学普遍存在伦理问题,诸如缺乏"人情味"、关系淡漠、存在教学偏见、缺乏爱与尊重等。由此可见,教学伦理性的缺失已经被人们普遍认知,于是注重教学的伦理性,提升教学的伦理精神,已成为教育者关注的热点问题。教学活动最终是为了学生的发展,学生是教学活动的出发点,也是教学活动的旨归所在。真正合乎伦理的教学活动应以提升人性、确证人的存在和价值为目的,而不是以知识的传授为目的。否则,教学活动就异化为对人性的束缚和压制,就是不合伦理的。在教学中贯彻伦理

---

[①] 联合国教科文组织国际教育发展委员会.学会生存:教育世界的今天和明天[M].北京:教育科学出版社,1996:8.

性原则的基本要求有以下几方面。

第一,教学中教师必须尊重学生作为人的各项权利,自觉维护学生的人格尊严。学生的基本人权包括尊重学生基本的人身权利、人格权利和社会权利。在教学实施中,教师有正当教育学生的权利和义务,《中小学班主任工作规定》明确说明:"班主任在日常教育教学管理中,有采取适当方式对学生进行批评教育的权利。"但在批评教育学生时,必须遵循严格的人道主义原则,不能侮辱学生的人格尊严,更不能体罚和变相体罚,以残害身体的方式对待学生。

第二,教学中教师必须尊重学生基本的学习权和公平评价权。这也是教学活动中人道主义的重要体现。在课堂教学过程中,教师要采用适当的方式激发学生的学习积极性和热情,平等地分配学生学习的机会,不能以任何借口随意侵犯或剥夺学生参加学习活动的权利。在教学活动中,教师要客观公正地评价学生的学业成绩和道德品质。

第三,教学中教师要注意因材施教,正确对待学生的个别差异。在教学活动中,教师应根据不同学生的认知水平、学习兴趣、学习能力以及自身素质,选择适合每个学生特点的学习方法来有针对性地教学,使每个学生都能扬长避短,激发学生学习的兴趣,树立学生学习的信心,从而促进学生个性的充分发展和全体学生的全面发展。

**知识卡片 5-10**

**《中小学教育惩戒规则(试行)》中关于教育惩戒的规定**

第七条 学生有下列情形之一,学校及其教师应当予以制止并进行批评教育,确有必要的,可以实施教育惩戒:

(一)故意不完成教学任务要求或者不服从教育、管理的;

(二)扰乱课堂秩序、学校教育教学秩序的;

(三)吸烟、饮酒,或者言行失范违反学生守则的;

(四)实施有害自己或者他人身心健康的危险行为的;

(五)打骂同学、老师,欺凌同学或者侵害他人合法权益的;

(六)其他违反校规校纪的行为。

学生实施属于预防未成年人犯罪法规定的不良行为或者严重不良行为的,学校、教师应当予以制止并实施教育惩戒,加强管教;构成违法犯罪的,依法移送公安机关处理。

第八条 教师在课堂教学、日常管理中,对违规违纪情节较为轻微的学生,可以当场实施以下教育惩戒:

(一)点名批评;

(二)责令赔礼道歉、做口头或者书面检讨;

(三)适当增加额外的教学或者班级公益服务任务;

(四)一节课堂教学时间内的教室内站立;

(五)课后教导;

(六)学校校规校纪或者班规、班级公约规定的其他适当措施。

教师对学生实施前款措施后,可以以适当方式告知学生家长。

资料来源:中华人民共和国教育部.《中小学教育惩戒规则(试行)》[S].西藏教育,2021(2).

8. 创造性原则

创造性原则是指教师在教学活动中最大限度地调动学生学习的积极性和自觉性,激发他们的创造思维,使学生融会贯通地掌握知识,充分发展创造能力与创造人格;同时根据具体情况灵活地运用和选择恰当的教学组织形式、教学方法和手段。

在教学中贯彻创造性原则的基本要求有以下几方面。

第一,在教学中教师要有创新的意识,不断更新自身教学观念。如果没有创新意识和新的教学观念,创新教学就无从谈起。为此,教师要培养学生的创新意识,自己首先要有创新意识,不依赖于既有经验,不照搬现有模式,在课程类型、教学设计、教学方法等方面进行创新探索。

第二,在教学中要注重培养学生的创新意识和创新能力。教师要有意识地保护学生的好奇心和想象力,激发学生的创新思维,鼓励学生质疑,多运用探究和发现的方法,引导学生发现问题、提出问题和解决问题,从而提高学生的创新意识和创新能力。

第三,教学中教师要进行理论的创新和实践的探索。特级教师魏书生曾说过,"从研究的角度看教学,常看常新、常干常新"。教师在以教学理论为指导的同时,更要突破教学理论,学会通过教学实践,找出适合自身教学的方法,形成自己的教学风格,促进教学理论的更新,开展富有新意的教学实践探索。

> **案例 5-14**
>
> 窦桂梅在进行以《亲人》为主题的"主题教学"时,以同一个作者魏巍的《再见了,亲人》《我的老师》为主讲教材,结合现实社会,补充其他语文资料以及音像资料,跨越时代、跨越国籍、跨越自己,从不同的角度,不同的侧面,探讨对亲人的理解,体会多种亲人的重量。教学时,从会意字"亲"入手,想象"树木高高立,枝壮叶儿绿;父母和子女,就像叶连枝",领会亲人之血脉相连。然后引导学生倾听窗外的声音,在那些抗洪抢险的战士,抗击非典疫情的白衣天使,以及中央电视台播出的"感动中国的年度人物"中体会同一个祖先、同一个中华的亲人之爱。接着重点引导学生跨越国界,放眼世界,体会中朝友谊《再见了,亲人》中爱的奔流与燃烧,感受人间至贵的爱的轰轰烈烈。最后回到《我的老师》中不是血缘关系的平平淡淡的爱。
>
> 资料来源:窦桂梅.小学语文主题教学实践研究[J].课程·教材·教法,2014(8):44-50.

## 二、教学方法

### (一) 教学方法的含义

法国著名的哲学家、科学家和数学家勒内·笛卡儿(Rene Descartes)说过:"没有正确的方法,即使有眼睛的博学者也会像瞎子一样盲目摸索。"他认为"最有价值的知识是方法的知识"。"方法"这个词在希腊文里是指研究和认识的途径。在汉语里通常指关于解决思想、说话、行动等问题的"门路""程序"等;在哲学中,方法的定义是:"根据研究对象的运动规律,从实践上和理论上掌握现实的一种形式";还有人把"方法"比喻成"点金术"。教学方法是师生为了实现共同的教学目标,完成共同的教学任务,在教学过程中采用的方式、途径与手段的总称。教学方法包括教师教的方法(教授法)和学生学的方法(学习法)两大方面,是教授法与学习法的统一。

### (二) 两种对立的教学方法思想——启发式和注入式

1. 启发式

启发式教学是指教师在教学过程中根据教学目标、教学任务和学生学情,从学生的实际出发,以启发学生思考为核心,调动学生学习的主动性和积极性,使他们能够感受到思考的乐趣,以促进学生身心发展的一种教学方法思想。在启发式教学过程中,应注意:① 注重激发学生的创新意识,培养学生的创造性。② 创设问题情境,引发学生独立思考,发展思维能力。③ 注重培养和激发学生的学习动机,使学生进入乐学状态。④ 发扬教学民主,创建和谐的师生关系,这是启发教学的重要条件。

2. 注入式

注入式教学又称"填鸭式教学",就是把学生看成被动接受知识的容器,只从教师的主观愿望出发,无视学生在学习中的兴趣、知识基础、理解能力和主观能动性,用强制的方法向学生灌输知识,要求学生死记硬背的一种教学方法思想。启发式教学或注入式教学都不是某一种具体的教学方法,而是教师运用教学方法时的指导思想。具体的教学方法,在不同思想指导下,既可以具有启发作用,也可能出现注入式的情况。判别一种教学是否具有启发性,关键是看教师能否促进学生积极主动地去思考,而不能单从外在的形式上去加以判断。启发式和注入式是两种根本对立的教学方法体系或教学思想。这两种思想体现出不同的学生观、学习观、教育观、教学观、人才观和价值观。启发式与注入式教学的比较如表 5-2 所示。

表 5-2　启发式与注入式教学的比较

|  | 启发式 | 注入式 |
| --- | --- | --- |
| 学生观 | 积极学习活动的主体 | 被动接受知识的容器 |
| 学习观 | 重视独立思考 | 注重死记硬背 |
| 教育观 | 学习过程的向导和引路人 | 教学过程的权威和领导 |
| 教学观 | 启发诱导 | 单纯灌输 |
| 人才观 | 培养创造型人才 | 培养知识型人才 |
| 价值观 | 智力价值 | (死)知识价值 |

### (三) 教学方法的分类

目前,我国中小学教学中常用的教学方法主要有:以语言传递为主的教学方法,比如讲授法、谈话法、讨论法和读书指导法;以直观感知为主的教学方法,比如演示法、参观法;以实际训练为主的教学方法,比如练习法、实验法、发现法和实习作业法;以情感陶冶为主的教学方法,比如欣赏教学法、情境教学法等。

1. 以语言传递为主的教学方法

这类教学方法是以语言传递信息为主,教师应用口头语言向学生传授知识和技能,以师生口头语言互动以及学生独立阅读书面语言为主的教学方法,主要包括讲授法、谈话法、讨论法和读书指导法。

(1) 讲授法

讲授法是教师运用口头语言向学生传授知识的一种教学方法。一般通过讲述、讲读、讲解和讲演这四种方式向学生描述情境、叙述事实、解释概念、论证原理和阐明规律。这种方法要求教师讲授的内容要有科学性、系统性和连续性；讲授的语言要有规范性、启发性，要生动形象、通俗易懂、富有趣味。教师运用各种教学方法进行教学时，大多都伴之以讲授法，它是当前我国最常使用的一种教学方法。

(2) 谈话法

谈话法是通过师生的交谈对话以引导运用已有的知识经验来学习知识和发展能力的一种教学方法。这种方法要求教师引导学生运用已有的经验和知识回答教师提出的问题，借此获得新知识或巩固、检查已学的知识，达到教育教学目的的要求。谈话法分传授新知识的谈话和巩固知识的谈话两种形式。它也是最古老的教学方法之一，古时孔子和苏格拉底等都擅长运用这一方法。

(3) 讨论法

讨论法是指学生在教师指导下，分成若干小组，围绕某一论题，通过各抒己见、展开讨论、相互启发、集思广益获取知识的一种教学方法。这种方法要求教师能调动学生的积极性和主动性，尽可能使每个成员都能参与进来，加强成员之间的合作精神，取长补短，提高学生钻研问题的能力。

(4) 读书指导法

读书指导法是教师有目的、有计划地指导学生通过独立阅读教材、参考资料和课外读物获得知识，培养独立阅读能力和自学能力的一种教学方法。这种方法要求教师根据学生阅读的思维规律，及时掌握学生在阅读各个阶段的特点，因势利导，更好地让学生掌握知识，培养自学能力。

2. 以直观感知为主的教学方法

这类教学方法是指教师组织学生通过直接接触实际事物或进入实际场所来获得感性认识，助其理解所学知识的方法。它主要包括演示法和参观法。

(1) 演示法

演示法是教师把实物或模型、图片等直观教具展示给学生，供其观察，或通过示范性的实验，让其操作，或通过现代教学手段，使其获得感性认识，帮助学生理解所学知识的一种教学方法。它是一种辅助的教学方法，经常与讲授法、谈话法、讨论法等方法配合使用。这种方法要求教师做好演示前的工作，选择合适的演示方法，使学生明确演示的目的和要求。

> **案例 5-15**
>
> 有位教师演示导管功能,他事先把带叶的枝条插入红色溶液里,放在温暖而有阳光的地方晒几个小时。上课时,将枝条一段一段剪下来,分到学生手里。他一边讲、一边提问;学生一边剥、一边观察、一边思考、一边回答。他们观察到枝条的皮没有变红,中间的髓也没有变红,但是木质部变红了。学生看了书后很快就明白了其中的原因:木质部里有导管,能输送红色溶液。有的学生还看到叶子变红了。这样,就搞清了导管有输导水和无机盐的功能。
>
> 资料来源:王道俊,王汉澜.教育学[M].3 版.北京:人民教育出版社,1999:251.

(2) 参观法

参观法是根据教学目标,组织学生到公园、工厂、社区及其他社会生活场所,使学生通过对实际事物和现象的观察、研究以获得新知识和巩固所学知识的一种教学方法。这种方法要求教师做好参观前的准备,使学生明确参观的目的;在参观过程中要求学生集中注意力;参观结束后应认真收集相关资料,做好参观总结。

3. 以实际训练为主的教学方法

这类教学方法是以学生的训练活动为主,在实际训练中指导学生掌握知识、提高技能、养成习惯,以提升学生的解决问题能力为主要任务的一种教学方法。它主要包括练习法、实验法、发现法和实习作业等方法。

(1) 练习法

练习法是在教师指导下,学生通过不断练习来巩固和运用知识,提高自身学习技能的一种教学方法。这种方法要求教师给学生讲清练习的目的,精选练习材料,提高学生练习的积极性;要正确安排和科学分配练习次数,不是越多越好;还要讲究练习方法的多样性,引起学生兴趣。

(2) 实验法

实验法是学生在教师指导下,使用一定的仪器设备和材料进行实验操作,并在观察引起实验对象发展变化的过程中获得新知识或验证旧知识,培养学生严谨的科学态度和精神的一种教学方法。这种方法要求教师在实验前,提出实验的题目和任务,规定实验操作程序;在实验过程中,教师要及时给予指导和检查;实验结束后要进行总结。

(3) 发现法

发现法是指学生在学习知识时,教师只是提供适合于学生"再发现"的问题情境和事例,让学生自己通过独立探索,创造性地解决问题,获取知识和发展能力的方法。这种方法要求教师改变传统的"教师讲学生听"的教学方法,让学生做学习的主人,引导学生自觉主动地探索、研究;要认识到设计问题的答案不是唯一的;还要提出问题,做出假设,并验证假设,最后引导学生归纳总结。

---

**案例 5-16**

**地理新课标中关于探究学习的举例**

例如,在学习中国自然地理概貌时,教师要从学生感兴趣的角度创设情境,激发他们自主探究的兴趣,教师可利用图像、视频展现不同区域人们生产生活的场景,并提出问题:不同区域人们的生产生活方式相同吗?同时激活学生的思维,引导他们自主地层层追问和思索:不同区域人们的生产生活方式有哪些不同?这些不同与地理环境有关联吗?用什么证据说明地理环境是不同的?用什么方法能描述中国自然地理环境的区域差异?在学习过程中,教师可提供中国地形、气候、河流等分布图和典型的景观照片等。采用分组学习的教学组织形式,让学生以小组为单位,利用这些资料,尝试将中国划分成不同的区域并描述不同区域的自然环境特征;小组之间可以交流各自的分区方法,找出异同,再对自己的探究结果进行反思和改进。

资料来源:中华人民共和国教育部.义务教育地理课程标准(2022年版)[S].北京:北京师范大学出版社,2022:35.

---

(4) 实习法

实习法,或称实习作业法,是指教师根据教学大纲的要求,指导学生利用一定的实习场所进行实践活动,综合运用所学知识以掌握一定直接知识和培养技巧的一种教学方法。这种方法要求教师一定要做好实习前的准备工作、实习过程中的指导工作和实习后的总结工作。

4. 以情感陶冶为主的教学方法

(1) 欣赏教学法

欣赏教学法是指通过各种欣赏活动,使学生通过欣赏事物的真、善、美,陶冶性情和培养正确的态度、兴趣、理想和审美能力的方法。在中小学教学中,欣赏的内容主要有:艺术美和自然美的欣赏,如对音乐、美术、文学作品和大自然的欣赏;道德美的欣赏,如对教育内容中人物和事物的道德品质的欣赏;理智美的欣赏,如对科学研究中追求真理、严密论证、探索精神的欣赏。

### (2) 情境教学法

情境教学法是指在教学过程中,教师根据教学的实际需要创设能够让学生参与和体验的情境,以引起学生一定的情感体验,从而帮助学生理解教材,综合地对学生施加积极影响的一种教学方法。情境教学法的核心在于激发学生的情感,寓教学内容于具体形象的情境之中,必然存在着潜移默化的暗示作用。这种方法要求教师创设的情境要新颖,最主要的是为学生创设顺利完成教学任务的"情境",并能把学生引入情境之中,有效地调动学生的主观能动性,因而创设的情境要有"形式上的新颖性,内容上的实践性,方法上的启发性"。

> **案例 5-17**
>
> **李吉林的"假想旅行"教学**
>
> 李吉林老师在讲《桂林山水》时,做了如下描述:"到了桂林,呈现在我们眼前的山光水色,就像一幅图画",她随即出示一张放大的课文插图,学生入情地听着、看着。"老师和你们一起坐上小船,轻轻地荡漾在漓江上,那真是'荡舟漓江',让我们眯着眼看看这图画般的美景,想象漓江的水怎么静得令人感觉不到它的流动。"学生轻轻地哼起《让我们荡起双桨》,音乐的旋律丰富了视觉的感受,想象悄然展开。少顷,老师悄声问:"你们听到漓江哗哗的流水声吗?""听到了漓江淙淙的流水声吗?""潺潺的呢?"孩子们不想高声语,只是轻轻地点了点头,沉浸在漓江之美的体验中。
>
> 资料来源:李如密.教学艺术论[M].2版.北京:人民教育出版社,2011:153.

### (四) 选择教学方法的依据

古往今来,国内外教育实践工作者和教育理论工作者共同努力,相继创造了许许多多行之有效的教学方法。"教学有法,但无定法,贵在得法",教学方法多种多样,教师在教学中要从教学目的、内容、环境、设备、教育对象、教师本身的条件等实际出发,相机行事,切忌生搬硬套,以免造成"东施效颦""邯郸学步"之类适得其反的结果。苏联生理学家巴甫洛夫说过:"好的方法将为人们展开更广阔的图景,使人们认识更深层的规律,从而更有效地改造世界。"[1]法国生理学家贝尔纳也说过:"良好的方法能使我们更好地发挥运用天赋的才能,而拙劣的方法可能阻碍才能的发挥。"[2]

---

[1] 默耕.经典教学方法荟萃[M].福州:福建教育出版社,1993:前言.
[2] 默耕.经典教学方法荟萃[M].福州:福建教育出版社,1993:前言.

教学方法有很多,不同的教学方法在教学中的应用范围、作用功能各有不同。这就需要教师结合不同的情况来对教学方法进行选择,具体来说,选用教学方法的依据有以下几个方面。

第一,根据教学目标和任务进行选择。每节课的教学目标不同,为了达到教学目标安排的教学任务也不一样,教师需要选择那些有助于实现教学目标、完成教学任务的方法。比如,针对知识的理解与学习,可以选用讲授法、讨论法;针对应用能力的提升,可以选用实验法、探究法;针对原有知识的巩固,可以选用练习法。

第二,根据课程性质和教材内容进行选择。不同的课程具有不同的课程性质,对教学方法的选择也各有要求。比如,语文、外语等语言学科具有工具性和人文性相统一的课程性质,讲授法、情境法、讨论法等方法应用得比较多;物理、化学、生物等课程都是体现科学本质的课程,具有实践性,演示法、实验法、探究法就比较合适。教材中不同的教学内容对教学方法的选择也有重要影响,比如,在语文教材中,诗歌内容需要引导学生以多种方式进行诵读鉴赏,小说内容则需要讲解故事结构和人物命运。

第三,根据学生年龄特点和知识水平进行选择。处于不同年龄阶段的学生,他们的知识水平和认知发展程度也不同,这就使得不同学段对教学方法的选择也有差异。比如,小学低年级学生注意力容易分散,所学知识比较简单,可以选择一些注重互动、活动和表达的教学方法;高年级的学生则可以选择一些注重讲授、讨论的教学方法。

第四,根据教师的个性风格和教学条件进行选择。教学方法是由教师在教学中使用的,自然要受到教师个性风格的影响。有的教师善于与学生互动,有的教师善于讲解,有的教师善于营造情境,不同的教师根据教学目标和教学内容都可以灵活选择适合自己的教学方法。另外,教学方法的选择还要考虑到现实的教学条件,比如现在流行的翻转课堂等体现新技术应用的教学方法,对教学条件的要求较高,如果达不到相对应的教学条件,就会影响到教学方法的应用效果。

总之,"教学有法,教无定法",教师既可以根据现实的条件和教学的规律选择合适的教学方法,也可以在教学实践中对现有教学方法进行改造和优化,努力探索出新的教学方法。

## 本章小结

课程与教学能否有助于教育目的的实现,能否为学习者接受,从而促进其身心发展,都必须通过实施才能得到答案。课程实施是指把课程计划付诸实际教学行动的实践过程,它是达到预期的课程目标的基本途径,是一个复杂的过程,受诸多因素的影响,如课程计划本身的特性、相关人员对课程实施的态度以及课程实施的情境因素等。

教学实施作为一个完整有序的系统，它由一个个相互联系、前后衔接的环节组成。一般而言，要使课堂教学进行得系统有序、优质高效，就要讲究教学实施的导课艺术、组织艺术和结课艺术。

在课程实施过程中，由于课程实施者持不同的教育价值观，相应地会对课程实施有不同的认识，并会以不同的态度和方式参与课程实施。根据美国课程学者辛德等人的归纳，课程实施存在三种基本取向，即"忠实取向""相互调适取向"和"课程创生取向"。课程实施还有三种模式："研究、开发与传播"模式、兰德课程变革动因模式和课程变革的情境模式。

在教学实施过程中，遵循一定的教学原则和选择一定的教学方法非常重要。教学原则是教师有效开展教学工作所必需遵循的基本要求或行为准则。目前，我国中小学教育中常用的教学原则主要有：直观性原则、启发性原则、巩固性原则、循序渐进原则、因材施教原则、理论联系实际原则、伦理性原则、创造性原则等。教学方法是教师和学生双方为了实现共同的教学目标，完成共同的教学任务，在教学过程中采用的方式、途径与手段的总称。目前，我国中小学教学中常用的教学方法主要有四大类：以语言传递为主的教学方法，以直观感知为主的教学方法，以实际训练为主的教学方法和以情感陶冶为主的方法等。

## 思考与练习

1. 怎样理解课程实施的含义？
2. 比较分析课程实施三种不同的取向。
3. 分析讨论教学实施中的教学艺术。
4. 谈谈各具体教学原则的含义与贯彻要求。
5. 教学中常用的教学方法有哪些？选择教学方法的依据是什么？
6. 案例分析：根据所学课程与教学实施的相关理论，分析这一教学实例运用了什么教学艺术，体现了什么教学原则？你有什么感想？

一位物理老师的问题

一位物理老师在课堂上问学生："把一块铁块和一块木块放在水里，会出现什么情况？"

学生回答："铁块下去，木块浮在水面上。"

"为什么呢？"

"因为铁重。"

"而钢铁制的巨轮也很重，为什么却浮在水面上呢？"

这一问,学生的情绪一下子高涨起来,开始积极地思考。

之后,教师再引出"阿基米德原理"。

## 参考文献

1. 刘学利,傅义赣,张继瑜.课程与教学论[M].北京:中国人民大学出版社,2013.

2. 李如密.教学艺术论[M].2版.北京:人民教育出版社,2011.

3. 刘铁芳.以教学打开生命:个体成人的教学哲学阐释[M].北京:教育科学出版社,2019.

4. [日]佐藤学.课程与教师[M].钟启泉,译.北京:教育科学出版社,2003.

5. [美]格兰特·威金斯,杰伊·麦克泰格.追求理解的教学设计[M].闫寒冰,宋雪莲,赖平,译.上海:华东师范大学出版社,2017.

6. 庞守兴,广少奎.教育学新论[M].济南:山东大学出版社,2009.

7. 薛彦华.教育学[M].北京:科学出版社,2009.

8. 全国十二所重点师范大学联合编写.教育学基础[M].2版.北京:教育科学出版社,2008.

# 第六章　课程与教学评价

> **学习目标**
>
> 1. 理解课程与教学评价的原则及功能。
> 2. 掌握各种评价类型的内涵及特点。
> 3. 理解运用课程与教学评价的实施及策略。

要理解一个事物首先需要认识它。课程与教学评价作为课程与教学论的重要组成部分,我们首先需要就其含义、对象、原则和功能进行介绍,然后再从方法和策略等方面进行深入探讨。希望通过本章的学习,读者能够从整体上把握课程与教学评价方面的相关理论问题,并掌握一定的实施方法与技巧,在理论知识与实践知识两个层面都能得到提高。

增值评价

## 第一节　课程与教学评价概述

> **案例 6-1**
>
> 2022 年 4 月,教育部印发义务教育课程方案和语文等 16 个学科的课程标准(2022 年版)。新版义务教育课程方案中就教育评价强调:"全面落实新时代教育评价改革要求,改进结果评价,强化过程评价,探索增值评价,健全综合评价,着力推进评价观念、方式方法改革,提升考试评价质量。更新教育评价观念。强化素养导向,注重对正确价值观、必备品格和关键能力的考查,开展综合素质评价。"如何有效理解和把握新课标中倡导的评价方式,有效改进一线中小学教师的课程评价,成为课程与教学理论和实践的一个重要议题。

课程与教学评价是课程与教学的实践过程中必不可少的环节,评价什么以及如何评价是对课程与教学目标进行裁定的重要依据。为此,课程与教学评价是课程与教学理论和实践都要面对的重要课题。本节主要针对课程与教学评价"是什么"进行概述,以期建立一种对课程与教学评价的整体认识。

## 一、课程与教学评价的含义

简单地说,评价就是根据一定的价值观对事物及其属性所做出的价值判断。对课程与教学评价来说,它是教育领域中教师、教育管理工作者或有关人员经常进行的一种特殊认识活动,其目的在于对课程与教学作出各种决策,保证课程与教学的有效性、合理性。① 为了更为全面地理解课程与教学评价的内涵,我们需要分别就课程评价和教学评价做一番探讨。

课程评价这一概念最早由美国课程专家泰勒提出,他在《课程与教学的基本原理》一书中指出,"评价是决定学生的行为实际发生的变化达到何种程度的过程",将课程评价看成是对课程目标达成与否的判断。② 然而,课程评价作为一个重要的评价领域,长期以来,在我国并没有得到应有的重视,相关研究工作在20世纪80年代以后才逐渐展开。尤其是在1999年《中共中央 国务院关于深化教育改革 全面推进素质教育的决定》颁布以后,随着国外课程理论的不断引进和国内课程专家对课程评价问题的持续关注,有关课程评价的研究成果日益丰硕,课程评价研究在研究的广度、深度上都取得了快速的发展。据此,有学者对我国近年来课程评价的研究状况做了如下概括,我们的研究明显具有"后发外启型"发展模式的特点:课程评价研究在兴起之初,学者们就将目光投向国外日臻成熟的课程评价理论,并不断总结国外课程评价的成功经验、吸取其失败教训,在很短的时间里引进、介绍了大量的国外研究成果,积累了比较丰富的可借鉴的资料,为课程评价研究奠定了良好的基础。③ 目前,在各种相关著述中对课程评价内涵的常见表述主要有以下几种。

(1) 课程评价是根据一定的课程价值观或课程目标,运用一定的科学手段,通过系统地收集信息、资料,进行分析、整理,对课程方案、课程实施过程和结果等的价值或特点做出判断,从而为课程决策提供可靠信息的过程。④

(2) 课程评价作为教育评价的重要组成部分,是通过系统地调查、搜集数据资料,对学校课程满足社会和个人需要的程度做出判断的活动,以此来决定是否接受、改进或排除某课程或特定教科书的过程。⑤

(3)所谓课程评价,就是以一定的方法、途径对课程的计划、活动以及结果等有关

---

① 钟启泉,汪霞,王文静.课程与教学论[M].上海:华东师范大学出版社,2008:250.
② 吴晓义.西方国家的课程评价[J].外国教育研究,1997(2):53-56.
③ 李定仁,徐继存.课程论研究二十年(1979—1999)[M].北京:人民教育出版社,2004:153.
④ 钟启泉,汪霞,王文静.课程与教学论[M].上海:华东师范大学出版社,2008:251.
⑤ 廖哲勋,田慧生.课程新论[M].北京:教育科学出版社,2003:402.

问题的价值或特点做出判断的过程。①

综上,我们可以得出课程评价的几个要素:课程评价需要依据一定的标准来进行评价;课程评价的过程需要借助一定的方法和途径;课程评价的对象为课程目标体系、课程计划、课程实施、课程内容等;课程评价的关注点在于评价对象在改进学生学习方面发挥怎样的作用。

与课程评价不同,教学评价是以教学目标为依据,运用可操作的科学手段,通过系统地搜集有关教学的信息,对教学活动的过程和结果做出价值上的判断,并为被评价者的自我完善和有关部门的科学决策提供依据的过程。② 评价的价值理念不同,会呈现出不同内容旨趣的教学评价。

(1) 知识本位的教学评价。从知识本位来说,主要表现为在评价过程中过于关注作为客体的知识而忽视教学主体本身,知识成为衡量教学的主要尺度,并且带有鲜明的主观色彩,最终导致师生之间演变为一种对立的关系。

(2) 能力本位的教学评价。从能力本位来说,教学评价趋向技术化、定量化、准确化,为了确保评价的客观性,最大限度地限制评价者自身的主观意愿的渗入,注重教学评价对能力的鉴定和证明功能。

(3) 素质本位的教学评价。从素质本位来说,教学评价是为了促进学生的全面发展而进行的评价,是站在终身教育的高度来关注学生的发展,改变了过去见物不见人的评价理念,并在媒体高度发展的影响下,将评价的对象从书本知识的教学扩展到报纸、网络等媒体知识的教学,在评价的手段上注重定量方法和定性方法的结合,从整体来说,突出了评价主体的多元化、评价手段的综合化和评价理念的人文性。

素质本位的教学评价符合学习型社会的要求,是在新的时代背景下对知识本位和能力本位的超越,代表着教学评价发展的最新趋势,正在受到人们越来越多的关注。素养本位的教学评价,归根到底,指向的是学生素养本位的学习结果,以及素养本位学业质量。素养本位学业质量蕴含了新的学习观和知识观,具有超越具体课程的现实价值,旨在扭转以知识点为纲的学业质量观,树立一种整合的、实践取向的学业质量观。③

## 二、课程与教学评价的对象

明确对象有助于保持评价的集中性,也有助于澄清与解决评价者和可能受评价影

---

① 李雁冰.课程评价论[M].上海:上海教育出版社,2002:2.
② 施良方,崔允漷.教学理论:课堂教学的原理、策略与研究[M].上海:华东师范大学出版社,1999:330.
③ 杨向东.素养本位学业质量的内涵及意义[J].全球教育展望,2022(05):79-93.

响的其他人之间的价值分歧和潜在引领问题。[①] 课程与教学本身便是一个十分复杂的系统,在开展课程与教学评价时明确评价对象格外重要,为此,需要从两个层面三个维度对其进行分析。

### (一) 内隐层面与外显层面

内隐层面的对象是指那些不可见的,以精神、观念的形式存在的对象或者是某一事物发展变化的过程,它需要通过内心的体悟才能生发出或者感知到。就课程与教学评价来说,内隐层面的对象主要包括教师和学生的知识经验、课程与教学实施过程、评价者自身的观念等方面。

知识经验是人在自身不断成长过程中而形成的一种生命体验。教师和学生能否在教学活动中自觉地对其进行开发与利用,将其作为一种课程资源融入教学情境中,从而建构出新的知识经验,是影响课程与教学效果的重要因素。所以,对于知识经验,需要重点考察它是否能够在课程与教学实施过程中起到有效的引导、辅助和巩固作用,同时还需要考察它本身是否是正确的、合理的、符合社会道德规范的知识经验。

课程与教学实施过程是将编制好的课程与教学计划付诸实践的过程,由于如今课程与教学实施过程被视为教师和学生在具体的课堂情境中共同合作、创造新的教育经验的过程,而不再是固定的、不可变更的对既定的课程与教学计划忠实执行的过程,所以,课程与教学实施过程成为一种动态的、情境化的、不断调适与创生的过程。对于课程与教学实施过程的评价主要侧重于考察在这一过程中是否能够充分调动各方面的积极性,通过对既定课程与教学计划进行恰当地、及时地调适与创生来实现最优的教育效果。

评价活动并不只是外向的、针对他人他物的评价,它还是内向的、针对评价者自身的评价,也就是通常所说的自评价。所以,课程与教学评价者自身的评价知识与经验、评价理念等也是课程与教学评价的对象之一,而对于自身的评价主要是侧重于考察其评价知识与经验以及评价理念的先进性、科学性、客观性。

与内隐层面的对象相对应,外显层面的对象主要是那些可见的,以物质形态存在的,可以通过感官直接观察到的对象。对于课程与教学评价来说,外显层面的对象包括课程与教学设计方案、教材、教学媒体、评价结果等方面。

课程与教学设计方案包括课程编制方案、教学设计、课程与教学实施方案。课程与教学设计方案的评价重点在于考察它的格式是否规范、论述是否全面、设计理念是否与课程标准相契合,是否具备较好的可行性和有效性。

教材与教学媒体以及其他教学设施都是课程内容的物质载体,其自身也具有工具

---

[①] 钟启泉,汪霞,王文静.课程与教学论[M].上海:华东师范大学出版社,2008:251.

的性质,对于教材的评价主要侧重于考察内容的正确性、知识序列的合理性及其编排的科学性,对于教学媒体等教学设备的评价则侧重于考察其设计、布置与应用的合理性、科学性和有效性。

对于课程评价结果的评价主要是侧重于考察是否能够准确而全面地体现课程评价的过程和效果。

**(二)学的过程、教的过程、教学效果三个维度**

在课程与教学活动中,"以教来取代学"的观念日益受到人们的批评,并逐步丧失了存在的空间。与之相反,"以教来促进学"的观念日益深入人心,学生的学正在从课程与教学活动的边缘走向中心。学生学的过程也自然成为分析课程与教学评价对象的一个重要维度。以小学语文学科为例,对学生识字与写字能力的评价,既要从音、形、义的结合上,评价学生的识字能力,也要重视学生识字和写字的兴趣及习惯。评价学生的阅读能力,既要综合考查学生阅读过程中的感受、体验、理解和价值取向,也要考查其阅读兴趣、方法、习惯,以及阅读材料的选择、阅读量和阅读速度。评价学生的口语交际能力,要在具体的交际环境中进行,并给予学生有实际意义的交际任务,考查其参与意识及情感态度。评价学生的写作能力,既要关注学生的写作过程与方法、情感态度与价值观,也要重视对学生写作材料准备过程、占有材料的方法的评价。[①] 简而言之,课程与教学评价应指向学生学的过程,包括在这一过程当中学生的学习兴趣、学习方法、学习态度等所发生的变化,而不能简单地以单一的学习结果来评判整个学习过程。

当然,现代课程与教学评价在加强对学生学的过程的关注的同时,并不意味着就彻底忽视教师的教,只是将教师的教的功能回归到组织、引导上来。并且,这一转变并不是要降低教师教的作用,而是增强了教师的作用,因为相对于灌输式教学来说,注重组织与引导学生学的教学对教师的教学素养要求更为全面。所以,教师教的过程依然是分析课程与教学评价的一个重要维度。一般来说,教师教的过程主要受到教师的知识结构、思维观念、教学态度、教学能力等方面的影响,具体来说,包括教师的知识结构是否完善,教学思维是否开放、灵活,教学观念是否先进、科学,教学态度是否积极、认真,教学能力是否能够保证所承担的教学工作顺利开展等具体内容。这些都应是课程与教学评价的对象,并通过科学合理且富有引导性的评价来实现促进教师教学素养全面提升的目的。

课程与教学评价对教与学的过程的重视是为了对课程与教学活动的结果进行评价时能够更全面、更客观,并不是不再关注这个结果,而是不单纯根据这个结果来定性。教学效果是课程与教学目标实现程度的重要体现,它也是分析课程与教学评价对

---

① 董蓓菲.小学语文课程与教学论[M].杭州:浙江教育出版社,2003:188.

象的第三个维度。教学效果的评价通常是根据课程标准或者教学大纲所规定的学习目标和学习内容来进行,经常采用的评价方式为各种测量工具,比如掌握性测验、标准参照性测验、成就测验等。

## 三、课程与教学评价的原则

课程与教学评价并不是无序展开的,它需要遵循一定的原则。一般说来,课程与教学评价应遵循科学性、客观性、方向性、先进性和可行性等原则。

### (一) 科学性原则

科学性原则是指课程与教学评价的各个环节都要遵循课程与教学活动开展的客观规律,选用科学的方法和技术。尤其是随着现代科技在教育上的应用越来越广泛,在课程与教学评价的实践中,教学评价的工具也越来越先进,在此基础上也出现了很多新的评价方式。传统的基于纸、笔,以手工处理为主的评价,已经很难实现系统评价,因此评价中必须引进新的数据记录、数据处理、数据管理工具。[1] 在这一时代背景下,科学的评价应该是量化评价和质性评价相结合、他评价和自评价相结合、过程性评价和总结性评价相结合、定期评价和经常性评价相结合的综合性评价。

### (二) 客观性原则

客观性原则是指课程与教学评价的过程和结果都要符合客观存在的事实,避免掺杂个人或群体的主观意见,坚持实事求是,注重事实,确保评价的信度。要保证课程与教学评价的客观性,需要做到以下几点。第一,评价前,一方面要加强对评价者进行严格的培训,培训的内容不能仅仅限于评价者对评价工具的掌握和评价方法的运用,还要关注评价者自我素养的提高,使其树立公正评价的观念,形成公平化的态度;另一方面在设计评价目标的时候要认真论证,确保目标的科学性、合理性,并保证目标具有一定的灵活性。第二,评价过程中,要鼓励不同知识背景、不同社会角色的人员参与到评价中来,并倡导评价者在评价过程中进行自评价,不断对自己的评价行为进行反思,同时真正地深入教学活动中去进行评价,不能凭空臆断,轻下结论。第三,评价结束之后,要综合各方面的信息对评价结果进行全面的分析,排除在不合理的因素影响下所产生的结果。[2]

### (三) 方向性原则

方向性原则是针对评价的价值取向来讲的,在不同的价值取向的指引下会产生不同特点和趋向的教学评价。对于课程与教学评价来说,一方面,评价的价值取向要与

---

[1] 秦晓文,张桂芳.课堂教学评价研究回顾与展望[J].教育科学研究,2002(7):27-29.
[2] 汪霞.小学课程与教学论[M].上海:华东师范大学出版社,2011:196.

我国建设教育强国的指导方针以及树立社会主义核心价值观的要求相一致；另一方面，评价的价值取向要与当代课程与教学评价的发展趋势相一致。当今，我国的课程与教学评价是在倡导终身教育和构建学习型社会的大背景下开展的，其价值取向应为通过评价活动来促进学生综合素养的全面提高，形成终身学习的意识，成为社会主义现代化的建设者。

### （四）先进性和可行性相结合原则

先进性原则是指课程与教学评价要能够吸收相关研究的最新成果，评价理念要能够体现出一定的前瞻性和引领性。可行性原则是指课程与教学评价的标准、方法、设计方案等符合我国现在的教育发展水平，在实施中能够做到简便易行，具有较好的可操作性，同时能够获得教育管理者、教师、学生、家长的认可。在实际的课程与教学评价活动中，只有将评价的先进性与可行性相结合，才能够保证评价的各种理念和各项措施为参与者所理解和接受，才能够在课程与教学的实践中得到落实。

## 四、课程与教学评价的功能

随着课程与教学评价理念的更新，课程与教学评价的功能也从传统的诊断和筛选扩展到激励、导向、调节等多元化的功能。具体来说，课程与教学评价主要有诊断、反馈、导向、激励、管理五方面功能。

### （一）诊断功能

课程与教学评价的诊断功能是指根据一定的评价标准通过对课程与教学活动过程及其所搜集到的信息资料进行分析，从而对现行的课程与教学方案、课程与教学内容、课程与教学方法等方面的合理性、科学性及其有效性进行诊断的功能。这一功能的发挥将有助于人们对评价对象有一个整体的准确的认识，并有针对性地采取相应措施。

### （二）反馈功能

课程与教学评价的反馈功能是指在评价的过程中或者评价活动结束之后通过一定的渠道将所发现的一些问题、所产生的一些疑问、所提出的一些建议等信息向相关人员及时进行反馈的功能。这一功能的发挥将有助于发现正在执行的包括课程与教学评价在内的课程与教学各环节所存在的不足并加以修订，同时也为下一阶段更好地开展课程与教学评价奠定基础。

### （三）导向功能

课程与教学评价的导向功能是指课程与教学评价的标准以及评价的方式和结果将会对课程与教学活动方案的设计、活动参与者的发展等方面起到一种引导作用的功能。为此，课程与教学评价的标准、方式及最终形成的结果要尽可能地科学、合理和客观,只有这样,评价才能够对评价对象的进一步发展起到正向的积极作用,否则,很可能会产生误判,进而挫伤参与者的积极性。

### (四)激励功能

课程与教学评价的激励功能是指通过评价使参与者自身的价值在活动中获得认可,进而强化动机,以更饱满的热情积极参与到相关活动中去,以实现自我价值的最大化的功能。而要更好地实现评价的激励功能,就需要将评价结果与奖惩结合起来,并根据评价对象的特点灵活运用,总体上来说以鼓励为主,最终目的是不断激发其参与活动的自主性和能动性,调动他们工作的积极性。

### (五)管理功能

课程与教学评价的管理功能是指通过课程与教学评价可以为课程与教学的管理提供依据的功能,比如根据评价结果在管理上对相关人员进行重新分配和调整,或者开展有针对性的培训。这种基于客观评价的管理,将有助于实现课程与教学管理工作的科学化。

课程与教学评价是一把"双刃剑",它既能发挥积极作用,推动课程与教学活动的顺利开展,也能发挥消极作用,阻滞甚至破坏课程与教学活动的健康发展。因此,我们在看到评价的积极作用的同时,还要时刻防范评价的消极作用,并及时甄别发现可能诱发消极作用的影响因素,采取有针对性的应对措施来减弱或者化解这些消极作用。

## 第二节 课程与教学评价的类型

---

**案例 6-2**

**2022 年版数学新课标中关于"评价方式"的表述**

评价方式应包括书面测验、口头测验、活动报告、课堂观察、课后访谈、课内外作业、成长记录等,可以采用线上线下相结合的方式。每种评价方式各有特点,教师应结合学习内容、学生学习特点,选择适当的评价方式。例如,可以通过课堂观察了解学生的学习过程、学习态度和学习策略,从作业中了解学生基础知识和基本技能的掌握情况,从探究活动中了解学生独立思考的习惯和合作交流的意识,从成长记录中了解学生的发展变化。

资料来源:中华人民共和国教育部.义务教育数学课程标准(2022 年版)[S].北京:北京师范大学出版社,2022:89.

课程与教学评价根据不同的标准可以被划分为不同的类型,常见的有量化评价、质性评价、诊断性评价、过程性评价、总结性评价、发展性评价、绝对评价、相对评价、个体内差异评价等,为了方便理解,本节将分类进行分析。

## 一、内部人员评价和外部人员评价

内部人员评价(inside evaluation)和外部人员评价(outside evaluation)是根据评价者是否属于课程与教学系统来划分的。前者是指由课程与教学方案的设计者或使用者自己实施的评价,后者则是指由课程与教学方案的设计者或使用者以外的来自其他系统的人员来实施的评价。内部人员评价由于对评价标准、评价对象以及评价方式都较为熟悉,在评价活动中更能够进行全面把握和深入分析,也有助于课程与教学各环节的改进。外部人员评价中评价者大多不是课程与教学的专业人员,他们或者是因为被委派了相关评价任务被动地开展评价活动,或者是被评价的课程与教学活动的相关利益群体,他们所开展的评价活动更具目的性,对相关活动的效果也最为关注。因此,二者应相互借鉴,也就是说,一项完备的评价应同时吸收内部人员和外部人员参加。[1]

## 二、自评价和他评价

自评价(self evaluation)和他评价(other evaluation)是根据评价主体与评价对象之间的关系来划分的,前者的评价者既是评价主体又是评价对象,是对自己的课程与教学活动所进行的自我评价,而后者是指作为评价对象之外的其他主体对评价对象的评价,这些主体包括教育管理人员、同事、学者、家长、学生等。自评价是对自身的课程与教学行为、观念以及相关的知识结构进行的自我反思,以便明晰自身的优势与不足,不断促进自我的提高,所以,自评价的目的主要是评价主体自身的发展,而不是作为奖惩的依据。他评价则与之不同,在他评价中,评价主体与评价对象之间一般会存在某种利益关系,比如教育管理人员与教师之间存在一种管理与被管理的关系,同事之间存在一种竞争的关系等,这种关系的存在会给评价对象带来一定的心理压力。因为评价的结果往往会影响到评价对象的评优、晋级等切实利益,所以,在他评价中,除了评价工作之外,还需要辅以更为有效的信息沟通,以便评价结果能为评价对象所理解和接受,否则可能会造成不好的后果。

---

[1] 张华.课程与教学论[M].上海:上海教育出版社,2000:398.

**知识卡片 6-1**

《义务教育课程方案(2022年版)》中指出:更新教育评价观念。强化素养导向,注重对正确价值观、必备品格和关键能力的考查,开展综合素质评价。倡导评价促进学习的理念,注重提高学生自我评价、自我反思的能力,引导学生合理运用评价结果改进学习。严格遵守评价的伦理规范,尊重学生人格,保护学生自尊心。

资料来源:中华人民共和国教育部制定.义务教育课程方案(2022年版)[S].北京:北京师范大学出版社,2022:14-15.

## 三、诊断性评价、形成性评价和总结性评价

诊断性评价(diagnostic evaluation)、形成性评价(formative evaluation)和总结性评价(summative evaluation)是根据评价的时间和作用进行划分的评价类型。

诊断性评价又称准备性评价,是指在课程与教学活动开展之前所进行的测定性、预测性的评价,目的是预先了解评价对象的基础和情况,以便提高评价的针对性。因而,诊断性评价是针对课程与教学活动准备状态的一种评价,它的目的并不是提前对评价对象进行或好或坏的定性,而是希望通过预先评估来推动课程与教学活动更好地开展。

形成性评价又称过程评价,是指在课程与教学活动开展过程中进行的评价,目的是在活动开展过程中通过搜集相关信息及时了解活动进程和效果,并将相关问题、建议进行即时反馈,以便及时用于对课程与教学活动的改进、调整和完善。这一类型的评价主要是为了更为全面地反映活动过程的情况,不重视对评价对象的分级鉴定。目前,它的作用和价值正在为人们所认识,并在实践中得到推广。

总结性评价又称终结性评价,是指在课程与教学活动结束之后进行的评价,具有综合性的特点,主要目的是通过全面搜集资料和反馈信息,对已经结束的课程与教学活动的成效做出整体判断,评定成绩,给出结论,同时也可以就已经完成的评价本身进行相关鉴定,为此,被视为一种"底线式的或清算结账式的评价"[①]。

如今,如何处理形成性评价和总结性评价之间的关系已经成为备受关注的一个问题。在这里,我们通过引用两段话来予以说明,第一段话是《普通高中语文课程标

---

① 钟启泉,汪霞,王文静.课程与教学论[M].上海:华东师范大学出版社,2008:259.

准(2017年版2020年修订)》中"教学与评价建议"部分指出,"语文教师要有意识地利用评价过程与结果,发现学生学习的个性特点和具体问题,及时引导,提出有针对性的建议,激发学生学习的动力。同时,依据评价结果反思日常教学,优化教学内容,调整教学策略,完善教学过程,为学生语文学科核心素养的发展提供有力支持。"第二段话是《课程新论》中的表述:"形成性评价的目的主要是发现课程方案的弱点和不足并努力消除;形成性评价满足了教师、课程专业人员、学校行政管理人员以及其他负责课程编制人员的需要。而总结性评价在于判断课程是否起到了有用的作用;总结性评价满足了政策制定者、行政管理人员以及其他社会成员获得教育体系方面信息的需求。"[1]总而言之,形成性评价和总结性评价虽然在目的、价值和作用上有所区别,但对于整个课程与教学评价来说都是必要的,是不可或缺的,只是在很长一段时期内,我们过于重视总结性评价,所以需要进一步加强形成性评价的应用。

## 四、绝对评价、相对评价和个体内差异评价

绝对评价可以看作是一种水平测试,是指在评价对象群体之外确定一个客观的评价标准,然后运用这个标准对每一个对象进行评定的评价类型。并且,这个外在的评价标准是基于整个评价对象群体的一般性状况来确定的,并不受某一特定评价对象群体状况的影响,其评价结果的好坏也与某一特定评价对象群体无关,只与评价对象本身的水平有关。

相对评价是指在某一特定评价对象的群体中确定一个或多个标准,然后把该群体内的每个评价对象与这个标准进行比较来进行评定的评价类型。需要注意的是,在某一个对象群体内确定的标准只适用于这个对象群体内部对象之间的比较,而不一定适用于与其他对象群体内评价对象的比较。

个体内差异评价是指对每个评价对象的过去和现在进行比较,或者对评价对象的不同方面进行比较,从而得出评价结论的评价类型。由于这种评价类型是以被评价对象的个体状况作为参照标准的,所以它能够较好地对评价对象在不同时期的进步状况或者在不同方面的发展程度进行评定。

概而言之,绝对评价可以帮助被评价者明确自身与客观标准之间的差距,为下一步的学习确定努力的方向;相对评价是在群体内进行的,无论这个群体状况如何,都可以在群体内部进行比较,因而适应性强,具有较好的适应性;个体内差异评价通过纵向或横向的比较,有利于评价对象认清自身的优势和不足。也就是说,这三种评价类型都有各自的评价标准和适用范围,在实际的评价过程中需要灵活运用。

---

[1] 廖哲勋,田慧生.课程新论[M].北京:教育科学出版社,2003:412.

## 第三节　课程与教学评价的实施

> **案例 6-3**
>
> 相较于考试，课程、教学才是最佳的"落点"
>
> 实现学生德智体美劳全面发展，重点在学校课程教学的落实，必须加强对学校的课程教学评价。
>
> 评价是指挥棒，但评价并不是单指考试，用考试来督促学校和学生实现全面发展，只会导致考什么教什么、不考不教的恶性循环。
>
> 课程为本，教学为先，评价只是一种激励和导向，切不可舍本求末，一味用考试这个单一手段来实现教育目标。
>
> 资料来源：任国平，等.从"对人的评价"到"为了人的评价"——构建促进学生全面发展的评价体系[J].人民教育，2021(6)：32-35.

前面两节主要就课程与教学评价的内涵、原则、功能以及类型等进行了分析探讨，而课程与教学评价要真正发挥应有的功能和作用，关键还在于如何实施，否则理念再先进、方案再完善，实践中如果落实不好，效果也将难以保证。

### 一、课程评价的实施模式

课程评价的实施模式是评价人员或研究者依据某种教育理念、课程思想或特定的评价目的，选取一种或几种评价途径所建立起的相对完整的评价体系，它对评价的实施作了基本的说明。[①] 简单来说，课程评价的实施模式就是"在一定的理论指导下，对评价的基本范围、内容、过程和程序的规定"[②]。一直以来，课程评价的实施模式都是课程与教学评价研究的重要内容，下面主要介绍几种常见的课程评价模式。

#### （一）目标评价模式

目标评价模式（objective evaluation model）认为评价活动的核心和依据是目标，一切都要围绕着目标来展开，其基本思想来自美国课程专家泰勒的课程评价观。在泰勒看来，教育目标主要有"对学习者本身的研究""对校外当代生活的研究""学科专家对

---

[①] 张华.课程与教学论[M].上海：上海教育出版社，2000：403.
[②] 李巧林.中西课程评价模式的比较与思考[J].江苏高教，1996(4)：73-76.

目标的建议"等三个来源。[①] 并认为为了选择少量非常重要而又相互一致的目标,必须对已经获得的大量庞杂的目标进行筛选,以便剔除那些不重要的和互相矛盾的目标。那么,如何进行筛选呢？泰勒进一步指出,学校信奉的教育和社会的哲学可以被视作第一个筛子,即人们可以根据学校的哲学陈述的或隐含的价值观,对最初列出的教育目标加以鉴别,确定具有高度价值的目标。[②] 另外一个筛子则是"学习心理学所提示的选择教育目标的准则",即教育目标的设计、知识的学习、课程的编制等方面都要遵循儿童在某一特定年龄阶段所具有的学习心理发展规律。

在目标评价模式看来,除了目标的确定之外,目标的陈述也很重要,泰勒提出要选用"最有助于选择学习经验和指导教学的方式"来进行陈述,认为最为有效的陈述目标的措辞应该同时达到两种效果:一方面能够指出"要使学生养成的那种行为",另一方面能够"言明这种行为能在其中运用的生活领域或内容"。也就是说,一个有效的目标陈述应包含"行为""条件"和"标准"三个方面,其中的"行为"要讲明学习者能做什么,而"条件"则要说明行为发生的重要条件,最后"标准"要表明可以接受的行为标准。

目标评价模式使评价行为有了目的性和计划性,提高评价的有效性,促进了课程评价的科学化。它虽然肇始于泰勒和其同事在1933年至1940年间所开展的"八年研究"。但是,由于该评价模式具有操作性和针对性都比较强的特点,而且容易被人们理解和接受,到现在依然对世界范围内的课程评价产生重要影响。

## (二) 目标游离评价模式

泰勒目标模式

目标游离评价模式(goal-free evaluation model)是由美国教育学家和心理学家斯克里文(M. Scriven)在对泰勒的目标评价模式进行批判的基础上提出的,认为课程评价者应该注意的是课程计划的实际效应,而不是课程计划的预期效应,而泰勒所倡导的目标评价模式只考虑课程计划的预期效应,忽视其他非预期效应,可能会使评价失去很多重要的而且很有价值的评价结果。

在目标游离评价模式中,制定了"重要评价检查表"以便评价者在若干个评价周期内使用,这一评价检查表包括描述、委托人、背景及脉络、资源、功能、传递系统、消费者、需要和价值、标准、过程、成果、通则性、成本、比较、重要性、建议、报告、后设评价等18个因素。并且,目标游离评价模式认为预期的课程目标虽然在编制课程时会提供一定的参考,但是评价者不能过多受其影响,而应该将主要精力放在搜集有关课程计划实际结果的各种信息上,只有这样才能够对课程做出准确的评价。

目标游离评价模式突出了非预期的结果在评价中的重要性,对人们加深课程评价

---

[①] [美]拉尔夫·泰勒.课程与教学的基本原理[M].施良方,译.北京:人民教育出版社,1994:3-19.
[②] [美]拉尔夫·泰勒.课程与教学的基本原理[M].施良方,译.北京:人民教育出版社,1994:26.

的认识起到了启示作用。但是,我们也要看到,目标完全游离于既定目标之外的评价是不存在的,从严格意义上讲,目标游离评价模式不是一个完善的评价模式,没有一套完整的评价程序,它的主要价值在于作为目标评价模式的补充和发展。

### (三) CIPP 模式

CIPP 是由背景评价(context evaluation)、输入评价(input evaluation)、过程评价(process evaluation)和成果评价(product evaluation)的英文名称的首写字母所组成。CIPP 模式认为课程评价不仅要对课程目标的实现状况做出判断,还要为课程的改革服务。

CIPP 模式产生于 20 世纪 60 年代末,代表人物为美国著名的教育评价专家斯塔弗尔比姆(D. L. Stufflebeam),他对背景评价、输入评价、过程评价和成果评价有以下解释。[①]

(1) 背景评价。背景评价的最初意向,是要确定某一客体(如机构、方案、有关人员或个人)的长处与短处,从而为改进工作提供指导。这种研究的主要目标是评定客体的整体状况,认清它的缺陷,详细记录手头已有的、可用来弥补这些缺陷的有效方法,以及诊断那些解决后能有效改进客体状态的问题。背景评价的方法可以包括对所感兴趣的客体的各种测量和各种类型的分析,比如系统分析、调查、文献评论、倾听意见、会谈等方法。

(2) 输入评价。输入评价的主要意向,是要有助于制订方案的行动方针,以产生所需的变革。输入评价的总体意向,是帮助委托人根据自己的需要和周围环境来考虑各种备择方案,并制订相应的工作计划。另外帮助委托人避免去做那些预期会失败或至少是浪费资源的改革活动。输入评价主要用于调查与分析可用的人力、物力资源、解决问题的策略,以及相应的程序设计的可行性和经济性,可使用文献调研、访问典型方案、支持者小组、试点试验等方法。

(3) 过程评价。从根本上说,过程评价是对计划实施情况不断加以检查的评价模式。过程评价有四个目标:其一是给管理者和工作人员提供反馈信息:实施方案的活动是否按时间表来进行?是否按预定计划来实施?是否以一种有效的方式利用现有的资源?等等。其二是要为根据需要修改和解释计划提供指导。其三是周期性地评定方案参与者接受方案的程度,以及能够发挥他们自己作用的程度。最后过程评价还应提供一个方案实施的全面的记录,以表明方案实际执行的情况,包括它与预定的过程相比情况怎样,方案实施过程中的全部成本,以及观察者和参与者对活动质量的全面判

---

① [美]斯塔弗尔比姆.陈玉琨,译.方案评价的 CIPP 模式[M]//瞿葆奎.教育学文集:第 16 卷 教育评价.北京:人民教育出版社,1989:312-322.

断等。过程评价的方法通过描述真实过程,持续地与工作人员相互了解,观察其活动,来控制活动的潜在的障碍,保持对意外障碍的警惕,获得已确定的决策的特殊信息。

(4) 成果评价。成果评价的目的是要测量、解释和判断方案的成就。成果评价的主要目标,是要确定方案满足其为之服务的团体的需要的程度。成果评价的基本用途,是要决定某一特定方案是否值得继续、重复和(或)扩展到其他情境。成果评价所采用的方法主要是操作性地确定和测量结果的标准,搜集评价者对结果的判断,进行定量和定性分析。

总之,背景评价、输入评价、过程评价和成果评价各有侧重,都是 CIPP 模式不可分割的一部分,也就是说,它们之间并不是互不联系的,而是相互配合、共同发挥作用的。

### (四) 应答评价模式

应答评价模式(responsive evaluation model)认为要真正使课程评价产生效用,应该特别注意向那些听取评价结果的人提供他们所关心的信息,而不能仅仅为了评价而评价,只关注评价本身。该评价模式是由美国著名评价专家斯塔克(R. E. Stake)于 1973 年在一次评价研讨会上提出来的,他认为,应答评价与其他评价的不同之处在于现有的评价方法多带有预定性质,即强调目的的表述和客观的测验,由方案执行人员掌握的标准,以及研究性的报告的应用,应答评价则较少依赖这些正规的信息交流方式,更多地依赖自然接触。①

应答评价模式对评价者提出了很高的要求,首先,评价者要制订一个观察与商谈的计划,安排各种人士观察方案的行动,在他们的帮助下,评价者写出扼要的报告,画出图表或准备一些可供演示的材料,等等。然后,找出对评价听取人可能有价值的东西,收集持有不同观点的人对方案优缺点的印象。最后,是否需要写出一个书面报告将由评价者与评价委托人达成的协议来决定。②

总之,应答评价模式十分强调对课程相关人员的参与度和投入状况进行直接或间接的观察,考虑各方面人士的价值标准以及渴望听取课程评价结果的相关人士的信息需求。也就是说,该模式所关注的是人在评价过程中的作用,所重视的是实际的活动过程,体现了多元的价值取向,是一个比较成熟的评价模式。

除了以上提及的四个常见的课程评价模式之外,还有其他课程评价模式,比如差距模式(discrepancy model)、对手评价模式(adversary evaluation model)、教育鉴赏与教育批评模式(connoisseurship model)等,包括上述四种常见评价模式在内的诸多模

---

① [美]斯塔克.龚伟民,译.方案评价的特殊方法——应答评价[M]//瞿葆奎.教育学文集:第 16 卷 教育评价.北京:人民教育出版社,1989:325.
② [美]斯塔克.龚伟民,译.方案评价的特殊方法——应答评价[M]//瞿葆奎.教育学文集:第 16 卷 教育评价.北京:人民教育出版社,1989:326.

式基本上都是西方学者提出的,而我国对于课程评价模式的研究相对较为薄弱,在基础教育课程改革正在持续推进的今天,如何构建本土具有原创性的课程评价模式成为摆在我国学者面前的一个重要课题。

## 二、教学评价的实施方式

教学评价的实施方式是指教学评价的实施者为了完成评价任务而针对评价对象和教学活动的特点所采取的工作方式。由于教学评价活动的多样性,教学评价的实施方式也呈现多元化的特征。

### (一)随堂听课

无论是在传统的评价体系中,还是在现代的评价体系中,随堂听课都是一种重要的评价方式。随堂听课一般分为随机听课和公开听课两种形式。随机听课是指事先不让授课老师知道,听课者随机进入某一个课堂进行听课活动,目的是了解原生态的课堂教学情况,分析教师真实的教学能力以及临时组织能力,这种方式一般适用于小范围的课堂调研活动,听课者多为授课者所在学校的管理人员。公开听课是指事先有确定的授课者、讲授篇目、学生、听课者,授课者和学生有一定的准备,听课者人数较多,目的是就某一种授课方式或课堂组织方式进行研讨,也多用于各种教学比赛。

随堂听课有严格的评课标准,从教学的目的和过程、教学方法和手段、教师教学素养、学生学习表现、课堂操作等各个方面都有具体的要求,并划分出评定层次(参见表 6-1)。

**表 6-1　课堂听课评价标准样表**

时间:＿＿＿　地点:＿＿＿
课程:＿＿＿　执教人:＿＿＿　听课人:＿＿＿

| 评价要素 | 评价点 | 教学实际情况 | | | | 改进建议 |
| --- | --- | --- | --- | --- | --- | --- |
| | | 优秀 | 良好 | 合格 | 较差 | |
| 教学态度 | 备课是否充分?<br>授课是否认真?<br>举止是否得体? | | | | | |
| 教学内容 | 内容理解是否深入?<br>知识点把握是否准确?<br>价值引导是否正确?<br>内容设计是否合理?<br>内容解读是否有新意? | | | | | |

续表

| 评价要素 | 评价点 | 教学实际情况 | | | | 改进建议 |
|---|---|---|---|---|---|---|
| | | 优秀 | 良好 | 合格 | 较差 | |
| 教学技能 | 教学语言是否清晰准确？<br>教学情感投入是否充分？<br>教学手段应用是否合理？<br>教学是否注意启发引导？<br>教学组织是否有效？ | | | | | |
| 教学效果 | 教学目标是否达成？<br>学生听课是否投入？<br>学生参与是否积极？<br>学生思维是否活跃？ | | | | | |

一般来说，在按照评课标准开展听课活动之外，还会有座谈、案卷分析等相关活动配合进行，以使得教学评价更为客观、全面，同时还可以及时将评价信息反馈给被评价者。

座谈是评价者和教师之间所进行的直接对话活动，形式较为灵活，可以是评价者与一个教师座谈，也可以是评价者与多个教师座谈，评价者的人数最好控制在2～5人，人数过少会导致评价结果过于主观，人数过多会使教师产生紧张心理，当然，在一些情况下，评价者和教师也可以进行一对一的座谈。另外，座谈需要依据一定的程序，一般分为确定时间和地点、协商有关事宜、设计座谈提纲、做好座谈记录、分析座谈结果等。需要注意的是在整个组织过程中，组织者不能过分使用行政权力来控制教师的行为，而应当在座谈的各个环节都要尽量征求教师的意见，尤其是在座谈过程中，不要涉及教师的个人隐私，不要过多地使用追问，应营造一种宽松的谈话氛围，在记录时，既要注意谈话双方的语言表述，也要注意谈话双方尤其是教师一方的举止表情，往往这些非言语的信息里会包含着很多有价值的内容，在分析座谈结果时要坚持实事求是、客观公正。

案卷分析也是一种常见的实施方式。案卷分析的执行者通常是教学管理人员，是为了对教师的教学工作有一个纵向的了解而进行的，主要是分析教师历年来的教学工作报告、学生培养情况、奖惩情况、学习经历等，获取信息的渠道主要有教师的个人档案、提交的工作总结、讲课材料等。在进行案卷分析，尤其是对教师的档案进行查阅时，要遵循保密的原则，不能未经允许就公开教师的隐私信息，分析时也要注意综合评价。

(二) 测验评价

测验是比较常用的学生学业成就评价实施方式，虽然测验在整个评价体系中的作用在逐渐降低，但是，它以其客观性、普及性等特点依然在教学评价方面发挥着重要的作用。具体来说,主要包括以下几个方面。

首先,进行规范的测验内容编制。比如,在限定的考试时间内拟定多少题目才合适?主观题和客观题的比例是多少?测验要重点考查学生哪方面的知识和能力?这些都是在测验编制时需要认真考虑的问题,并且需要在不断的实践中对这些问题的答案进行摸索,最后形成编制测验内容的基本规范。

其次,选择要使用的测验类型。测验类型主要有客观题测验和主观题测验两种。客观题测验一般包括选择题、是非题、匹配题和填空题,对此类题目进行解答时只有对、错之分,没有发挥的空间。主观题测验一般包括简述题、论述题和材料分析题,在解答时需要学生根据题项快速调动自己所学的知识,组织成一定的体例表达出来。而要决定一份考试卷中需要使用哪些类型的题目,其总的原则是:使用那些能够直接测量出学习结果或可能说明预期学习结果的测验类型。当然,这两种类型并不是非此即彼的,在更多的情况下,两种类型通常配合使用。

最后,选择合适的测验方式。常见的测验方式主要有标准化成就测验和自编测验。前者所采用的测验内容并不是由施测者参与编制的,而是由某一管理部门组织相关人员统一编制的,它适用于大规模范围内评定个体或群体学业成就水平的测验,比如升学考试、分级考试、资格考试等。这类测验的命题、施测、评分等方面都有统一的标准和规定,考评分开,测验的结果也比较客观。后者是由施评者根据实际需要自己参与编制的,为特定的教学评价服务的测验方式。一方面它的施测范围十分有限,一般为学校里的某个班级或者某个学科,另一方面它的测验内容虽然更具针对性但限于编制者的技术水平,质量存在参差不齐的问题。事实上,这两种测验方式并不矛盾,两者是一种相互补充的关系。标准化测验适用范围广泛,但对某一小范围的群体来说,其适用性不如自编测验,而自编测验的信度和效度往往不如标准化测验。

**知识卡片 6-2**

### 测验的信度和效度

测验的信度主要是针对评价结果的一致性而言的,所关心的问题主要有:如果我们使用相同形式的任务的不同样本,会得到同样的结果吗?如果我们在不同的时间使用评价,会得到相同的结果吗?如果给成绩评价定等级,不同的评定者会使用同样的方法吗?

测验的效度:效度涉及的是这样一个普遍的问题:评估信息能在多大程度上帮助形成一个正确的结论。效度是针对依据评估信息所做的结论,而不

> 是评估本身。只有结论有效才能说评估信息有效。对某一个结论或某一群学生有效的评估信息并不一定对其他结论或学生也有效。效度只是一个程度的问题;百分之百有效或者完全无效的评估信息是不存在的。我们通常用以下的词语来形容效度:很有效、比较有效、无效。效度由评估者所做出的判断来确定。

### (三)实作评价

实作评价(performance assessment)是在 20 世纪 80 年代之后随着美国学者对标准化测验的批判而兴起的,它是指教师以教学目标与评价准则为整体支撑架构,让学生通过应用知识与技能等高层次的思考历程,在建构而非简单再认(recognition)或记忆(memory)的练习进程中获得深度认知、情感与技能发展的评价方式。[①] 它是针对标准化测验的不足提出来的,在评价的范围、方式、目的等方面都与标准化测验有着明显的不同之处(参见表 6-2)。

表 6-2  实作评价与标准化测验的比较[②]

| 评价类型 | 实作评价 | 标准化测验 |
| --- | --- | --- |
| 评价的范围 | 没有固定的范围,配合课堂教学内容来实施 | 以教材中的知识内容为主 |
| 评价的标准 | 评价者和被评价者协商制定,在活动前公开 | 由评价者决定,不公开具体内容 |
| 评价的目的 | 培养学生的自我反思、自我管理以及动手的能力 | 考核学生的学习效果和教师的教学效果 |
| 评价的方式 | 包括教师评价、学生互评、学生自评等多种方式 | 主要是教师评分 |
| 评价的重点 | 人文底蕴、科学精神、学会学习、健康生活、责任担当、实践创新 | 主要侧重学生的知识掌握程度 |

实作评价具有注重真实情境、追求高层次思考、强化问题解决、重视参与过程、强调评价反馈的特点。在《义务教育课程方案(2022 年版)》中强调教学评价要"注重对学习过程的观察、记录与分析,倡导基于证据的评价""注重动手操作、作品展示、口头报告等多种方式的综合运用,关注典型行为表现,推进表现性评价"[③]。可见,聚焦核心素养的教学评价也十分强调评价的情境性、过程性、综合性,希望通过评价引导学生实际

---

[①] 王云峰,莫显彬.教育评价的新形式——实作评价[J].广西教育,2006(14):17-18.
[②] 汪霞.小学课程与教学论[M].上海:华东师范大学出版社,2011:210.
[③] 中华人民共和国教育部.义务教育课程方案(2022 年版)[S].北京:北京师范大学出版社,2022:15.

参与社会实践、实验探究、作品设计等活动,并在协商决策、分工协作、具体操作、反思总结中促进学生素养的提升。可以说,实作评价与核心素养导向的教学评价具有内在的一致性。

根据评价目标的不同,实作评价可以分为传统的技能与技能发展水平实作评价和延展性实作评价两种。

传统的技能与技能发展水平实作评价主要通过评价者给被评价者安排一些限制性的实作任务来进行的,其特点是在操作范围上受到严格的约束与限制。比如,拟定一个写作主题,在限定的时间内要求被评价者书写不少于多少字的文章。需要指出的是,此类评价并不是简单的结果性评价,它还要求评价者时刻关注实作技能的一些要素是否得到正确体现。比如,在命题作文中,要观察学生的握笔姿势是否科学,书写笔画是否正确等。

延展性实作评价主要是对传统技能与技能发展水平实作评价的拓展和深化。在大多数情况下,传统的技能与技能发展水平实作评价过多地关注掌握技能的熟练程度和应用水平,而往往忽视在这一过程中人的认知、交流、合作和观点表达情况。延展性实作评价不仅能够提高被评价者某一方面的技能,还能够增进他们对技能知识的理解,促进全面发展。

延展性评价的实施需要注意以下几点:在测验内容选择方面,要提高任务的真实性,选择那些可能发生于真实世界中的测评任务,由于这些任务在将来的现实生活中可能遇到,对于被评价者来说更有意义,可以引导他们结合自身的生活经验来寻求解决问题的方法,而不是僵化地执行技能程序。在测验内容理解方面,不仅要让被评价者明白要做什么,还要让他们理解为什么要做这些,并通过针对测验内容不断提出问题的方式来增强被评价者的理解,比如为什么选择这项内容?为什么选择这些工具?为什么问题如此设置?在测验过程中,一方面要重视视觉材料的使用,这将有助于测评那些在其他形式的测评中被忽略了的创新能力,另一方面要扩大学生的参与面,鼓励学生尽其所能地参与到测评过程中来。在测验结果方面,不仅要让被评价者知道评价结果,还要让他们通过写总结报告的方式对整个过程进行反思和总结。

### 案例 6-4

**实作评价在初中化学实验操作中的应用**

一位初中化学教师认为在化学实验操作中应用实作评价,可以避免化学探究实验评价所存在的评价内容表面化、评价形式单一、评价主体单一、评价结果反馈效果差等问题。具体实施步骤如下:

> 教师创境激趣：教师创设情境，激起学生的好奇心和探究兴趣。
>
> 学生设计探究方案：学生自主提炼出探究问题，并在教师引导下设计探究方案，完成探究实验工作单 1（包括实验探究目的、实验原理、解决思路及理由、实验药品、实验仪器、实验方案等内容），实验方案要求写出每一步的步骤。
>
> 小组开展探究实验：每个小组根据确定的实验方案，开展探究实验，观察实验现象，完成探究实验工作单 2（包括实验方案的修正或改进、实验现象、实验结论、实验失败或误差分析、实验心得与疑惑等内容）。
>
> 学生互评：根据探究实验工作单 1 的填写情况和在探究中的表现，由学生对本组内其他学生进行评价，得到实验设计能力的得分。
>
> 教师评价：教师根据学生探究实验工作单 2 的填写情况和实验操作的表现，对全班学生进行评价，得到探究与实验操作能力和总结与反思能力的得分。
>
> 学生和教师的评分相加，最终得出每个学生此次实验的得分。
>
> 资料来源：王晔. 实作评价在初中化学实验操作考查中的应用[J]. 实验教学与仪器，2018(6)：78-80.

### （四）档案袋评价

档案袋（portfolio assessment）评价，也被一些学者翻译为成长记录袋，主要是收集、记录学生自己、教师或同伴做出评价的有关材料，学生的作品、反思还有其他相关的证据与材料等，以此来对学生做出评价。[①]

表 6-3　档案袋评价与标准化测验的比较

| 评价类型 | 成长档案袋 | 标准化测验 |
| --- | --- | --- |
| 评价的主体 | 管理者、教师、学生、家长等 | 教师 |
| 评价的目的 | 对学生的成长过程提供指导建议 | 对学生的学习情况进行评分定级 |
| 评价的依据 | 记录学生成长过程的相关资料 | 编制的测验题目 |
| 评价的方式 | 以主观评价为主 | 以客观评价为主 |
| 评价关注点 | 关注学生的进步、体验与成就 | 关注学生的测验成绩 |

作为一种新的教学评价方式，档案袋评价与注重结果评价的标准化测验不同，其

---

① 教育部基础教育司. 走进新课程——与课程实施者对话[M]. 北京：北京师范大学出版，2002. 155.

更关注学生在成长过程中真实发生的进步,体现了过程评价、增值评价、综合评价的相关要求。档案袋中所装入的正是记录这些进步的"作品",包括学习资料、学习反思、测验成绩、实践报告等文本以及其他与学生成长有关的记录。这些"作品"是"具体的显示儿童成绩的一切轨迹"[①]。档案袋评价正是通过对"作品"的分析来呈现一个真实的、完整的学生成长的过程,从而实现对学生的全面评价。需要注意的是,随着信息技术在教学中的应用,档案袋评价的媒介也在发生改变,在传统的纸质成长档案之外,电子成长档案也在逐渐兴起。电子成长档案在文字材料之外,还可以涵盖视频、音频等影像材料,同时,借助相应技术还可以使相关材料具有可编辑的功能,进行可视化呈现,提升评价者和被评价者的互动体验。

档案袋评价所借助的主要工具为档案袋,所以我们首先要探讨一下档案袋的设计问题。具体来说,档案袋在设计与管理的过程中需要注意以下问题。

① 档案袋里的材料记录了被评价者在成长过程中所经历的一些主要事情及表现情况,一些信息属于隐私问题,也是外界了解被评价者的重要资料,需要长时间保存,并需要不断补充新的材料。所以,在选择档案袋时一定要考虑到经久耐用和存储容量方面的问题。

② 档案袋并不是无选择地装入有关被评价者的所有材料,为了有效地利用档案袋的空间并能方便查找,一般会在档案袋的封面上标明应被放入的材料类别,并对各个类别有一个相对明确的解释。

表6-4 成长档案袋与普通档案袋的比较

| 比较类型 | 成长档案袋 | 普通档案袋 |
| --- | --- | --- |
| 使用的目的 | 基于教学评价进行使用 | 为了便于存放物品进行使用 |
| 存放的主体 | 教师、学生、家长等多元主体 | 多为单一主体 |
| 存放的内容 | 根据评价目标要求系统地设计编制需要存放的内容 | 存放内容较为随意 |
| 使用的主体 | 不同评价主体经常在评价的不同阶段对存放内容进行检查、回顾和补充 | 只有存放人需要使用存放内容的时候才进行使用 |
| 使用连续性 | 成长档案袋是过程性记录,会持续一个学期、一个学年、一个学段,可以分为很多有联系的档案袋 | 使用没有连续性,通常是分类存放,不同档案袋之间基本没有联系 |

③ 需要明确档案袋由谁来负责保存管理。关于这一点容易出现两个极端:其一是完全由施评者负责,这种情况容易使被评价者滋生弄虚作假的心理;其二是完全由

---

① 钟启泉.发挥"档案袋评价"的价值与能量[J].中国教育学刊,2021(8):67-71.

被评价者负责,这种情况往往会造成一些无关紧要的材料被装入档案袋。较为常见的做法是,根据档案的性质来确定管理人员,如果是正式的法律法规要求必须留存的个人成长档案,需要由学校设置专门的档案管理人员(可以是兼职的也可以是专职的)根据相关装袋标准和要求,指导被评价者提交相关信息材料,仔细检查无误后装袋保存。如果是非正式的只是记录某一个阶段个人成长过程的档案袋,则可以根据具体情况由教师、学生或者家长进行保存管理,如有条件,也可以由学校统一保存管理。需要指出的是,无论由谁来保存管理,在档案袋封面上一般都应设置档案袋的编号,以方便查找。

> **案例 6-5**
>
> ### 成长记录袋里装什么
>
> 一位教师在设计成长记录袋内容时,相关内容既要符合学生实际,又要符合《小学生综合素质评价手册》的相关条目。所设计的成长记录袋里包括优缺点卡、荣誉本、测验后的反思、校内外的获奖证书、爱心成长记录卡、学生喜爱的作品等材料。
>
> 优缺点卡是为了让学生正视自己的优势与不足,明确努力的方向,首页可以请学生用一张白纸写下自己的优点和缺点,也可以让学生在白纸上印上自己的手印或者脚印,然后在每个"手指"或"脚趾"上写出自己最主要的几个优点,在"手心"或"脚印"中间写上自己的不足或最想达到的目标。待期末反思时,看看优点是不是增加了,缺点是不是克服了,目标是不是已经达到了。
>
> 爱心成长记录卡是为了培养学生的爱心,让每个学生做一张爱心成长记录卡装在成长记录袋中,记录自己帮过别人什么忙,为集体做过什么好事等,循序渐进地培养,可让学生逐步体会到"予人玫瑰,手有余香"。爱心成长记录卡积攒的材料最终会在评价手册中"思想品德"一项的补充评价条目上有所体现。
>
> 成长记录袋中还可以装入学生平日参加社会实践活动的照片或者日记、健康小贴士等所有与评价手册评比项目有关的资料。
>
> 资料来源:夏英莲.依托成长档案袋,全方位评价每个学生[J].北京教育(普教版),2020(12):87.

在做好日常的档案袋保存与管理工作之后,档案袋评价的顺利实施便有了基本保障,但是如果要更好地实现评价的有效性,在实施过程中还需要注意以下两个方面。

第一,要进行及时合理的评价。根据装入档案袋中的材料对被评价者进行及时合理的评价,可以激发被评价者积极配合开展档案袋评价的动力,鼓励他们主动提交可以记录个人成长轨迹的相关材料。由于一些材料涉及个体隐私,所以评价方式的选择很重要,需要根据情况具体分析,不宜统一选用公开评价的方式。一般来说,需要遵循以鼓励为主、责罚为辅,以质性的描述式评价为主、定性的量化评分为辅,以私下谈心为主、公开评价为辅的原则。另外,评价者也可以把相关评价意见放入档案袋中,把档案袋作为和学生交流沟通的窗口,也可以作为以后评价的重要参考。

### 案例 6-6

#### "线上档案袋"的使用

在"线上档案袋"的实际操作过程中,相较于传统成长档案袋,在搜集和整理上更加省时省力。在"线上档案袋"平台上,学生可以随时上传自己的作品和心得,及时查看其他同学的内容。每个学生可以自主管理档案袋中的内容,教师和家长也可以随时随地查看学生的档案袋,打破了时间和空间的种种限制。

在线上档案袋的后台,可以对线上档案的各个项目及其得到的评价数量进行分类统计。在学校举行活动的过程中,平台后台都能及时统计全校、各年级、各班级、各小组以及每个学生的参与情况,发布的图片、视频等过程性资料的数量以及收获的评价数量,并通过直观的数据展现出来。

"线上档案袋"设置了不同等级的开放权限,评价结果以及学生的成长过程可以向其他学生、教师、家长及特邀嘉宾开放。这也让线上成长档案袋的评价结果更具多元开放态势,评价结果也更公正、全面、客观。

资料来源:赵敏."线上档案袋":德育评价的新探索[J].人民教育,2018(10):52-54.

第二,对评价情况要进行及时总结并向被评价者进行反馈。及时总结的主体并不仅仅是教师,还包括学生和家长,总结的时间比较灵活,视具体情况而定,一般可以一个月一次小总结,一学期一次大总结。

教师的总结内容主要有:在这一段时期内学生的学习成绩都有哪些变化,学生的能力有哪些发展,学生和教师之间的关系是否融洽,学生还有哪些潜力或兴趣自己没有注意到,自己在以后的教学过程中需要在哪些方面改进等。

学生的总结内容主要有:在这一段时期内自己各科的学习有哪些新的变化,自己和教师、父母以及同学之间的关系是否融洽,自己的表现和以前相比是否有了进步,以后应该怎么去努力等。

家长的总结内容主要有:孩子最近在学校里的表现和在家里的表现是否一致,自己和孩子之间的关系是否融洽,孩子在哪些方面需要父母引导,自己的教育方式是否妥当等。

### 三、课程与教学评价的实施策略

课程与教学评价的效果如何对整个课程与教学活动来说至关重要,它不仅影响着对已经完成的课程与教学活动的分析与总结,还关系到课程与教学活动是否能持续有效开展。而课程与教学评价本身又是一个较为复杂的体系,在具体的实施过程中需要处理好各方面的关系,下面主要从评价指标体系的制定、评价者与被评价者之间关系的梳理以及评价方式的综合运用等方面对课程与教学评价的实施策略进行分析。

#### (一)制定科学的课程与教学评价指标体系

课程与教学评价指标体系的制定是在教育评价指标体系的框架下进行的,而构建教育评价指标体系的主要依据有四个方面,分别为教育方针、政策、法规,教育理论和知识,教育规律以及教育工作实际。[①]

为此,课程与教学评价指标体系的制定首先要了解国家教育方针、政策、法规的有关规定,在制定评价指标体系时从提高民族素质,增强综合国力的高度着眼,建立具有中国特色,符合素质教育要求的课程与教学评价体系。

其次,课程与教学评价指标体系要建立在科学的教育理论和知识基础之上,尤其是吸收教育评价方面的最新研究成果,以先进的评价理念作为指导思想。

再次,课程与教学评价指标体系要遵循课程与教学的一般规律,要与被评价对象所处年龄阶段的身心发展水平,所属学段对知识、能力以及情感态度与价值观的要求相一致。

最后,课程与教学评价指标体系应该认识到不同地区的教育发展程度不同,课程与教学实施的条件也存在较大差异,这就需要评价指标体系需要根据具体的实际情况进行合理调整,以增强其适用性和有效性。

另外,科学的课程与教学评价指标体系需要以恰当的方式进行表述。当前,教育评价界对指标要素的表述存在多种看法,概括起来,主要分为以下三种。[②]

第一种,内涵式表述,其特点为:"评价要素"采用程度性语言表述,比如"加强""认

---

[①] 李方.论教育评价指标体系的构建[J].教育研究,1996(9):49-53.
[②] 秦云燕.教育评价指标要素表达方式的选择[J].教育科学研究,1998(2):33-34.

真""努力"等;"评分标准"使用定性语言进行测量,比如"优秀""良好""合格"等;在操作时,需要操作者确定具体的判断标准。这种方式适用于对评价对象的定性测量。

第二种,外延式表达,其特点为:"评价要素"采用判断性语言表述,比如"有与没有""对与错""达到与未达到"等;"评分标准"采用指标要素达到数量进行测量,比如"达到要素要求2分""未达到要素要求0分"等;在操作时,操作者可直接判断。这种表述方式适用于对评价对象的量化测量,区分度较高。

第三种,内涵与外延相结合的表述方式,其特点是前两种方式的总和。

### (二)根据评价对象选择合适的评价者

针对不同的评价对象应由不同的评价者来执行评价过程,如果抛开评价对象的特点,随意安排评价人员进行评价,其评价结果的可信度就会大大降低。同时,在依据评价对象选择评价者时还需要考虑评价者的知识背景、专业能力、价值倾向等各方面的因素,只有选择合适的评价者,所展开的评价活动才能产生深入的、客观的评价结果。

譬如,如果课程与教学评价的目的是总结性的,比如对一门课程的实施情况或者某位教师的教学情况进行优良差的评定,那么,评价人员应避免与评价对象存在可能影响评价结果的各种关系,从那些不受评价对象影响的候选人中去选择。如果课程与教学评价的目的是过程性的,比如对学校进行校本课程开发进行具体指导或者对某位教师的教学设计进行具体指导,那么,评价人员应从那些对评价对象有一定了解且具备专业知识的候选人中去挑选。[①]

### (三)综合运用多种评价方法

长期以来,我国常用的评价方法主要有笔试和口试、闭卷考试和开卷考试、论文考试和客观考试、单项考试和综合考试等,有时以问卷调查、抽样方法等进行补充。这些大多是注重数据收集的量化方法,优点是比较方便大规模地对评价对象进行调查和预测,缺点是不能根据情况的变化及时进行调整,也忽视了参与评价的当事人的心理状态和意义建构。近年来,人们开始通过开放式访谈、观察、实物或文本分析等方式对评价对象进行质性评价,希望"通过研究者和被研究者之间的互动对事物进行深入、细致、长期的体验,然后对事物的'质'得到一个比较全面的解释性的理解",这一新的评价方法"强调尽可能在自然情境下收集原始资料"。[②] 无论使用哪种评价方法都要注意以下几个方面的问题。

第一,以正面的积极评价为主。即评价者在评价过程中要结合评价对象的日常表现来综合看待评价结果,评价的目的不是简单给出一个结果,而是帮助被评价者寻找原因,

---

[①] 廖哲勋,田慧生.课程新论[M].北京:教育科学出版社,2003:442.
[②] 陈向明.质的研究方法与社会科学研究[M].北京:教育科学出版社,2000:10.

完善自身,在评价中要注意多鼓励、表扬,少批评、惩罚,尽量用激励性的话语来进行评价。

第二,注意评价过程中评价主体的特点。在基础教育课程改革过程中,我们一直强调多元主体参与评价过程,打破仅仅依靠"权威人士"进行评价的旧观念,这个多元主体一般包括教师、家长、学生及其他关心教育问题的社会人士,由于不同的评价主体所具有的知识基础、学科背景、能力水平等方面存在很大的差异,在评价的过程中应允许他们选用自己能够熟练使用的评价方法,在评价结束后进行总结的时候,对运用不同评价方法所取得的评价结果进行比较分析,提高评价的客观性。

第三,重视课程与教学评价的发展功能。新一轮基础教育课程改革明确提出,要建立促进学生、教师和课程不断发展的评价体系,即建立发展性课程评价体系。倡导新的评价理念,即评价是与教学过程并行的同等重要的过程;评价提供的是强有力的信息、洞察力和指导,旨在促进发展;评价应体现以人为本的思想,建构个体的发展。评价核心在于课程评价与学生之间的互动关系,通过课程评价促进学生个体生命成长,借鉴学习经验事件描写和反思的方式,从评价立场、价值取向和方法上回应课程评价如何实现人的发展问题。① 换言之,课程与教学评价发展功能的发挥可以实现以他人评价引发学生的自我评价,提高学生自我反思的意识和能力,引导学生以积极的态度看待评价结果,合理利用评价结果,实现自我的发展。

## 本章小结

课程与教学评价是课程与教学论的重要组成部分。可以从内隐层面与外显层面以及学的过程、教的过程、教学效果三个维度对课程与教学评价的对象进行分析。课程与教学评价应遵循科学性、客观性、方向性以及先进性和可行性相结合的原则,发挥诊断、反馈、导向、激励和管理的功能。课程与教学评价包括内部人员评价、外部人员评价、自评价、他评价、诊断性评价、形成性评价、总结性评价、绝对评价、相对评价、个体内差异评价等类型。

课程评价的实施模式有目标评价模式、目标游离评价模式、CIPP模式、应答评价模式。教学评价的实施方式包括随堂听课、测验评价、实作评价、档案袋评价。课程与教学评价在实施过程中需要制定科学的课程与教学评价指标体系、根据评价对象选择合适的评价者、综合运用多种评价方法。

---

① 谢翌,曾瑶,丁福军.过程性课程评价论刍议[J].教育研究,2022(7):54-64.

## 思考与练习

1. 什么是自评价和他评价、诊断性评价、形成性评价、总结性评价、相对评价、绝对评价、个体内差异评价?

2. 课程与教学评价应该遵循哪些基本原则?

3. 选择一个学科的"课程标准",对里面关于课程与教学评价的部分进行分析解读。

4. 搜集课程与教学评价的教学案例,分析主要应用了哪种类型的评价及其效果。

5. 案例分析

尝试以不同的身份对以下案例中的教师和学生的行为进行评价。

### 给学生一双求异的翅膀

一个阳光明媚的下午,我和学生一起探讨应用题的解法,沉浸在获取知识的快乐中。我们一起做到这道题:一个商店运进 4 箱球鞋,每箱是 20 双,每双球鞋卖 28 元,一共可以卖多少元? 当学生运用两种方法做出这道题时,我认为这道题就大功告成了,谁知有一个学生提出说还有一种解法:"$28×4=112(元),112×20=2240(元)$"。我心里充满疑惑:这是求的什么? 这种解法对吗? 但我没有立刻否定他的解法,而是让他说一说自己的想法:"你是怎样想的?"他回答得有理有据:"有 4 箱球鞋,每箱分别拿出 1 双,4 箱总共有 4 双,先求出这 4 双鞋卖多少钱。因为每箱是 20 双,有 20 个 4 双,再求 20 个 4 双是多少钱。"这个学生想得真好,我差点扼杀了他的创新思维。于是,我带头为他鼓掌,说:"你想得真独特,连老师都没有想到。"

这使我想到,教师在上课时,要给学生留下思维的时间和空间,耐下心来多听听学生的想法,为他们精彩的想法鼓掌,这会激发学生的求异思维,获得成功的快乐。

资料来源:教育在线论坛 http://bbs.eduol.cn/thread-1828618-1-1.html。

## 参考文献

1. 汪霞.小学课程与教学论[M].上海:华东师范大学出版社,2011.

2. [美]诺尔曼·E.格朗伦德.学业成就测评[M].罗黎辉,孙亚玲,译.南京:江苏教育出版社,2008.

3. 杨向东,崔允漷.课堂评价:促进学生的学习和发展[M].上海:华东师范大学出版社,2012.

4. 王烨晖,辛涛,边玉芳.课程评价的理论、方法与实践[M].北京:北京师范大学出版社,2020.

  5. 邵朝友,张斌. 指向核心素养的形成性评价[M]. 济南:山东科学技术出版社,2022.

  6. 张华. 课程与教学论[M]. 上海:上海教育出版社,2000.

  7. [美]泰勒. 课程与教学的基本原理[M]. 施良方,译. 北京:人民教育出版社,1994.

# 第七章 课程与教学管理

**学习目标**

1. 理解课程与教学管理的含义及基本要素。
2. 掌握课堂教学管理的价值取向和主要内容。
3. 理解和运用课堂教学管理的基本方法。

课程与教学管理理论是课程与教学论的重要组成部分。它的实践贯穿于学校课程与教学的全过程,从课程政策的制定、课程资源的分配、课程内容的选定、课程计划和课程标准的拟定、教材的编写与审定、课程的组织实施到课程的改革与评价都涉及管理问题。其中的很多环节本身就是管理活动。本章将从探讨课程与教学管理的含义入手,对课程与教学管理的基本要素、课程管理的模式、课堂教学管理的内容等进行较为全面的阐述。

## 第一节 课程与教学管理概述

**案例 7-1**

**新课标视域下的教学管理改进**

2022年版的义务教育课程方案和各个学科的课程标准颁布后,中小学校的教学管理面临着如何落实新课程方案和课程标准所提出的新要求这一难题。有学者指出,中小学校的教学管理除了关注一般的教育教学之外,还要关注教学规划与教学内容。

就教学规划来说,学校要帮助每一位教师尝试完成一种可以称为"整体设计、分步实施"的教学规划,有必要通过全学年、全学段甚至全学校学科教师的整体备课和整体规划,使得每位教师都知道自己的课在整体教学中的地位和作用,从而在具体的教学活动中完成整体设计的目标。

就教学内容来说,需要学校教学管理部门发挥组织和协调作用,帮助教

> 师搜集和整理跨学科的教学内容，进而形成合适的教学素材和教案，有的内容或许还需要形成校本课程。
>
> 资料来源：史宁中.新课标视域下的教学管理改进[J].中小学管理，2022(6)：1.

课程与教学管理是课程与教学领域的重要内容，也是学校管理工作的核心。随着教育改革的不断推进，课程与教学实践变得越来越复杂，而且呈现出持续改革和全面创新的格局，迫切要求加强课程与教学管理，以便更好地实现课程与教学的价值。

## 一、课程与教学管理的含义及基本要素

### （一）课程与教学管理的含义

教学管理指教学管理者对教学工作进行决策、计划、组织、监督、检查和总结，最大限度地调动教师和学生的积极性，以实现教学目标，提高教学质量的活动。

对教学管理的研究由来已久，早在《学记》中就已经有关于教学管理的论述。《学记》中把教育的年限定为两段、五级、九年，即"比年入学，中年考校。一年视离经辨志，三年视敬业乐群，五年视博习亲师，七年视论学取友，谓之小成。九年知类通达，强立而不反，谓之大成。"德国教育家赫尔巴特同样重视教学过程中对孩子的管理，他认为儿童生来就有一种"盲目冲动的种子"，表现出"不服从的烈性"，因此，教学过程中应该对儿童的行为加以约束，进行管理，以便使教学成为可能。而与教学管理不同，我国对"课程管理"这一概念的使用并不多。20 世纪 80 年代末以后，随着我国课程改革实践的丰富和发展，教学概念无法再包容所有的课程问题，课程概念便从教学概念中分化出来，课程管理的概念也便应运而生。

一般而言，我们认为课程管理是对课程的编制、实施、评价等活动进行计划、组织、指挥、协调和控制的过程。具体而言，课程管理可以分为宏观和微观两个层面，宏观层面的课程管理是指国家和各级教育行政部门开展的课程管理活动，如国家课程政策的制定、区域性课程改革方案的制订等；微观层面的课程管理是指某一学校内部的课程管理活动，如学校对某一门课程开展的检查与评价活动等。

### （二）课程管理与相关概念的辨析

与课程管理相关的概念是课程领导。不同的人对课程管理与课程领导的内涵及关系有不同的认识，对它们的定位也存在着分歧。主要有以下几种观点。

（1）课程管理包含课程领导。廖哲勋、田慧生认为，课程领导是课程管理的一部分，是从课程管理中分离出来的，是课程管理的重要功能之一。课程管理的领导职能

是使整个管理过程中其他职能得以实现的起主导作用的推动力量。①

（2）课程管理与课程领导相互独立。钟启泉认为"课程管理"的术语其实是比较陈旧的，在美国多用新近的"课程领导"。这个术语的"新"，主要表现为意在摆脱历来的"管理"思想：自上而下的官僚体制的"监控""管制"。亦即，改变学校接受上级行政部门的指令之后才开始围绕学校的课程展开活动和运作的认识；改变行政和管理是由学校的上司和外部提供驱动力的观念。要从根本上改变这种模式，就得从"经营"或是"领导"的功能出发，强调诉诸自身的创造力，自律地、自主地驱动组织本身的含义和韵味。实现从"课程管理"到"课程领导"的根本转型，学校本身要把日常的课程实践活动作为自身的东西加以自主地、创造性地实施。② 另外，郑先俐、靳玉乐等学者从组织学的视角分析了课程领导与课程管理的区别（见表7-1）。

表7-1 课程领导与课程管理的区别③

| 项目 | 课程领导 | 课程管理 |
| --- | --- | --- |
| 主体 | 课程领导注重课程权力共享，课程管理人员、课程专家、教师、家长、社区代表和学生等与课程相关的组织和人员是课程领导的主体 | 课程的管理权力集中于上层教育管理机构和管理者手中，学校和教师不具有相应权力 |
| 实施 | 依靠课程领导的法定权力和自身个人权威，以后者为主 | 依靠课程领导的法定权力和自身个人权威，以前者为主 |
| 决策 | 提倡课程权力共享、民主参与，在决策过程中，所有与课程相关的组织和个人都可以广泛发表意见 | 课程管理是一种集权式的管理，只有上层教育管理机构和管理者才有权参与到课程决策过程中 |
| 模式 | 上下级之间不仅存在着纵向的决策—执行关系，还存在着横向、斜向的沟通与协作关系，沟通模式趋向网络化 | 上级和下级之间的交流以纵向的行政命令为主，上级作出的决策，以行政命令的方式自上而下推行 |
| 动力 | 上级机构采用多种方式引导下级机构自主作出决策及进行自我管理 | 采用行政命令、规章制度等限制性手段控制下级机构 |

（3）课程领导取代课程管理。邓先俐、靳玉乐等学者认为，课程领导是一种新的管理观。它的"新"主要体现在以下三个方面：

其一，新的管理理念。课程管理是以泰勒的科学管理理论、法约尔的行政管理理论以及韦伯的科层组织理论等古典管理学派为依据；课程领导体现的则是后现代主义哲学理念和以人为本的管理理念。

---

① 廖哲勋,田慧生.课程新论[M].北京:教育科学出版社,2003:306.
② 钟启泉.从"课程管理"到"课程领导"[J].全球教育展望,2002(12):24-28.
③ 郑先俐,靳玉乐.论课程领导与学校角色转变[J].河北师范大学学报(教育科学版),2004(3):99-103.

其二，新的组织观。课程管理奉行科层组织观，即坚持上级对下级的监管。课程领导体现的是人力资源组织观，这种组织系统是一个合作的系统。

其三，新的系统观。传统的课程管理是一个封闭的系统，课程领导则是一个开放的系统。①

从当前对课程管理和课程领导的研究文献分析可知，课程领导取代课程管理已经成为课程发展的趋势。

### （三）课程与教学管理的基本要素

课程与教学管理的基本要素包括课程与教学管理主体、课程与教学管理客体、课程与教学管理手段以及课程与教学管理目标四个要素。

课程与教学管理主体主要是回答谁在进行管理的问题。由于课程与教学管理是分层级的，不同的层次管理主体也不一样。为此，课程与教学管理主体是多层级的，既包括从中央到地方各级教育行政部门，又包括负责课程实施的学校管理人员如校长、教导主任、教师等，不同层级的管理主体各有其职责。

课程与教学管理客体主要是回答管理谁的问题，即管理的对象有哪些。具体来说，主要包括被管理的人、财、物、信息等。人指的是课程与教学管理所面向的人，以教师和学生为主；财指的是课程建设的财政经费投入；物指的是课程建设所需的仪器设备、图书资料、场所等；信息指的是课程建设中产生的各种信息。

课程与教学管理手段主要是回答应用什么来进行管理的问题。课程与教学管理的手段包括督导、检查、评比等，在这一过程中还会用到一些具体的管理工具，比如评价量表、指标及奖惩标准等。随着时代的发展，一些新技术也被应用到课程与教学管理中来，比如数据搜集与分析、过程监控、人工智能等。

课程与教学管理目标主要是回答管理要取得哪些成效的问题。科学合理的课程与教学管理目标体现的是课程与教学活动所要达到的理想状态，为课程与教学管理提供方向指引，同时，目标的实现程度也是对课程与教学活动进行过程评价和结果评价的主要依据。

## 二、课程与教学管理的意义

### （一）课程与教学管理有助于稳定课程与教学秩序

首先，课程与教学管理有助于建立稳定的课程与教学秩序，以指导课程顺利实施。三级课程管理体制的实行标志着我国从中央集权型课程管理模式向实行国家、地方、学校多层次的课程管理模式转变，有利于学校依据国家颁布的课程标准，设置符合学

---

① 郑先俐，靳玉乐.论课程领导与学校角色转变[J].河北师范大学学报（教育科学版），2004(3)：99-103.

生实际的、结构合理的课程。使用规定的教材、采取合理的教学组织形式,学生经过一定的修业年限,通过考试达到毕业标准,这样可以保障教学的有序进行。

其次,课程与教学管理在指导课程实践的过程中有利于追求教育效益的最大化。人类的管理活动自产生之日起就包含效益因素,管理的效益就是力求用最少的人力、财力、物力培养出更多的合格人才。由此,我们认为,学校课程与教学管理是在教育各因素的相互作用中,充分发挥每一位师生的积极性、主动性和创造性,以达到课程与教学管理效益的最大化。

### (二)课程与教学管理有助于提升教师专业水平

无论什么样的课程实施,都需要经过教师的安排、运作,都需要教师的思想、理念和能力才能完成。没有教师的专业发展,就没有课程的发展,因为课程改革最重要的就是通过教师把一个好的课程构想转化为学生的实际经验。从这个意义上说,课程与教学管理的成效如何,关键在于调动广大教师的积极性和主动性。为此,课程与教学管理中,要满足教师的多层次需要,包括物质需要、尊重、信任需要、自我实现需要等。心理学研究表明,任何人从事工作都不是为了纯粹谋生,更重要的是争取他人尊重和人格平等。因此,学校管理者应在满足教师低层次需要的同时尊重教师,运用多种手段使教师感受到自我价值的实现。

教师只有参与课程与教学管理的决策,才能更好地指导实践。因为学校的课程管理状况决定了教师参与课程发展与决策的程度,呆板、机械的学校课程管理模式必定束缚教师的手脚,限制他们教学主动性和创造性的发挥,从一定程度上剥夺了教师的专业自主权。长期以来,我国中小学教师没有参与课程发展与决策的传统,缺乏必要的专业自主权,这是造成他们专业化水平不高的原因之一。加强学校的课程管理,提高学校的课程管理水平,能够最大限度地为教师专业自主提供条件和保障,从而激发教师参与课程发展与决策的热情,充分发挥其主体作用和创造性。在此过程中教师加深了对课程的理解、丰富了专业知识、提高了研究能力、增强了专业自信心,有利于专业化水平的提高。①

**知识卡片 7-1**

**教师参与集体课程决策的对策**

其一,纠正教师的决策动机,规避其参与集体课程决策的虚假性。

其二,释放教师的专业影响力,增加其参与集体课程决策的真实性。

---

① 杨中枢.我国中小学学校课程管理:意义、问题与对策[J].课程•教材•教法,2003(7):15-18.

其三,促成教师与学校管理者之间的合作,改进集体课程决策的主题设置。

其四,有效组织集体课程决策,提高集体课程决策的效率。

其五,赋予每位教师平等的集体课程决策话语权,尊重教师的主体地位。

其六,激发教师集体课程决策的理性思维,规避教师决策参与的从众性。

资料来源:李洪修,田露.核心素养背景下教师参与集体课程决策的困境与变革[J].教育理论与实践,2021(16):55-59.

### (三)课程与教学管理有助于提高学生学习的主动性

课程与教学管理的目的是促进学生的发展,有效的管理能够提高学生学习的积极性和主动性,而非压制学生的个性。传统的课程与教学管理往往只是为了保证课程与教学秩序的正常运行,而忽视了学生本身的生活意义,学生除了接受知识,就只有服从学校的管理条例。为改变这一局面,课程与教学管理者应尽可能地满足学生的合理要求,如图书资料的购置、实验设备的添置、学习环境的优化等。另外,让师生参与部分课程与教学管理工作,增强师生的主人翁感,调动师生的积极性。如在课程计划的修订及其他教学管理文件的制定过程中,征求师生的意见,这对调动师生的积极性有重要作用。[1]

## 第二节 课程管理模式

**案例 7-2**

**课程管理体制改革需要处理的三对矛盾**

有学者撰文指出,在未来中小学课程管理体制改革中需要解决好三对矛盾,即政府加大放权力度与学校课程管理能力不足之间的矛盾;国家课程要求的统一性与学校课程建设的独特性之间的矛盾;对学校课程管理的监督评价与引导学校提升管理能力之间的矛盾。

第一对矛盾主要体现在:相比办学水平较高的少数学校,在大量办学水平一般甚至较低的学校中,课程资源不足,教师课程开发技能缺失,过多的权力反倒使学校无所适从。如何把握好这一对矛盾是学校充分利用课程管理体制改革

---

[1] 李方.课程与教学基本理论[M].广州:广东高等教育出版社,2002:316.

放权红利,避免课程管理混乱和资源浪费,真正实现高品质发展的核心问题。

第二对矛盾主要体现在:国家在调整课程管理政策时,其意图往往在于调动地方和学校的积极性以推动学校发展,其措施主要是不断赋予基层更多的管理权,但在赋权的同时,更需要提高基层教师对赋权背后目的的认可、理解和接受,或者说提高赋权与实践场域的契合度。

第三对矛盾主要体现在:政府的监督评价如果仅关注是否达成目标,而忽视学校提升课程管理能力的主动性,将间接造成地方政府和学校在执行国家课程政策时因缺乏实现目标的条件或选择套用旧方法而使改革失效。如何处理这一矛盾是未来我国课程管理体制改革仍需面对的问题。

资料来源:张猛猛,阎亚军.新中国中小学课程管理体制变迁研究——基于学校发展的视角[J].课程·教材·教法,2021(6):29-36.

一个国家的课程管理体制是其教育管理体制的一部分,而教育管理体制又取决于一个国家的民族文化传统、社会心理和现行政治体制,因此,课程管理体制也自然由上述因素决定。[1] 课程管理体制并不是一成不变的,随着时代的变迁和教育改革的推进,各国也在进行课程管理体制的改革,在保持传统的同时也在进行新的探索。课程管理模式是课程管理体制的具体体现,在课程管理体制的持续改革中,课程管理模式也呈现出不同的特点。

## 一、课程管理模式的演变

随着世界课程改革的不断推进,课程管理模式也呈现出由单一模式向混合模式演变的趋向。中央集权型课程管理模式和地方分权型课程管理模式不再是非此即彼的关系,而是应该在相互借鉴、相互融合中寻求两者之间的平衡点,以趋利避害,提高课程管理的质量和效率。

### (一)中央集权型课程管理模式

中央集权型课程管理模式是由国家教育主管部门组织力量编制统一的课程标准,编写统一的教科书,指导地方教育主管部门进行课程实施。它强调课程的同一性和统一性,要求所有地区、所有学校都依据共同的课程标准,设置相同的学科,使用相同的教材。施行中央集权型课程管理模式的主要国家及该模式的特征、优缺点,参见表7-2。

---

[1] 容中逵.论基础教育课程管理改革中的权力下放[J].课程·教材·教法,2005(9):3-6.

表 7-2  中央集权型课程管理模式

| 名称 | 代表国家 | 特征 | 优点 | 缺点 |
| --- | --- | --- | --- | --- |
| 中央集权型课程管理模式 | 中国、法国、韩国、日本、瑞典 | ·编制全国统一的课程标准、课程计划；<br>·编写统一的教科书；<br>·根据统一的标准和要求进行全国性考试 | ·有助于保证教育整体质量，提高教育整体水平，实现教育均衡；<br>·有助于保证文化的统一，培养学生的文化认同感；<br>·有助于中央对教育全局的掌控 | ·无法兼顾地方和学校的特色，很难激发地方和学校的积极性；<br>·不利于多样化课程的开发，削弱了课程为地方服务的功能；<br>·不利于学生个性发展，容易造成应试趋向 |

中央集权型课程管理模式在保证教育整体质量、提高教育整体水平等方面具有显著成效，但也会因为无法兼顾各个地方和学校的特色，而难以激发地方和学校的积极性，容易产生课程管理僵化的问题。为了克服中央集权型课程管理模式的缺点，从20世纪60年代开始，施行中央集权型课程管理模式的国家先后在不同程度上进行课程管理模式的改革，将部分课程管理权下放到地方和学校。比如，瑞典原本属于完全施行中央集权型课程管理模式的国家，国家议会决定课程的基本方向，教育委员会进一步确定课程政策（包括确定课程目标、设置、内容、教学方法等），教育委员会之下的各教育机构（包括郡教育委员会、地方学校董事会）都是执行机构，后来国家议会在1991年颁布了新的教育法，确立中央集权与地方分权相结合的课程管理体制，课程管理权逐渐下放，地方和学校获得了更多自主权。①

### （二）地方分权型课程管理模式

地方分权型课程管理模式是与中央集权型课程管理模式相对的一种管理模式。地方分权型课程管理模式强调不同地区所呈现出来的教育需求的多样化，强调地方和学校自身的独特性，强调人的个别差异化，主张基于地方和学校的实际需要以及人的个性发展进行课程管理。施行地方分权型课程管理模式的国家，各地区没有统一的课程计划、课程标准，不同的地区和学校甚至有上百种教科书供其选择，该模式的代表性国家及其特征、优缺点，参见表7-3。

如同中央集权型课程管理模式一样，地方分权型课程管理模式虽然能够体现出地方和学校的特色，有效激发地方和学校的积极性，但却因缺少统一的标准，造成各个地方和学校培养的学生水平参差不齐，教育整体质量无法得到保证。因此，一些施行地方分权型课程管理模式的国家开始逐步加大中央政府对地方和学校课程管理的干预力度，审定了相对统一的国家课程，制定了国家课程标准，但地方和学校依然保持一定

---

① 李敏.从三级对立走向三级整合的世界课程管理模式[J].全球教育展望,2004(6):28-30.

表 7-3 地方分权型课程管理模式

| 名称 | 代表国家 | 特征 | 优点 | 缺点 |
| --- | --- | --- | --- | --- |
| 地方分权型课程管理模式 | 美国、英国、德国、瑞士 | ·没有统一的课程标准、课程计划和课程设置,地方和学校可自主选择教材;<br>·没有全国性的统一考试,地方和学校可自行组织。 | ·有利于体现发挥地方和学校的特色,可以满足地方和学校个性化的教育需要;<br>·有利于调动地方和学校的积极性,发挥地方和学校的创造性;<br>·可以推动教育制度创新,使之更好地满足地方和学校的要求。 | ·由于没有统一的标准,各地各校培养的学生水平参差不齐,教育质量难以保证;<br>·不利于国家对不同地区和学校教育的宏观管理。 |

的自主选择权,在强化中央宏观管理的同时保持地方和学校的自主性。比如作为典型地方分权型课程管理模式国家的美国,长期以来都将课程管理权分授予各州政府,由各州政府规定课程大纲及高中毕业的成绩标准,后来联邦政府加强了对各州课程管理的宏观调控,建立全国统一的"核心课程"体系(包括语言、艺术、数学、科学、社会研究、体育与健康)及最低学业标准[①],各州在开好联邦政府所要求的基本核心课程的基础上,可以根据自身特点开设不同的选修课程,这在一定程度上平衡了联邦和州政府在课程设置中的权力关系。[②]

### (三)混合型课程管理模式

混合型课程管理模式是中央集权型和地方分权型管理模式相结合所呈现出的一种新的课程管理模式。这种管理模式试图避开中央集权与地方分权课程管理模式的缺点,集合两种课程管理模式的优点,对课程管理体制进行改革,以实现在中央统一调控的同时也赋予地方和学校一定的自主权,从而既能保证教育的整体质量,又能避免课程管理走向僵化,使地方和学校的特色能够保留并获得一定的发展空间。

混合型课程管理模式集合了两种课程管理模式的特点,但在实际的实施过程中,中央集权和地方分权很难达到绝对的平衡,往往有所侧重。比如,英国的课程管理模式是偏向于地方分权的混合型,在课程标准及具体细目上,无全国统一标准,只有"教师手册"供参考,地方和学校可以自定标准,在课程结构上,国家确定基本科目,其余由地方和学校自定[③],从整体上来看,地方和学校的课程管理权要大于中央。

在混合型课程管理模式的基础上,有学者提出了一种理想的课程管理模式——融合型课程管理模式。这种模式强调中央集权与地方分权不能简单相加,而要有机结

---

① 李敏.从三级对立走向三级整合的世界课程管理模式[J].全球教育展望,2004(6):28-30.
② 靳玉乐,李志超.美国联邦及州政府的课程管理:特点、策略及启示[J].课程·教材·教法,2012(12):107-111.
③ 陈永明,等.比较教育行政[M].上海:华东师范大学出版社,2005:55.

合,成为一个整体系统。事实上,世界上任何一个国家都不可能采用单一的中央集权型或地方分权型的课程管理模式,而是趋于将二者融合,寻求其最佳平衡点与结合点。因此,只有结合本国国情对各种课程管理模式进行深入研究,才能找到符合本国情况的最佳课程管理模式。

 知识卡片 7-2

表 7-4 四种课程管理模式比较

|  | 实践模式 | | | 理想模式 |
| --- | --- | --- | --- | --- |
|  | 中央集权型 | 地方分权型 | 混合型 | 融合型 |
| 课程管理机构 | 不健全 | 不健全 | 不健全 | 既有整体的,又有分项的 |
| 课程计划 | 国家统一制定、颁布,各地方必须遵循 | 地方各自制定,学校或必须执行或仅做参考 | 国家统一制定,各地方有一小部分课程规划权 | 统一制定,有指导性,地方以此为参考;地方可制定地方性课程 |
| 教学大纲 | 国家统一大纲 | 国家核心大纲 | 国家统一大纲 | 统一制定(层次性) |
| 教科书制度 | 国家统一编写、发行,学校必用 | 自由编写、发行,学校自选 | 国家审定或地方审定,学校自选 | 国家和地方审定,各负其责,学校自选 |

资料来源:刘彦文,袁桂林.当前世界课程管理的基本特征[J].外国中小学教育,2000(1):32-35.

## 二、三级课程管理模式

### (一)三级课程管理模式的确立

中华人民共和国成立后,受苏联影响,实行高度集中的中央集权型课程管理模式。但是,随着我国政治经济体制改革的不断深化,过分强调整齐划一的中央集权型课程管理模式日益暴露出它存在的缺陷。因此,1978 年,教育部颁布了《全日制十年制中小学各科教学大纲(试行草案)》,对中小学课程设置及主要目标提出了新要求,主张课程内容必须以基础知识为主,应该把训练学生的基本技能、开发学生的智力、培养学生的能力作为重点。此后,从 1981—1984 年教育部又分别颁发了《五年制中学教学计划修订草案》《五年制小学教学计划修订草案》和《六年制小学教学计划草案》,进一步规范了中小学的课程设置和教学。1985 年,《中共中央关于教育体制改革的决定》首次提出,"把发展基础教育的责任交给地方""实行基础教育由地方负责、分级管理的原则,是发展我国教育事业、改革我国教育体制的基础一环"。

1986年的《中华人民共和国义务教育法》第八条规定:"义务教育事业,在国务院领导下,实行地方负责,分级管理。"虽然这些法规主要是针对教育行政管理体制而言的,但实际上也使我国长期以来高度集中统一的课程管理模式开始向地方下放权责。1986年,全国中小学教材审定委员会成立,决定改革统一的教材体制,在统一要求、统一审定的前提下实行教材的多样化。

1999年6月,第三次全国教育工作会议之后发表的《中共中央 国务院关于深化教育改革 全面推进素质教育的决定》指出:"调整和改革课程体系、结构、内容,建立新的课程体系,试行国家课程、地方课程和学校课程。"

2001年,国务院和教育部先后颁发《国务院关于基础教育改革与发展的决定》和《基础教育课程改革纲要(试行)》,明确提出:实行国家、地方、学校三级课程管理。这样,国家、地方、学校三级课程管理体制被正式确立。

2019年,中共中央、国务院印发《关于深化教育教学改革 全面提高义务教育质量的意见》,这份由党中央、国务院印发的第一个聚焦义务教育阶段教育教学改革的重要文件指出:"国家建立义务教育课程方案、课程标准修订和实施监测机制,完善教材管理办法。省级教育部门制定地方课程和校本课程开发与实施指南,并建立审议评估和质量监测制度。县级教育部门要加强校本课程监管,构建学校间共建共享机制。"

新修订的《普通高中课程方案(2017年版 2020年修订)》和《义务教育课程方案(2022年版)》进一步完善了国家、地方和学校三级课程管理制度,从课程标准、教材、课程规划、教学管理,以及评价、资源建设等方面,对国家、省(自治区、直辖市)、学校分别提出了要求,建立国家、省两级课程实施监测制度,开展课程实施督导,强化反馈指导,确保课程开齐开足开好。

**知识卡片 7-3**

**《义务教育课程方案(2022年版)》里的"课程类别"**

义务教育课程包括国家课程、地方课程和校本课程三类。以国家课程为主体,奠定共同基础;以地方课程和校本课程为拓展补充,兼顾差异。

国家课程由国务院教育行政部门统一组织开发、设置。所有学生必须按规定修习。

地方课程由省级教育行政部门统筹规划,确定开发主体。充分利用地方特色教育资源,注重用好中华优秀传统文化资源和红色资源,强化实践性、体验性、选择性,促进学生认识家乡,涵养家国情怀,铸牢中华民族共同体意识。校本课程由学校组织开发,立足学校办学传统和目标,发挥特色教育教学资源优势,以多种课程形态服务学生个性化学习需求。校本课程原则上由学生自主选择。

资料来源:中华人民共和国教育部.义务教育课程方案(2022年版)[S].北京:北京师范大学出版社,2022:6.

### (二)三级课程管理的内涵、目标及权责分配

#### 1. 三级课程管理的内涵、目标

国家课程管理,就是制定国家基础教育各个阶段的培养目标、课程计划框架、课程标准的实施与评价等宏观课程政策,由教育部负责实施,具有国家的法律或行政权威,在国家的任何地方、任何教育机构里都是有效的。它的目标主要有五个:第一,传达国家课程政策的理想;第二,影响地方及学校层级课程实施的情形;第三,整合地方课程资源;第四,掌握各级课程的实施及改革成效;第五,落实课程政策的意图和成效。

地方课程管理,就是由省(直辖市、自治区)、地、县各级教育行政部门执行上级教育行政部门颁布的课程政策,监督下级对课程政策的执行,结合本地的实际情况,制定相应的指导性课程文件。它的目标主要有四个:第一,整合、运用中央、地方、学校的相关资源;第二,扶持学校课程实践与改革;第三,提升地方课程实施成效;第四,发展地方课程的特色。

学校课程管理,就是学校在"三级课程管理"的总体框架下,根据上级教育行政部门有关基础教育课程的政策规定,结合本校实际情况,为实现学校培养目标而进行的课程设计、实施与评价等一系列组织活动。

#### 2. 三级课程管理的权责分配

国家一级课程管理的权力主体是国务院教育行政部门,主要职能是总体规划国家基础教育课程设置,制订国家基础教育培养目标、课程计划框架和课程标准等宏观的政策,并对课程方案执行情况、课程标准落实情况及国家审查通过的教材使用情况进行监测,同时对各地监测情况进行指导和督查。

地方一级课程管理的权力主体是省级教育行政部门,主要职责是依据国家课程管理政策和本地区实际情况,制订本省(自治区、直辖市)实施国家课程的计划,规划地方课程,报教育部备案并组织实施,并指导督促地市、县级教育行政部门落实相关要求,委托有关专业机构实施省级监测,协助完成国家级监测相关工作。

学校一级课程管理的权力主体包括校长、教师、学生、家长等。其中,校长是学校课程的主要决定者和责任人;教师、学生、家长是学校一级课程管理权力主体的重要成员。学校在执行国家课程和地方课程的同时,应根据当地社会、经济发展的具体情况,结合本校的传统和优势,以及学生的兴趣和需要,开发或选用适合本校的课程。各级教育行政部门要对学校课程的实施和开发进行指导和监督,学校要健全课程建设与实施机制,制定相关考核、奖惩等措施,不断加强教师队伍建设,提升课程实施能力。

三级课程管理的权责分配如表 7-5 所示。

表 7-5 国家、地方和学校三级课程权责分配框架①

| 国家一级 | 地方一级 | 学校一级 |
| --- | --- | --- |
| ·制订课程计划和国家课程标准<br>·指定教材编写、审查和选用政策,编写教材<br>·制定地方和学校的课程管理指南<br>·负责审议地方课程的开发方案<br>·确定基础教育课程的评价制度<br>·监督国家有关政策的执行,组织全国性水平测验<br>·根据教育改革和发展需要,修订课程文件 | ·制订本地课程计划和实施方案<br>·开发地方课程<br>·为学校课程实施与开发提供服务,帮助学校解决教育中的问题<br>·对本地课程实施、评价与考试等情况进行监控<br>·整合社会的课程资源,引导各种课程力量参与课程开发与管理<br>·组织教师培训 | ·制订学校课程方案<br>·选用经审查通过的教材<br>·开发校本课程<br>·对课程计划实施、教学、评价与考试、课程资源开发与利用等方面进行自我监控<br>·建立教师、学生、家长及社区代表参与学校课程管理的机制<br>·组织校本培训,建立以校为本的教研制度<br>·为教师教学、学生学习等提供服务 |

由此可见,国家层面课程管理的基本权力责任集中体现在以下两大方面:一是为课程改革的合理有序进行提供基本的公共性保障和服务;二是确保权力下放到地方和学校层面时能够不被其滥用,以保证国家课程政策的推行畅通无阻。而地方政府需要结合本地区的实际特征,有效地利用手中的课程管理权力,上承国家政策,下启地方资源,构筑国家与地方的连通渠道。学校层面课程管理的基本责任首先是保证国家规定的基本课程能够得以顺利实施,在此基础上,再根据本校的实际情况,适时适量地开设一些具有校本特色的课程。

**知识卡片 7-4**

### 三级课程双向管理机制

实现国家的课程理想,需要相应的课程管理。一方面,要自上而下采取多种管理举措,包括为地方、学校的课程管理和开发提供课程指南、课程审议

---

① 全国十二所重点师范大学联合编写.课程论[M].北京:教育科学出版社,2007:251.

等方面的指导和服务,以确保国家的课程计划在地方、学校能逐级落实,维护其严肃性;另一方面,在使各方承担相应的课程责任的同时,也要构筑下情上达的渠道,地方和学校有权力向上级有关教育部门就课程实施过程中出现的问题提出意见或建议,实现自上而下与自下而上相结合的双向管理机制。

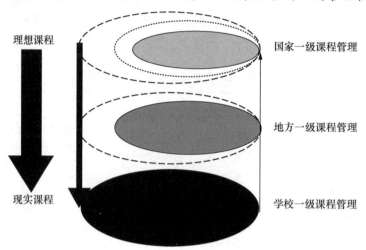

图 7-1 三级课程双向管理示意图

随着国家课程、地方课程和校本课程的有效开发和逐级落实,学校课程从国家层面的理想形态的课程转变为学校层面的现实形态的课程。由于课程开发、实施方面的问题,"现实课程"不可能完全等同于"理想课程",但课程管理要努力缩小两者之间的差距。虽然国家课程、地方课程、校本课程的开发主体各不相同,但国家基础教育课程体系的建设,实际上是国家、地方和学校三级权力主体共同完成的,只不过它们各自承担的职责各有侧重,范围有所不同罢了,不存在哪一级课程只是哪一"家"之事的问题。

资料来源:钟启泉,崔允漷.新课程的理念与创新——师范生读本[M].北京:高等教育出版社,2003:190-191.

### (三) 三级课程管理的目标

#### 1. 国家课程管理目标

国家课程是国家基础教育课程方案的主体部分,对于基础教育的发展,特别是人才培养的质量和规格具有决定性作用。国家课程管理目标主要体现在以下几个方面。[①]

---

① 许洁英.国家课程、地方课程和校本课程的含义、目的及地位[J].教育研究,2005(8):32-35+57.

第一,确保所有学生学习的权利。国家课程是面向全体学生的,因此国家课程将保证所有学生都享有在一定领域内的学习权利和获得知识、发展智力的权利。一般来说,国家课程标准的难度在中等偏下,这样就可以保证绝大多数学生都能达到国家课程标准,从而避免因标准过高而将那些处境不利的学生排除在外。这是国家课程最显著的特征。

第二,明确规定学生在接受学校教育期间应达到的标准。国家课程实际上也是一个质量标准,它为学校和社会各界提供了清楚、具体的教育质量标准。国家课程向学生、家长、教师、地方政府、用人部门和公众清楚地界定了期望学生学习达到的成就标准,规定了所有科目的学习应达到的国家标准。

 **知识卡片 7-5**

### 第一学段(1~2年级)学业质量标准

留心公共场所等真实社会场景中的文字,尝试认识标牌、图示、简单的说明性文字中的常用汉字;借助汉语拼音认读汉字,借助学过的偏旁部首推测字音字义,愿意向他人说出自己的猜想;遇到不认识的字,主动向他人请教。在学习与生活中,累计认识1600个左右常用汉字,能正确书写800个左右常用汉字。喜欢识字,有意识地梳理在日常生活中学习的汉字、词语,并尝试进行分类;愿意整理自己的学习成果,并向他人展示。

与人讨论交流,注意倾听,主动用礼貌用语回应;乐于表达自己的想法,遵守规则,主动合作,积极参与讨论,把自己的想法说清楚。看图说话,能描述一幅图画的主要内容,说出多幅图画之间的内容关联。留心观察周围事物,对写话有兴趣。

喜欢阅读图画书、儿歌、童话、寓言等,在阅读过程中能根据提示提取文本的显性信息,通过关键词句说出事物的特点,作简单推测;能借助关键词句复述自己读过的故事或其他内容,尝试对阅读内容提出问题;愿意向他人讲述读过的故事,乐于向他人展示自己的作品;喜欢积累优美的词句,并尝试在口头和书面表达中运用。

愿意为他人朗读自己喜欢的语段;朗读时能使用普通话,注意发音;注意用语气、语调和节奏表现对文本的理解和感受;愿意和同学交流朗读体验,能简单评价他人的朗读。喜欢读古诗,能熟读成诵;喜欢阅读故事,并与他人讨论。喜欢在学校、社区组织的朗诵会、故事会、课本剧表演等活动中展示。参加文学体验活动,能表达自己的体验、感受和发现,愿意用文字、图画等方式

> 记录见闻、想法。
>
> 　　在跨学科学习和探究活动中有好奇心和求知欲,喜欢观察、提问,能用自己喜欢的方式呈现学习所得。
>
> 资料来源:中华人民共和国教育部.义务教育语文课程标准(2022年版)[S].北京:北京师范大学出版社,2022:37-38.

第三,提高学生在接受学校教育期间的连续性和连贯性。国家课程从总体上规定了不同学段的教育目标,这种目标虽然是基本的、较低要求的,但具有强制性和统一性,这就有助于在国家层次上形成一个连续的课程框架,从而使不同学段之间具有较强的连贯性,并为学生的学习进步留有充分的灵活余地。因此,国家课程有利于学生在学段之间顺利过渡,并为终身学习打好基础。

2. 地方课程管理目标

地方课程是由省级教育行政部门依据基础教育目标所统筹设置的,其课程内容既具有一定的综合性,又具有一定的实践性,同时还要体现出地方特色。2023年,教育部印发的《关于加强中小学地方课程和校本课程建设与管理的意见》中指出,"地方课程要体现多元一体的理念,坚持区域特征与共同要求相统一,强化地方与国家的不可分割性,关注与世界的相互关联性,弘扬具有统一性和多样性的中华优秀文化,增强中华文化的生命力和影响力,涵养学生家国情怀,铸牢中华民族共同体意识。"具体来说,地方课程管理目标体现在以下几个方面。①

第一,促进国家课程在地方的有效实施。地方课程是在国家课程的基本精神的指导下进行的,并在联系地方实际中满足学生多样化的发展需要,更好地达到或实现国家课程所确定的目标。因此,地方课程与国家课程在主要的目标上是一致的。地方课程与国家课程的不同之处在于,地方课程具有较强的针对性,它充分利用本地的课程资源,紧密结合本地的社会、经济和文化发展现状,促进国家课程的有效实施。

第二,可以弥补国家课程的空缺。国家课程是面向全国的,它具有普适性,力图确保大多数学生甚至所有的学生都能接受。但实际上,国家课程很难满足全国不同地区、不同学校、不同学生的需要,也很难适应不同地区的实际。因此,国家课程只是规定了最低标准和基本要求,对于国家课程所没有涵盖的、不能满足的、无法考虑周全的内容,地方课程正好可以弥补。

第三,调动地方参与课程改革与课程实施的积极性。无论是地方课程的管理还是

---

① 许洁英.国家课程、地方课程和校本课程的含义、目的及地位[J].教育研究,2005(8):32-35+57.

地方课程的开发,都对地方提出很高的要求。地方要在掌握国家课程政策和国家课程标准的前提下进行课程管理和课程开发,从而调动地方参与课程改革和课程实施、课程开发的积极性和主动性,这不仅有利于国家课程的有效实施,还有利于培养地方的课程开发能力,从而促进课程改革的可持续发展。

3. 学校课程管理目标

相对于国家课程和地方课程,校本课程更为多样,其开发、设置与实施是建立在对学校课程资源及校情、教情、学情的调查研究基础之上的,注重反映学校的办学特色以及学生丰富多样的成长需要,课程内容和实施方式也更为灵活。当然,按照"凡设必审""凡用必审"的原则,校本课程也要接受必要的审议才能施行。总体上来看,校本课程管理目标主要体现在以下几个方面。[1]

第一,确保国家课程的有效实施。学校课程的实施,从根本上说,必须在国家宏观课程政策和国家课程标准的框架内进行,要与国家的教育方针、教育目的特别是人才培养目标相一致。因此,学校课程可以是国家课程的创新,比如杭州市拱墅区贾家弄小学是一所百年老校,书画教育是学校的办学特色之一。为使特色更有内涵、更具有人文性,他们把特色教育与学校深厚的历史文化积淀融合起来,开发以"书画人生"为主题的校本课程,着力培养学生的文化素质。课程以"学书画,学做人"为书画人文的活动主题,设计了五大活动,即我们眼中的世界、让童眸映五彩、书画与生活、心灵的成长、插上想象的翅膀,以活动为主线,让学生在书画飘香中文雅地成长。可见,学校课程是国家课程和地方课程实施的催化剂和助推器。

第二,照顾学生的个别差异,满足学生多样化的需要。国家课程注重的是普适性,很难考虑学生的个别差异,无法照顾不同学生的不同需要,即使地方课程也难以考虑不同学生的不同需要。而学校课程是以学校为开发和实施单位的,能够广泛征求学生自己的意见,可以更好地了解学生的不同需要。

第三,促进教师专业能力的持续发展。教师参与学校课程开发,不仅有利于国家课程、地方课程的有效实施,也有利于其专业的发展。当然,学校课程的开发,要求教师要成为课程与教学的领导者,这就要在一定的教育理论和课程与教学理论的指导下,在掌握国家课程政策和课程标准的前提下,在充分了解学生的发展特长和现实需要基础上参与课程改革。这对促进教师的专业发展具有十分重要的意义,是实现教师持续性的专业发展的有效途径。

---

[1] 许洁英.国家课程、地方课程和校本课程的含义、目的及地位[J].教育研究,2005(8):32-35+57.

> **知识卡片 7-6**
>
> **高质量学校课程体系的基本特征**
>
> 高质量学校课程体系应具备一致性、协同性、科学性和开放性的基本特征。
>
> 一致性。包括学校课程体系与国家需要、学校愿景之间的一致性;学校课程体系在目标、内容、实施和评价各要素之间的一致性。
>
> 协同性。包括各学科课程教师的合作以及学校教师、家长、社会专业人士等多个课程相关利益主体之间的合作;学校、家庭、社会三个场域的联动;知识授受与探究学习等多样化的课程实施方式的统合。
>
> 科学性。包括目标应与学生认知发展的阶段性相适应;内容应与学生多样化的生理性、社会性和整体性的发展需要相契合;评价应具备评价对象的全要素、评价实施的全过程、评价方式的多元化、评价结果的科学运用等特性。
>
> 开放性。包括学校课程体系与纵向的国家课程、地方课程和校本课程,以及横向的显性课程与隐性课程、学科课程与活动课程、正式课程和课后服务课程等之间的互动,并不断进行内部结构优化和要素间的深度整合。
>
> 资料来源:谢翌,等.高质量学校课程体系:价值指向、基本特征与建设理路[J].课程·教材·教法,2023(2):32-40.

## 三、我国现行课程管理模式的改革趋势

随着我国教育改革的推进,课程的管理模式也处在深刻的变革中,呈现出许多新的发展趋势,如人本化趋势、民主化趋势、弹性化趋势等。

我国现行课程管理模式之所以出现上述发展趋势,主要受以下两方面的影响。一方面,从世界范围看,各国在推进课程改革的过程中,愈加发现课程管理是整个改革中的关键环节,如果课程管理跟不上,则整个课程改革的预期目标就很难达成。于是,各国在推进新的课程改革时都十分注重课程管理理念的更新,希望通过优化课程管理来提升改革成效。另一方面,我国新一轮基础教育课程改革不仅是课程内容与方式的改革,更是一场课程理念的全面更新,其中也包括课程管理理念的更新。新课改注重发挥学生的主体性,重视多元主体参与教学过程,探索灵活多样的课程组织方式和教学方式,这些新变化都对课程管理提出了更高要求,推动课程管理呈

现出新的发展趋向。

1. 人本化趋势

人本化趋势,即以人为本的管理趋势。"以人为本"的管理就是从关注人的整体发展出发去尊重师生的个性,把尊重、发展师生的个性作为课程管理的一个基本理念,在教育过程中把教师主体的发展与学生主体的发展有机地统一起来,充分发挥师生的积极性与创造性,并让他们体验到学习的价值与快乐,促进其发展。

> **案例 7-3**
>
> **"以人为本"的课程与教学管理**
>
> 为了进一步提高办学质量,某校一方面制定了《教师工作量化考核标准》(以下简称《考核标准》),另一方面积极开展教研活动。但在实践中部分教职工参与的主动性、积极性不高。通过深入访谈我们了解到,教职工积极性不高的原因是他们认为机会不均等。如《考核标准》中的有些项目不是人人都能参与的,教研也只是部分教师的专利。如在"统考成绩"这项量化考核中,音乐、美术等学科的教师就得不到分;而教研活动,尤其是层次高一些的教研活动确实总是那么几个教师参与。
>
> 针对这种情况,学校及时修订了《考核标准》,将部分教职工无法得分的项目,修订为依据其他涉及教学成绩的教学过程性项目得分情况按一定比例给分;对于教研活动,学校确定了"'读教研写'并举,'备教说评'带动"的校本教研思路,坚持以课堂为主,尝试以"备教说评"为载体,带动"读教研写"的全面开展。所谓"备教说评",是指一学年内,每位教师就同一教学内容写一份"备教说评"的专用教案,上一节公开课,写一份说课稿并说课,听别人评自己一节课。同时,还要求以"备教说评"带动校本教研活动的开展。
>
> 经过修订、完善制度规则,教师有了均等机会,享有了应有的权利,积极性获得了显著提高。
>
> 资料来源:翟光法."以人为本"管理三例[J].中小学管理,2007(5):41-42.

课程管理的人本化趋势要求我们必须树立以人为本的管理理念。学校的人本理念包括以教师为本和以学生为本,把人放在主体位置上。具体而言,一是管理要依靠人,依靠全体师生;二是管理要尊重人,管理制度的执行要人性化。

## 2. 民主化趋势

课程管理的民主化趋势是指课程与教学管理应发挥教育行政部门管理人员、专家、广大教职工和学生的作用,并动员社会力量参与管理过程,使"人人参与管理"成为一种制度性事实。它主要表现在中央与地方的关系、管理的参与主体、学生的主体性发展等几个方面。

在中央与地方的关系上,如上文所述,经过不断改革,我国实现了国家、地方、学校三级课程管理,在改革中努力寻求中央与地方管理权的平衡,体现出一种民主化趋势。

在管理的参与主体上,参与人员、队伍正趋于多元,不管是在制订课程方案、课程标准时,还是教科书的编写、选用及课程管理机构的人员构成上,都注意吸收各方面的代表参与。比如,我国吸纳了许多专家、学者、教师参与了制定《基础教育课程改革纲要(试行)》的工作,保证从多角度分析问题和解决问题,力图使课程管理科学化。

在学生主体性发展方面,主要体现为学生对课程选择权利的扩大,比如,学生对适合自己的课程具有了一定的自主权,这是课程管理民主化的重要体现。

民主化趋势虽然已经显现出来,但其中许多细节性问题还有待深入研究,如中央与地方权力的平衡点到底定在何处,各课程管理参与主体的素质如何保证,学生是否具有自主选择课程的能力等,只有把这些细节性问题解决好,才能真正地实现课程管理民主化。

课程发展的民主化趋势要求在管理中要集思广益,所作出的重要决策、制定的规章制度应广泛听取教师、学生、家长等相关群体的意见。在思想观念上,行政人员应具有民主意识,乐于并善于听取专家、教师、学生等人的意见和建议,主动接受监督。在实践工作中,学校应该充分尊重一线教师的意见,反映师生呼声,还要畅通意见表达的渠道。在保障形式上,重要决策和改革要召开相关会议,创造更好的、多样化的参与条件。

## 3. 弹性化趋势

课程管理的弹性化趋势是指教师与学生管理课程权限扩大的趋势。学生对课程的选择权加大是课程管理弹性化的最重要体现。课程管理富有弹性,趋于灵活,不仅是我国课程管理的趋势,也是当前各国课程管理的趋势。课程管理的弹性化主要表现在对不同层次的学生和不同年龄段的学生的课程要求上。[①]

针对不同层次和不同年龄段的学生,《义务教育课程方案(2022年版)》进行了不同的课程设置,比如"历史、地理在初中阶段开设,实行'五四'学制的地区,可从六年级开设地理""小学阶段开设英语,起始年级为三年级;有条件的地区和学校可在一至二年级开设,以听说为主""艺术在一至九年级开设,其中一至二年级包括唱游·

---

① 刘彦文,袁桂林.当前世界课程管理的基本特征[J].外国中小学教育,2000(1):34.

音乐、造型·美术;三至七年级以音乐、美术为主,融入舞蹈、戏剧(含戏曲)、影视(含数字媒体艺术)相关内容;八至九年级包括音乐、美术、舞蹈、戏剧(含戏曲)、影视(含数字媒体艺术)等,学生至少选择两项学习"。总的来说,在小学、初中阶段基本实行以必修为主的管理办法,在高中推行选修制、学分制的管理措施。这种各有侧重的弹性管理,有利于学生在低年级打下扎实的基础,而在高年级,尤其是在高中阶段,有更多机会提高兴趣及能力。

> **案例 7-4**
>
> **"选课走班制"相关政策文件**
>
> | 序号 | 地区 | 文件名称 | 出台时间 | 颁布机构 |
> |---|---|---|---|---|
> | 第一批高考改革试点省份选课走班制政策 | | | | |
> | 1 | 浙江 | 关于公布普通高中实施必修课走班教学试点学校的通知 | 2014年3月 | 浙江省教育厅 |
> | 2 | | 关于适应高考招生改革进一步做好普通高中学校教学工作的意见 | 2017年11月 | |
> | 3 | 上海 | 上海市推进特色普通高中建设实施方案(试行) | 2014年6月 | 上海市教委 |
> | 4 | | 关于本市新时代推进普通高中育人方式改革的实施意见 | 2021年1月 | 上海市人民政府 |
> | 第二批高考改革试点省份选课走班制政策 | | | | |
> | 5 | 北京 | 关于做好新高考背景下普通高中教学组织管理工作的通知 | 2018年5月 | 北京市教委 |
> | 6 | 天津 | 2017年天津市普通高中课程安排指导意见(试行) | 2017年7月 | 天津市教委 |
> | 7 | | 天津市普通高中学校实施"选课与走班"指导意见(试行) | 2017年7月 | |
> | 8 | 山东 | 关于开展普通高中选课走班试点工作的通知 | 2016年11月 | 山东省教育厅 |
> | 9 | | 关于做好普通高中2017级学生选课走班工作的通知 | 2018年5月 | |
> | 10 | | 山东省普通高中教学指导意见 | 2019年8月 | |
> | 11 | 海南 | 关于加强普通高中学校教学管理稳步推进高考综合改革的指导意见 | 2018年8月 | 海南省教育厅 |

续表

| 序号 | 地区 | 文件名称 | 出台时间 | 颁布机构 |
|---|---|---|---|---|
| 第三批高考改革试点省份选课走班制政策 | | | | |
| 12 | 江苏 | 关于高考综合改革背景下加强普通高中教学组织管理工作的意见 | 2019年8月 | 江苏省教育厅 |
| 13 | 广东 | 关于做好普通高中教育教学管理工作的指导意见 | 2019年9月 | 广东省教育厅 |
| 14 | 重庆 | 关于开展特色普通高中建设工作的意见 | 2017年1月 | 重庆市教委 |
| 15 | 重庆 | 关于加强普通高中选课走班教学管理工作的通知 | 2019年6月 | 重庆市教委 |
| 16 | 福建 | 福建省高中阶段教育质量提升计划 | 2019年2月 | 福建省教育厅等四部门 |
| 17 | 湖南 | 关于进一步推进高中阶段学校考试招生制度改革的实施意见 | 2018年1月 | 湖南省教育厅 |
| 18 | 辽宁 | 关于推进普通高中课程分层走班教学的指导意见 | 2017年11月 | 辽宁省教育厅 |
| 19 | 辽宁 | 高中阶段教育普及攻坚计划实施方案(2017—2020年) | 2017年12月 | 辽宁省教育厅 |

资料来源：罗晓燕.新高考背景下普通高中"走班制"政策研究——基于19个省份政策文本的分析[J].当代教育论坛,2022(1):19-26.

## 第三节 课堂教学管理

**案例 7-5**

### 毫无效果的课堂教学管理

张某毕业后在一所学校工作了两年,一直在某班教数学。两年来,他整天与学生们在一起,也常在下课后与学生讨论各种问题,有时放学后还与学生们一起打球。他与学生们相处得很好,学生们也喜欢和他一起玩。但是,每到上数学课时,学生们不是东倒西歪,就是吵吵嚷嚷。无论张老师怎样努力,都不能激发他们学习数学的兴趣。学生们的数学成绩也一直排

> 在年组的末位。学生们抱怨说:"上数学课毫无乐趣。""张老师一上课就啰啰嗦嗦一大堆,讲了半天也不知道他究竟要讲什么。""张老师像个老太婆,讲课一点节奏感都没有。""张老师是个地地道道的好人,但确实不适合做老师,因为他上课没有一点激情。"两年多来,张老师费尽心力,却没有取得丝毫的效果。
>
> 资料来源:李劲松.有效的课堂管理[M].长春:东北师范大学出版社,2006:15.

案例中的张老师在课堂管理中存在什么问题使得他付出了那么多努力却不能让学生学好数学呢?为了让学生学好数学,张老师应该怎么办呢?带着这个问题,让我们走进课堂教学管理这一节。

课堂教学管理以课堂教学的全过程为对象,遵循课堂教学活动的规律,运用现代科学管理的理论、原则和方法,对课堂教学活动进行实施、监控、维持、促进和提高,最大限度地调动教师和学生的积极性,使课堂总是持续着有意义的教与学的活动,以保证课堂教学目标的有效实现,它是学校管理的基础。

## 一、课堂教学管理的价值取向

课堂教学活动中,教师、学生和教材三个要素是交互影响的。但长期以来,对于教师、学生和教材这三个要素在教学活动中所处的地位,人们的认识不尽相同。因此,课堂教学管理也就有了不同的价值取向,即"教师中心的课堂教学管理""知识中心的课堂教学管理"和"学生中心的课堂教学管理"。

### (一) 教师中心的课堂教学管理

教师中心的课堂教学管理,认为教师是教学活动的权威,是学生的标准,应该维护教师在教学活动中的绝对尊严,即所谓的"师道尊严"。教师俨然成了"真理的代言人",为师者借助他所拥有的知识,自认为是知识的绝对权威,在学生面前往往居高临下,一切由他说了算。学生在教师的这种"高压"之下,只能顺从、依附、接受。

在以教师为中心的课堂上,教师的需要是占主导地位的,教师是权威,是学生行为的规范,通常使用外部控制的方法。再加上人们总认为学生不懂事需要大人来管,认为教师对学生的严格管束有利于学生的成长,从而使得人们往往期望教师能成为一个严格的管理者,"严师出高徒"的古训便说明了人们对教师作为严格管理者的行为期望。相应的,教师也仅把学生视为被管理或被管制的对象,并认为服从管理的是好学生,不听话的是坏学生。师生之间的交流是典型的单向式,学生依赖于教师的纪律指导,教师的目标是使学生服从。在这一管理过程中教师是否尊重学生、学生的心理是否受到伤害,则被人们有意或无意地忽视了。

**知识卡片 7-7**

**专制性纪律**

专制性纪律是由李·坎特发明的以教师为中心的课堂管理方法。专制性纪律即是以教师的权力来建立课堂学习环境的方法。这种方法得到家长和教育管理者的支持。李·坎特强调教师有权利在没有干扰的情况下进行教学。因此,使用权威性纪律的教师认为,作为教师,他们有责任保证课堂教学不受不良行为影响。李·坎特还提出了几项帮助教师对学生行为做出反应、管理课堂的方法。另外,李还强调了教学行为的重要性。

资料来源:[美]费奥斯坦,费尔普斯.教师新概念——教师教育理论与实践[M].王建平,等译.北京:中国轻工业出版社,2002:184.

### (二)知识中心的课堂教学管理

知识中心的课堂教学管理是一种以知识传递为主要手段、以知识习得为主要目的的管理理念。知识被置于课堂教学管理的中心位置,一切活动为知识的传递与习得服务,包括教师的教学方式、学生的学习方式、教学成效的评价等。在知识中心的课堂教学中,教师往往选择以讲授式教学为主要教学方式,学生容易形成死记硬背、机械训练的学习方式,教学评价则以知识点测验为主要内容的结果性评价方式为主。在课堂教学管理过程中呈现出应试主义倾向,缺少对学生全面发展的关注。

以知识为中心的课堂教学管理,将教师仅仅视为知识的传授者,教师只有选择"怎样教"的权利而没有选择"教什么"的权利,教师主要考虑的是怎样将规定的内容有效地教给学生。在教学过程中,教师常常机械地"照本宣科",教学过程成为单行线式的、就范式的和接受式的单向传递知识的过程。

### (三)学生中心的课堂教学管理

学生中心的课堂教学管理认为学生应该是教学活动的中心,一切教学要素都应围绕学生展开。在学生为中心的课堂上,教师作为学生学习和发展的促进者、引导者,在课堂教学中要发挥帮助、服务的作用,而不是主宰、代替的作用。因此,教师要时刻关注学生的需求,调动学生学习的积极性,让学生意识到自己是学习的主人,并帮助学生明确学习和发展的目标,指导学生掌握科学的学习方法,帮助学生发现自己的潜能,使每一个学生都能获得适合他们各自特点的教学帮助,使每一个学生的潜能都能得到最大的发挥,从而实现个性化的发展。

教师重视内在的方式来管理学生的行为,并把不良行为看作是教给他们更好的行为方式的时机,强调学生自我教育以及自我管理。著名教育家苏霍姆林斯基指出:"我深信,促进自我教育的教育才是真正的教育。"而联合国教科文组织在《学会生存》的报告中也指出:"未来的学校必须把教育的对象变成自己教育的主体,受教育的人必须成为教育他自己的人;别人的教育必须成为这个人自己的教育。"作为自我管理者,学生应该是活生生的能动个体,具有发展自身的动力机能,他不是消极被动地接受他人的塑造和改造,而是清醒地意识到这一过程,从而有可能自觉地参与其中。

 **知识卡片 7-8**

**合作性纪律**

合作性纪律是以学生为中心的课堂管理方法。与专制性纪律相比,强调教师和学生为行为的改进负有共同的责任。杰奥梅建议教师建立以人为中心的课堂环境。他的方法就是帮助学生感受到自己是班级的一员而不是匆匆过客,他要为自己的行为负责任。因此,管理的功能就演变成教师和学生共同承担责任。

资料来源:[美]费奥斯坦,费尔普斯.教师新概念——教师教育理论与实践[M].王建平,等译.北京:中国轻工业出版社,2002:185.

## 二、课堂教学管理的主要内容

教育家赫尔巴特曾说:"如果不坚强而温和地抓住管理的缰绳,任何功课的教学都是不可能的。"课堂是教学的基本场所,课堂中集结、交织着各种教学因素以及这些因素相互间形成的各种关系,课堂教学管理的主要内容即协调、控制、整合这些教学因素及其关系,也就是对这些因素及关系进行有效的管理,使之形成一个有序的整体,从而保证课堂教学活动的顺利进行。

### (一)课堂管理规则

课堂管理规则是为维护正常的课堂秩序,保证课堂教学效果,要求课堂成员遵守的基本行为要求和准则。它是可接受的学生行为标准,是预防学生违规行为的重要基础。

课堂管理规则具有规范课堂行为、维持课堂秩序、培育良好行为、促进课堂学习的功能。一方面,它具有维持良好课堂秩序的效力,使课堂成员明确正确行为的价值标准,知道应该做

什么,不应该做什么,从而保障课堂秩序的稳定。另一方面,课堂管理规则的建立促进了学生行为的规范发展,课堂管理规则一旦被学生认同和接受,就会逐渐内化为学生的自觉行为,并唤起学生自主管理和自我评价的动机和欲望,促进学生养成良好的行为习惯,从而保证和促进课堂教学的效率。制定规则要遵循以下几个准则。

第一,规则条目应少而精。这是最基本的要求,可以使学生易记易行。资深教师认为,因为规则典型地表明一般性的期望与标准,所以少量的规则即可有效管理一个班级。一般而言,4~5个规则就能设置出学生的积极行为和对学生行为的期望。

第二,学生参与。只有学生参与了课堂管理规则的制定,他们才会对规则有拥有感,才能增加学生遵守规则的可能性。另外,学生参与规则的制定有助于学生了解班规背后所蕴含的道理,从而强调学生的自我控制和个人责任。就参与方式而言,特别是小学低年级的学生,教师可以提出一个暂时的决定,然后根据学生的意见修改;或者教师提出一系列选项,让学生选择。对于高年级的学生而言,教师还可以提出一个问题,广泛征求学生的建议。

第三,一起考虑不遵守规则的结果。当有人违反规则时,教师一时不知道如何回应也是常见的事。因此,最好在制定规则时就说清楚违反规则的后果,这对正在养成习惯的年纪较小的孩子来说更显重要。

 **知识卡片 7-9**

常见的课堂规则有:

(1) 按时上课,不迟到、不早退;

(2) 因事因病无法上课应提前请假;

(3) 做好上课准备,上课期间不随意离开教室或者调换座位;

(4) 穿戴整齐,坐姿端正,不喧哗,不打闹;

(5) 积极参与课堂互动,听教师和同学讲话要认真、耐心,回答问题要声音洪亮,表达要清晰、有条理;

(6) 不乱丢纸屑杂物,保持教室卫生;

(7) 保持正确的看书写字姿势,注意用眼卫生;

(8) 要用礼貌用语,比如"请""谢谢",未经允许不乱用他人物品,不随意打断他人讲话;

(9) 尊重教师和同学,不给人起绰号,不取笑他人;

(10) 认真记录作业要求,按时完成作业。

## （二）课堂教学组织管理

课堂教学组织管理所要研究和解决的是，教师如何把学生组织起来进行教学活动、如何分配教学时间、如何利用教学空间（教学设备、场所）等。因此，课堂教学组织管理涉及的内容主要包括以下几个方面。

### 1. 课前准备

课前准备是教师上好课的前提。准备充分不一定能上好课，但准备不充分便一定无法保证教学质量。教师在课前应该做好以下工作。

（1）钻研教材

首先，要研究课程标准，理解课程的基本理念和总目标，把握本学科学段要求及课程内容，领会教学的基本要求、教学内容的深度等。其次，要研究教材文本，能够熟悉教材文本的编写理念和内容结构，准确把握各章节的重点、难点及课本的前后联系。再次，要广泛阅读教学参考资料，选取合适的课程资源来充实教学内容。另外，还要考虑改革创新，在条件成熟的情况下，开发有特色的课程资源。

（2）了解学生

教学的目标是促进学生的发展，因此，教学活动应切合学生的实际认知。教师应该全面了解学生的知识基础、认知能力、生活经验、学习态度、思想特点和个性特征。在此基础上对学生的学习情况进行分类，了解不同学生的起点与教学目标的差距，增强教学的预见性与针对性。

只有在充分了解教材和学生的基础上，教师再结合学科特点、教学目标、内容要求及学生的情况，才能设计出符合学生实际的教学方法、教学手段、教学活动序列以及教学策略等。如今，新技术在教学中的应用为精准了解学情提供了更多可能。比如，学生数字画像技术可以基于各种智能传感器、智能摄像头、智能终端设备等数据采集工具和各类智能教学系统、在线学习系统、课堂实录系统、学习行为轨迹记录系统等数据采集平台，对学生学习、生活等方面进行多方位、全过程的数据采集和汇聚，建立学生成长数据中心；大数据学情分析技术可以通过深度挖掘多维度学生数据，全面分析学生学情，并自动生成精准的、可视化的学情分析报告；智能评测诊断技术可以利用图像识别、语音识别等人工智能，实现对学生回答结果的自动测量、评分和诊断，帮助教师更为精准地了解学情。[1]

### 2. 课堂管理

课堂中的教学管理是指教师对课堂推进中的几个阶段的管理，它主要包括以下三

---

[1] 刘邦奇.智能技术支持的"因材施教"教学模式构建与应用——以智慧课堂为例[J].中国电化教育，2020(9)：30-39.

个方面。①

(1) 导入

导入是一堂课、一个新单元或一个新段落的开端,它主要起着集中注意、酝酿情绪和带入情境的作用。导入一般安排在上课之初,时间不宜过长。实践经验表明,导入时间最好控制在 2~5 分钟,一个精彩的导入可以快速将学生的注意力吸引到对教学内容的关注中来。在导入部分,教师需要把握住课堂导入技术的几项重要内容:① 引起学生注意。这是导入的最重要目的,即要把学生的注意力集中在教学内容上,同时使其他与教学内容无关的活动迅速得到抑制。如,教师根据教学内容精心设计或挑选的图片、故事、谜语等类型的导入,都可增强导入环节的新颖性,抓住学生的注意力。② 激发学生的学习兴趣和学习动机。教师只有激起学生的求知欲,新的教学内容才能在学生自觉主动的学习过程中得以理解和应用。教师在导入阶段还可以通过提供典型问题、创设问题情境、说明新学内容的重要性等方法激发学生的学习动机。

(2) 展开

这一环节是课堂教学的主体,是实现课堂教学目标的关键环节,在这一环节中,教师需要把握住的几项重要内容有:① 组织好课堂教学秩序。课堂教学秩序关乎学生参与课堂教学活动的程度,关乎学生注意兴奋点的所在,关乎学生学习的积极性和主动性。学生的课堂注意状态直接影响着课堂活动效率和课堂纪律状况。基础教育课程改革要求课堂教学重心由教师转向学生,强调学生的主体性、教师的主导性,强调课堂教学中的合作学习、探究学习、自主学习,因此,课堂教学秩序的把握显得尤为重要。② 处理课堂教学过程中的偶发事件。课堂教学中,各种不期而至的"偶发事件"常令教师头痛不已。例如,安静的课堂中一学生突发怪叫;讨论问题时两个学生突然扭打在一起;有学生作鬼脸引起全班哄笑……这些偶发的事件及其他各种类型的课堂问题行为如处理不当,都会引起课堂内混乱,从而严重影响正常的教学活动。因此,认真对待各种课堂"偶发事件",将课堂中学生的各种问题行为转化为教学的契机,是教师在课堂教学过程中的重要管理任务之一。

(3) 结课

这一环节是课堂教学的最后环节,主要目的是完成课堂教学的"有序解散"。结课的技巧主要有:① 系统归纳。课临近结束时,教师或学生对所学内容进行精要归纳总结,明确关键,以达到画龙点睛的效果。② 比较异同。将新学知识与原有知识,或者将并列、对立、近似的知识放在一起对比,找出异同,有利于理解新知、巩固旧知。③ 巩固练习。在结束部分恰当地安排学生的实践活动,既可使学生所学的新知得到

---

① 田慧生,李如密.教学论[M].石家庄:河北教育出版社,1996:341-343.

巩固,又可使教学效果及时得到反馈。

3. 课后管理

课后管理主要是对课堂教学管理的评价与反思,即按课堂教学管理评价标准对已完成的课堂教学进行自评与他评。通过评价发现问题,反馈调控,总结经验,写出教学反思。

对教学管理评价进行检验,要通过课堂教学管理目标完成程度、课后学生情绪变化、心理变化、作业情况、个别辅导情况、他人意见等信息收集整理,及时总结心得体会。根据课堂教学管理的要求,审视教学管理思想、管理行为和管理效果,写出阶段教学管理小结。对不足之处采取有效措施及时补救,不断改进教学管理,提高教学管理水平。课堂教学评价指标及等级见表7-6。

表7-6 课堂教学评价指标及等级[①]

| 评价指标 | 课堂教学评价指标及等级 | | | |
|---|---|---|---|---|
| | 很好 | 较好 | 一般 | 较差 |
| 教学目标 | 符合课程标准要求与学生特点,并能体现于教学过程 | 基本上符合课程标准要求与学生特点,在一定程度上能体现于教学过程 | 反映课程标准要求与考虑学生特点不够 | 教学目标不明 |
| 教学内容 | 无科学性方面的错误 | 偶有科学性方面错误,但能及时纠正 | 有一定的科学性方面的错误,能较及时或事后纠正 | 常有科学性方面错误 |
| 教学环节 | 环节多样,学生学得主动,能力得到均衡发展 | 环节基本能适应各种能力发展需要 | 环节不常变化,部分学生主要精力在于应付作业 | 环节单一,学生只能应付书面作业 |
| 教学方法 | 课堂讲授逻辑性强,活动组织合理,讨论积极,易于学生接受与理解,并具有很强的启发性,能促进学生思考,举一反三 | 课堂讲授逻辑性较强,活动组织较为合理,讨论比较积极,大部分情况下,学生能顺利接受与理解,教学有一定启发性,大部分学生思维经常处在活跃状态 | 课堂讲授逻辑性一般,缺少必要的活动组织与讨论,学生理解较费力,启发性较弱,有一定数量的学生被动听讲 | 课堂讲授逻辑混乱,无必要的活动组织与讨论或相关活动组织与讨论与目标契合度差,学生难于接受与理解,部分学生只能教师讲什么就记什么 |
| 教学绩效 | 试卷设计科学,从内容到形式都能反映课程标准要求。各类教学目标都能得到反映 | 试卷设计能较好地反映课程标准要求,但部分教学目标未能得到很好的反映 | 试卷设计有偏离课程标准的情况 | 试卷设计随意性较大,与课程标准脱节 |

---

[①] 陈玉琨.教育评价学[M].北京:人民教育出版社,1999:198-199.有改动

### 三、加强课堂教学管理的方法

课堂教学过程是一个动态的过程。在课堂教学过程中,教师、学生、教学环境发生相互作用,以此来实现教学目标。在课堂教学中,教师运用各种教学方法,调动学生学习的积极性,激发学生学习的动机,促使教师与学生、学生与学生之间的相互作用,从而促进学生发展。

#### (一)目光示意法

目光是人用来传递信息的重要媒介,当我们看向他人时,即使不说话,也依然能够传递自己的情感和想法。教师在课堂教学中要善于运用自己的目光,或柔和,或严厉,或温情,如果恰当使用,往往会起到"此处无言胜有言"的效果。例如,常见到这样的现象:老师在讲课,学生也在小声讲话。这时,老师停下来,用目光扫视全班一周,有时甚至紧盯调皮、讲话的学生,教室顿时就会一片寂静。这样就把学生的注意力及时吸引到课堂上来。又如,一名小学生在日记中写道:"上课的铃声响了,可我的小说正看在兴头上。管它呢,低着头,悄悄地看,我边看小说又边故意抬头望着老师听课。一抬头,老师正专注地看着我,微笑地轻轻摆了摆头。我的脸唰地一下红了,赶紧把小说塞进桌子里专心地听课了。老师没有批评我,可她那饱含深意的眼神更使我惭愧……"[①]

#### (二)人际距离法

教师在课堂教学过程中可以根据实际情况来灵活调整自己与学生之间的距离,从而起到更好地组织教学的效果。比如,当讲解教学内容时,教师可以站在讲台上;当倾听学生发言时,教师可以走到学生中去;当发现个别学生做小动作时,教师可以边讲课边靠近相关同学,看似无意地走到他身边,或者轻轻地拍一下他的肩膀,或者投之以关切的目光,都能获得比较好的教学效果。在一位教师的讨论课上,教室后面一组的学生明显借着讨论的时间在说些与讨论内容无关的话题,还不时地抡胳膊比画几下。这位教师没有让课堂安静下来、专门拿出时间去严厉批评他们,而是选择移动脚步,不断缩小和这一组同学之间的距离,当快走到他们那一组的时候,学生意识到老师注意到了自己,便停止了无关的讨论,加入对教学内容的讨论中来。

#### (三)动作暗示法

教师的各种动作同样具有传递管理信息的功能。例如,上课时,某教师提问一

---

① 刘义军.课堂偶发事件的调控对策[J].中小学教师培训,2000(8):61-62.

学生后,让其坐下,没想到该生一下子坐在地上。很显然,是他旁边那名学生悄悄移走了凳子。面对这一偶发事件,这名教师马上走上前,扶起摔倒的那名学生,一边关心地问:"摔疼了吗?"一边掏出手绢给他擦身上的灰尘。然后拍了拍旁边的那名学生的肩膀,继续上课。下课后,教师把那名移凳子的学生叫到了办公室,说:"你想对我说什么吗?"那名学生不语。过了好一会儿,老师又把刚才的话说了一遍,如此这般,那名学生终于开口承认了自己的错误,并且承诺以后多关心同学。[①]又如,一名教师正在上课,发现坐在后排的一名男学生照着镜子,用手摸胡子,该教师并没有停止讲课,只是对该学生微笑一下,并做了一个摸胡子的动作,该学生就立即放下镜子,一本正经地听讲,一个动作看起来简单,却具有其他方法不可替代的作用。[②]

## 本章小结

　　课程与教学管理是教育管理的具体体现,两者既相互联系又有区别。课程管理是对课程的编制、实施、评价等活动进行计划、组织、指挥、协调和控制的过程,可以分为宏观和微观两个层面,宏观层面的课程管理是指国家和各级教育行政部门开展的课程管理活动,微观层面的课程管理是指某一学校内部的课程管理活动。教学管理一般是指教学管理者对教学工作进行决策、计划、组织、监督、检查和总结,最大限度地调动教师和学生的积极性,以实现教学目标,提高教学质量的活动。课程与教学管理具有稳定课程与教学秩序、提升教师专业水平、提高学生学习主动性的意义。从世界范围来看,各国中小学课程管理正努力变革单一型的课程管理体制,向中间型、综合型转型。我国也由原来的国家统一管理课程,转变成由国家、地方、学校构成的三级管理模式。课堂教学管理是课程与教学管理的具体体现,主要包括课堂教学计划管理、课堂教学组织管理两个层面。了解和掌握课堂教学管理的方法,有利于教师顺利、有效地完成课堂教学的任务,保证课堂教学质量。

## 思考与练习

1. 如何理解课程管理与课程领导的关系?
2. 谈一谈你对课程管理模式的认识以及我国课程管理模式的发展趋势。
3. 你认为课程与教学管理中如何充分发挥教师的积极性和创造性?
4. 如何上一节好课?面对上课捣乱的孩子应该怎么办?

---

① 姜承俊.处理偶发事件的艺术[J].教学与管理,2007(5):12-14.
② 杜东平.加强课堂教学的隐性管理[J].中学生物教学,1997(1):14.

5. 案例分析:根据你对课程与教学管理的理念、方式及发展趋势的认识,评析浙江象山中学的课程与教学管理实践探索。

### 浙江象山中学的"走班选课"

象山中学建构了"三层次、五类别、多群系"的灯塔课程模型。灯塔的主干是核心课程,包括国家必修、选修课程,主要分为三个层次:基础性课程、发展性课程、研究性课程。灯塔照射出来的光芒划出五个区域,分别代表基础素养、知识拓展、兴趣特长、职业技能、社会实践5类课程,学生依据自己的兴趣爱好、个性特征、职业理想等选修相应的课程。象山中学逐步开发了各类选修课程104门,其中知识拓展类47门,职业技能类16门,兴趣特长类29门,社会实践类12门。

在开发课程的同时,象山中学投入大量经费建设了一批有特色的学科教室,以方便学生"走班",实现"教""学""研"三位一体。每个学科教室都各有特色,比如走进地理学科教室,可以通过玩转模型和专业器材,打破学生对地理原有的单调、乏味的认识,从"地理好玩"走向"玩好地理"。

象山中学同时也积极推进课堂教学管理方面的探索。以小组合作为特征的课堂教学方式,分为预习和展示两个环节。在预习环节,老师提出预习目标,学生围绕目标开展讨论,不能解决的问题再向老师请教。展示环节就是把小组学习的结果在课堂上展示给学生,形成一种自主学习状态。

象山中学还开设了象山中学网络课堂,通过制作微课,为学生提供课余学习视频,并大胆地采用"翻转课堂"模式,全面推动学生成为学习的主人。

资料来源:褚清源.做专属学生的课程——浙江省象山中学"走班选课"实践解读[N].中国教师报,2015-2-11(10).

## 参考文献

1. 万伟.课程的力量:学校课程规划、设计与实施[M].上海:华东师范大学出版社,2017.

2. 李森,杜尚荣.课堂教学管理策略研究:基于案例的分析[M].福州:福建教育出版社,2013.

3. [美]卡罗琳·查普曼,瑞塔·金.差异教学管理:不一样的课堂,不一样的管理[M].郑华,译.北京:教育科学出版社,2019.

4. 廖哲勋,田慧生.课程新论[M].北京:教育科学出版社,2003.

5. 李方.课程与教学基本理论[M].广州:广东高等教育出版社,2002.
6. 全国十二所重点师范大学联合编写.课程论[M].北京:教育科学出版社,2007.
7. 田慧生,李如密.教学论[M].石家庄:河北教育出版社,1996.
8. 刘学利,傅义赣,张继瑜.课程与教学论[M].北京:中国人民大学出版社,2013.

# 第八章 课程与教学改革

> **学习目标**
>
> 1. 理解课程与教学改革的动因。
> 2. 了解国外课程与教学改革的现状及发展趋势。
> 3. 熟知我国新一轮基础教育课程与教学改革的内容及特点。
> 4. 能理性分析课程与教学改革的成绩与问题。

当今社会,科学技术迅猛发展、国际竞争日趋激烈,新时期的人才培养面临着更为艰巨的挑战。为培养高质量的创新人才以适应社会发展的需要,教育改革势在必行。课程与教学是教育的核心,课程与教学改革自然成为教育改革的重中之重。因此,优化课程体系,提高教学质量,建立起符合时代要求的课程与教学体系,是世界各国面临的共同课题,也是我国教育努力的方向。

## 第一节 课程与教学改革的动因

> **案例 8-1**
>
> 基于核心素养的课程与教学改革
>
> 当前,核心素养已成为教育领域的"热词"。
>
> 根据日前发布的《中国学生发展核心素养》研究成果,核心素养以培养"全面发展的人"为核心,分为文化基础、自主发展、社会参与三个方面,综合表现为人文底蕴、科学精神、学会学习、健康生活、责任担当、实践创新六大素养。
>
> 当教育指向核心素养,"知识核心时代"将真正走向"核心素养时代",学校的任务不再是一味灌输知识,而是给学生未来的发展提供核心能力。
>
> 在北京市海淀区中关村第三小学的课堂上,这样的授课模式已是常态:
>
> 一堂名为"动物的窝"的主题课上,数学、语文、英语、科学老师齐上阵,学生们分成几个不同的小组,每一组都从生物、地理、英语、写作、艺术等角度查

> 找资料、深入探究、呈现结果。有的学生利用美术和科学的知识，在展板上绘制了团队所选择的动物巢穴的思维导图；有的团队则现场写剧本排演了一个相关主题的舞台剧，并用英语表演出来。课堂上的交叉学科知识与内容的呈现，均是基于孩子们此前进行的大量的资料搜集和小组内深入的分析讨论。
>
>     这样的课堂，很难将其定义为语文课、科技课、物理课或是其他某一门单独学科的课。学生在学习的过程中，除了掌握知识，更经历了查找资料、分析资料、提炼观点、解决问题、小组讨论、团结协作、合理利用时间、清楚表达观点等多种能力的锻炼。采访过程中，中关村三小的老师们对记者说："当打通学科之间的界限、多学科联合教学逐渐成为常态，不久的将来，你的语文课是数学老师教的、数学课是体育老师教的，将不再是笑谈。"
>
> 资料来源：赵婀娜.当教育指向核心素养——教师该如何应"变"[N].人民日报，2016-11-24(017).

我国南宋哲学家和教育学家朱熹说过："天地之化，往者过，来者续，无一息之停。"战国时期庄周也说过："物之生也，若骤若驰，无动而不变，无时而不移。"马克思主义哲学也指出，世界上唯一不变的是变化。世界总是处于运动之中，静止不变的事物是不存在的。而课程与教学作为一种动态的社会现象，也经常处于改革、变革、发展之中，亘古不变的课程与教学是没有的，它总要随着时代、社会的发展而不断得到变革和改进。

## 一、课程与教学改革的含义

改革(reform)通常是指改变旧的制度、旧的事物，制定与社会发展要求相适应的新目标、新政策。课程改革(curriculum reform)是以一定理论为基础，按照某种观点对课程与教学进行的集中一段时间的有目的、有计划的改造，往往涉及学校体制的变化和课程的全面修正等，其核心是价值观念的重大变化或方向调整，而且常常先在制度层面展开。[①] 教学改革(teaching reform)是指对不合理的教学状况或是教学思想、教学理论进行有计划、有目的的变革或更新，使之不断获得进步与发展，以更好地促进学生身心发展的过程。[②]

课程改革的最终落脚点是课程实施，而课程实施则要通过教学来实现，所以教学改革往往是课程改革的重头戏，总是如同影子一般紧随课程改革的步伐。课程改革若

---

① 钟启泉，汪霞，王文静.课程与教学论[M].上海：华东师范大学出版社，2008：204.
② 刘学利，傅义赣，张继瑜.课程与教学论[M].北京：中国人民大学出版社，2013：201.

得不到教学改革的支持,也难于走向实施,没有教学改革的课程改革,最终的结果充其量只能局限于教科书的更替。①而教学改革若没有课程改革的前提,只不过是"套路里的有限反馈"。所以,从二者对于彼此意义的角度而言,课程改革与教学改革就如同一对连体婴儿,彼此不能分离,难以割舍。

## 二、课程与教学改革的因素

随着全球化持续推进、信息技术不断更新、国际竞争日益加剧,世界各国对通过教育改革推动经济社会发展的需求日益迫切。在这一背景下,我国也进行了多轮课程与教学改革,其中包括21世纪初的第八次课程与教学改革,而《普通高中课程方案(2017年版2020年修订)》和《义务教育课程方案(2022年版)》的印发又将课程与教学改革推向新的发展阶段。那么,都有哪些因素在推动课程与教学改革的车轮不断前进呢?

### (一) 政治因素的影响

政治对课程与教学改革的影响是多层面的、深刻的、直接的,任何国家的课程和教学都受到政治因素的影响。当然,这方面的影响既可能是积极的,推动课程与教学的进步和发展;也可能是消极的,抑制课程与教学的发展。

政治体制变化是课程与教学改革最有影响力的驱动因素。政治体制一般指一个国家政府的组织结构和管理体制及相关法律的制度,简称政体。政体是国家中掌握国家权力的阶级形成和表现国家意志的方式。教育作为国家上层建筑的重要组成部分,其目标主要是为国家培养所需的人才,是国家意志的重要体现。而课程与教学又是实现教育目标的载体和途径,因而任何一种课程与教学都是一定政治体制下所追求的"国民素养"的最集中、最具体的反映。所以,政治体制的变化一般都会带来课程与教学的改革。

此外,国际政治竞争是推动一个国家课程与教学改革的又一因素。"冷战"结束后,被"冷战"长期掩盖的国与国之间、民族与民族之间,以及宗教团体之间潜在的矛盾冲突日益凸显出来,国际政治竞争空前激烈。各国都力求在激烈的国际政治竞争中维护自己的权益,获得应有的话语权。而要想在国际竞争中立于不败之地,必须提高自己的综合国力,综合国力的竞争归根到底是人才的竞争。所以,愈演愈烈的国际政治竞争推动了各国对教育的关注,各国都希望通过课程与教学的改革培养高素质人才。例如,20世纪50年代正是美、苏两国争霸的时期,而1957年苏联人造地球卫星的发射更激发了美国的科技竞争和人才竞争心理,使美国将教育同国际政治竞争联系起来,于1958年开展了新的课程与教学改革。

---

① 崔允漷.新课程"新"在何处?——解读《基础教育课程改革纲要(试行)》[J].教育发展研究,2001(9):5-10.

## (二)经济体制的变化

经济体制是指一定区域内(通常为一个国家)资源配置的具体方式或制度模式。不同的经济体制对劳动者的素质都有特定的要求,经济体制的变化必然带来对劳动者素质要求的改变,而教育的任务就是为国家培养合格人才,适应经济的发展便是其中最为重要的要求之一。所以,经济体制的改变往往带来学校教育的改革。从历史发展来看,课程与教学的发展与经济体制的改革总体上是一致的。学校的课程与教学必须紧跟经济体制变化的步伐,培养的人才必须能够满足新的经济体制的需要。

以我国为例,随着经济体制改革的深化,社会主义市场经济体制逐步建立。"市场靠产品,产品靠质量,质量靠技术,技术靠人才,人才靠培养,培养靠教育。"市场经济的发展对现有的学校课程与教学产生了直接的冲击和影响,所以必须按照市场经济的发展要求改革学校课程,更新课程与教学观念,调整课程结构,完善课程内容,重视学生的个性发展,培养学生的创新能力,全面提高学生的核心素养,以适应社会主义市场经济发展的需要。

## (三)社会生产的需要

教育是专门培养人才的特殊的社会生产活动,教育在社会经济发展中的重要战略地位取决于它的产品——人才在生产中的战略地位。[①] 随着社会生产的发展,人在社会发展过程中所发挥的作用日益彰显,社会生产不仅需要教育培养越来越多的人才,还对人才培养的质量提出越来越高的要求。在这一过程中,教育的战略地位日益凸显,课程与教学改革愈加受到重视。

当社会生产还处于农业和手工业阶段,也就是在奴隶社会和封建社会,社会生产主要依靠的是经验,学校里的课程与教学与社会生产之间并没有建立紧密的联系。随着社会生产力的发展,社会生产进入机器工业阶段,机器在工业中的应用需要大量的技术人才,为了满足社会生产的需要,学校对课程与教学进行了新的改革,增设了专门的技术课程,教学也更为注重技能训练。如今,技术已经成为社会发展的第一生产力,网络时代的到来以及人工智能等新兴技术的发展,对人才的培养提出了更高的要求。现代公民应该具备哪些最基本、最重要的知识、能力与情感态度,才能更好地促进个人自我实现与更好地生活?如何更有效地培育公民的这些知识、能力与情感态度?这些问题已进一步转化为当下世界各国基础教育课程改革中无法规避的核心问题。[②] 总而言之,社会生产的不断发展对人才培养提出了越来越高的要求,课程与教学也只有不断进行改革才能培养出满足社会生产需要的人才,并通过人才的培养进一步推动社会的发展。

---

[①] 赵树松.教育是一种特殊的社会生产活动[J].理论学习与研究,1995(5):14-16.
[②] 左璜.基础教育课程改革的国际趋势:走向核心素养为本[J].课程·教材·教法,2016(2):39-46.

**知识卡片 8-1**

**知识经济时代**

1996年,联合国经济合作与发展组织(OECD)在其发表的《1996年科学、技术和产业展望》的报告中,正式使用了"知识经济"这一概念。知识经济是相对于人类曾经经历过的农业经济、工业经济而言的,是人类生产方式的又一次重大变革。自20世纪90年代起,知识已成为最重要的生产要素,其对经济增长的贡献率已经超过其他生产要素贡献率的总和,21世纪也因此被称为知识经济时代。

资料来源:教育部基础教育司.走进新课程:与课程实施者对话[M].北京:北京师范大学出版社,2002:4.

### (四)科技的革新

课程与教学是时代的产物,它总是最敏感地反映时代对教育的要求和社会前进的步伐,与科学技术的发展息息相关。随着人类社会的发展,科技的进步与革新对学校的课程与教学影响日益加剧,尤其是当代新技术革命,对学校课程和教学的改革起着直接的推动作用。

首先,随着新科技的发展,现代社会的进步与发展越来越注重拔尖创新人才的培养。党的二十大报告中指出,"加快建设国家战略人才力量,努力培养造就更多大师、战略科学家、一流科技领军人才和创新团队、青年科技人才、卓越工程师、大国工匠、高技能人才。"这将有力地推动课程与教学的改革朝着全面提高拔尖创新人才自主培养质量的方向前进。

其次,当代科学技术革命的突出特点是既高度分化又高度综合,高度分化意味着大量分支学科的涌现,高度综合表现为学科的交叉、融合,出现了许多边缘性、综合性学科。这一趋势要求学校调整课程结构,改革原有的单一的分科课程设计,加强课程的整体化和综合化。

最后,科技的发展还对教学方式变革和教学条件升级提出了更高的要求。2023年教育部印发的《基础教育课程教学改革深化行动方案》中指出,"针对讲得多做得少、学生对科学技术缺乏内在兴趣等问题,深化中小学科学教育改革,强化做中学、用中学、创中学,激发青少年好奇心、想象力、探求欲,提升学生解决实际问题的能力,发展学生科学素养。""完善相关学科教学装备配置标准,研制中小学实验教学基本目录,推动地方加强中小学实验室建设,支持探索建设学科功能教室、综合实验室、创新实验室、教育创客空间等,鼓励对普通教室进行多功能技术改造,建设复合型综合实验教学环境。"①也就是说,随着技术与教育的融合不断走向深入,教师讲学生听的教学方式将不再是主要的教学方式,教室的空间格局、功能定位及设施配置也将不断发生新的变化。

**(五) 文化知识的发展**

知识的增长是影响课程与教学改革的一个主要因素。一方面,新知识的发展要求人们必须与时俱进,在最快的时间里掌握和了解最新的知识和获取知识的方式,这就促进了课程与教学的不断更新,推动了课程与教学重点的转移和课程结构与教学方式的完善。另一方面,随着知识的激增,知识量之大、信息之多,使得任何一个人都不可能用头脑把它们完全储藏起来。英国技术预测专家詹姆斯·马丁的测算结果表明,人类知识总量在19世纪,每50年增加一倍;20世纪初期,每30年增加一倍;20世纪50年代,每10年增加一倍;20世纪70年代,每5年增加一倍;20世纪80年代,每3年增加一倍;20世纪90年代更快。而据联合国教科文组织的统计:人类近30年来所积累的科学知识,占有史以来积累的科学知识总量的90%,在此之前的几千年中所积累的科学知识只占10%。显然,知识总量在以爆炸式的速度急剧增长,学生们就算是具有"头悬梁,锥刺股"的刻苦精神,面对知识的海洋也只能是望洋兴叹。因此,知识的爆炸式增长就要求改变传统的课程与教学目标、实施途径和方法等,培养学生获取知识的能力,丰富他们获取知识的途径。课程与教学设计不仅需要在精选内容和基本学科上下功夫,还应该广泛采取选修课的形式,为广博、精深的知识进入课程领域创造条件。

**知识卡片 8-2**

美国未来学家阿尔文·托夫勒(A. Toffler)认为,就知识增长的速度而言,今天出生的小孩到大学毕业时,世界上的知识总量将增加4倍,当这个小孩到50岁时,知识总量将是他出生时的32倍,而且全世界97%的知识都是在他出生以后才出现的。又据德国学者哈根·拜因豪尔统计:"今天一个科学家,即使夜以继日地工作,也只能预览有关他自己这个专业的世界全部出版物的5%。"由此可见,在人类浩如烟海的知识中,学生"可学的"总比他"能学的"多,这种现象在当今知识经济时代更为突出。

资料来源:刘学利,傅义赣,张继瑜.课程与教学论[M].北京:中国人民大学出版社,2013:66.

---

① 教育部办公厅关于印发《基础教育课程教学改革深化行动方案》的通知(教材厅函〔2023〕3号)[EB/OL].(2023-05-06)[2024-06-18]http://www.moe.gov.cn/srcsite/A26/jcj_kcjcgh/202306/t20230601_1062380.html.

### (六) 新的研究成果的出现

毫无疑问,理论对实践具有巨大的指导作用。课程与教学改革受到一定的教育思想或观点的指导,这一点并不难理解。课程与教学改革若没有科学的理论指导,就会成为盲目的改革而迷失方向,改革也不会取得预期成效。对课程与教学改革影响最直接、最关键的思想或观点是教育研究的新成果——新的理论,此外,对人本身的研究成果有时也会对课程与教学产生重要影响。

关于理论的重要指导作用,古今中外的课程与教学改革实践都证明了这一点。20世纪20年代,桑代克的"共同要素说"就曾推动人们对以官能心理学为基础的训练迁移理论进行批判,并促使人们探求课程与当代生活的关联。杜威的实用主义教育理论曾引发了几乎波及全球的进步主义课程与教学改革运动。建构主义理论、多元智能理论等对我国新一轮的基础教育课程改革都产生了重要影响。如今,随着核心素养的提出,又推动我国的课程与教学改革步入了核心素养的新阶段。

知识卡片 8-3

#### 多元智能理论

多元智能理论是美国教育心理学家霍华德·加德纳在1983年出版的《智能的结构》一书中提出的理论主张,后又在《多元智能》《重构多元智能》等著述中进行了进一步的补充和阐释。

多元智能在1983年最初提出时包括七种智能,后来在20世纪90年代末又新增加了一种。最初的七种智能包括:语言智能(掌握并运用语言、文字的能力)、逻辑-数学智能(逻辑推理、数学运算以及科学分析方面的能力)、音乐智能(感觉、欣赏、演奏、歌唱、创作音乐的能力)、身体-动觉智能(运用全身或身体的某一部分,包括嘴和手,解决问题或创造产品的能力)、空间智能(针对所观察的事物,在脑海里形成一个模型或图像从而加以运用的能力)、人际智能(了解他人,与人合作的能力)、自我认知智能(深入并理解自己内心世界并用以指导自己行为的能力)。后来又增加了博物学家智能,即对自然界的动植物以及一切事物进行研究、归纳、分类的能力。

资料来源:沈致隆.多元智能理论的产生、发展和前景初探[J].江苏教育研究,2009(9):17-26.

## 第二节  国外课程与教学改革

> **案例 8-2**
>
> 　　为应对世界变化和需求,课程改革已经逐渐成为世界各国教育系统的周期性常规工作。自 20 世纪 80 年代以来,芬兰每 10 年进行一次国家课程改革。其中,为了应对经济、科技与社会的发展对学生学习环境、劳动力市场及未来社会对人才能力需求所带来的变化,芬兰自 2014 年开始新一轮基础教育课程改革,并于 2016 年 8 月正式实施新的"国家基础教育核心课程"。芬兰新一轮基础教育课程改革将总目标设定为培养能适应瞬息万变的未来社会的人才,定义了学生需要具备的七大横贯能力,即思考与学会学习的能力;文化感知、互动沟通和自我表达的能力;自我照顾和管理日常生活的能力;多元识读的能力;信息及通信技术运用的能力;职业技能和创业精神方面的能力;参与、影响和构建可持续发展的未来的能力,并且较详细地阐释了现象教学等用以培养这些能力的学习方式。
>
> 资料来源:王岩,蔡瑜琢.芬兰新课改到底"新"在哪？[J].人民教育,2016(24):62-66

第二次世界大战结束后,世界政治形势发生重大变化,以科学技术革命引领的生产力变革促进了经济的迅速增长,教育越来越成为社会经济发展的基础。基础教育更是受到前所未有的重视,基础教育课程与教学改革逐渐成为教育改革的核心领域。各国都在不断反思本国基础教育存在的问题,调整人才培养目标,变革课程与教学,提高人才培养质量。其中,美国、英国、日本的课程与教学改革颇具代表性。

### 一、国外课程与教学改革的回顾及现状

我国的课程与教学改革是世界课程与教学改革的有机组成部分,梳理国外课程与教学改革的历程及现状,分析其发展趋势,可以为我国的课程与教学改革提供可借鉴的经验和应避免的教训。

#### (一) 美国课程与教学改革的回顾及现状

1. 20 世纪六七十年代美国课程与教学改革

1957 年 10 月 4 日,苏联成功发射了第一颗人造地球卫星,开启了人类进入太

空的新纪元。美国《纽约时报》发表评论说,该卫星的发射不亚于原始人第一次学会直立行走。《时代》周刊则评论说,一颗红色的月亮使美国人黯然失色,突然间在全美国出现了强烈的沮丧情绪。这一科技领域的"珍珠港事件"使美国受到了巨大的冲击,并将其在苏、美军事竞争中所处的劣势归于教育的落后,随后掀起了一场以课程现代化和科学化为目标的课程与教学改革。

这次课程改革主张采用学科主义课程,强调课程现代化,着眼于充分反映现代科学的成就,强调科学的基本概念与掌握科学的方法的课程设计。布鲁纳的结构主义心理学观点作为本次课程改革的主要理论依据,主张按照"学科结构"来设计课程,还要求学生用探究法来从事学习。

 **知识卡片 8-4**

**布鲁纳与结构主义课程**

1959年年底,在马萨诸塞州的伍兹霍尔,全美科学院召开了35位各领域专家参加的会议,布鲁纳担任主席,《教育过程》一书就是布鲁纳在大会结束时的总结报告,其中心问题是,教育课程的编制中如何有效地组织教学内容,促进学生智力的发展。它是围绕课程改革的中心论题阐述教学理论的,因此又称为结构课程理论。结构课程理论的主要观点:① 课程内容是让学生掌握学科的基本结构。② 学习准备观念的转变,提倡早期学习。③ 提倡发现法。布鲁纳认为,学习是主体认识结构的构造,基本结构要靠学习者对它的主动作用获得,所以布鲁纳提倡学生要像科学家那样去思考、探索未知,最终达到对所学知识的理解和掌握。

资料来源:李令令.试论结构主义课程理论对战后美国基础教育改革的影响[J].考试周刊,2011(61):18-19.

20世纪60年代的学科结构运动强调学科主义课程,增强了基础教育的学术化水平,但片面强调结构化与高难度的课程内容,与社会生活实践相脱节,不仅妨碍了学生"完整人格"的实现,还难以适应社会、科技、经济等的发展。70年代初,针对种族歧视、失业等政治经济问题,基础教育界掀起了"生计教育运动",其目的在于通过为学生提供接触多样职业的机会,帮助学生接受一种学习技能、社会意识和职业准备相结合的教育,增强学生的社会和生活适应能力。1971年,美国教育总署署长马兰提出"生计教育"。1974年,美国国会通过《生计教育法》,将中小学作为生计教育的重点实施阶段。70年代中期,针对生计教育运动片面强调个别化教学,导致学生在读、写、算等方面学力基础薄弱,美国教育界开展了"返回基础"运动,旨在加强学生的读、写、算等基础学历,培养学生基本的科学技术文化素养。①

2. 20世纪80年代美国课程与教学改革

1983年美国国家教育优异委员会发表了一份著名的报告,即《国家在危难中:教育改革势在必行》,这份报告的主题聚焦于提高所有学生的学术成就,并列举了大量教育质量下滑的事例。报告提出了一套改革中小学课程的具体方案,强调要加强学术教育并制定了"新基础课程",即英语、数学、科学、社会研究和计算机,指出现代课程的核心便是这五项课程。

1989年美国科学促进会推出了另一个具有影响力的改革报告,即《普及科学——美国2061计划》。这项计划试图通过勾画美国教育改革的蓝图来引起人们尤其是国家和地方政府对未来教育发展的关注,并借此为美国培养一批能够适应21世纪将要发生的科学技术和社会生活巨大变化的人才。

**知识卡片 8-5**

**《2061计划》**

1985年,美国促进科学协会、科学院、教育部等机构,联合启动了一项面向21世纪、致力于科学知识普及的中小学课程改革工程,并于1989年2月23日出版了《2061计划:为了全体美国人的科学》,简称《2061计划》。该计划始于哈雷彗星接近地球的1985年,止于哈雷彗星再次接近地球的2061年,这一计划又是为了使美国青少年能够适应未来,适应到2061年哈雷彗星再现时科学技术和社会生活的急剧变化,所以取名为《2061计划》。

资料来源:饶玲.课程与教学论[M].北京:中国时代经济出版社,2004:392.

3. 20世纪90年代至今美国课程与教学改革

美国20世纪80年代的"高质量教育"改革与逐步推进的《2061计划》使美国的中小学教育水平相对于以往有了一定的提高,但仍未从根本上消除学生学业能力和水平低下的顽疾。人们担忧在21世纪到来之时美国会因为人才的短缺而丧失国际竞争力,国家将再次处于危机之中。于是,自称"教育总统"的老布什总统于1989年召集各州州长讨论教育问题,并于1990年签署了《国家教育目标》的报告,拉开了美国20世

---

① 杜成宪,王保星.中外教育简史(下)[M].北京:北京师范大学出版社,2015:355.

纪 90 年代基础教育课程与教学改革的帷幕。

进入 90 年代,为了对教育进行跨世纪的战略性反思,探讨面向 21 世纪的教育发展战略,美国于 1991 年和 1993 年先后发布了两个纲领性的教育文件——《美国 2000 年:教育战略》和《2000 年目标:美国教育法》。其中,《美国 2000 年:教育战略》,提出了四项"教育战略"和六项"国家教育目标",指出政府要为今日的学生创办更好、更有效的学校,使美国学生在英语、数学、自然科学、历史和地理等五门核心课程上达到世界领先水平。《2000 年目标:美国教育法》继续推进《美国 2000 年:教育战略》所提出的六项"国家教育目标"的实现,并在五门核心课程的基础上又增加了外国语和艺术两门核心课程。同时,该法案要求编订全国性的中小学教育标准特别是课程标准供各州自愿采用,同时也允许各州遵循国家课程标准编订适用于本州的课程标准。

进入 21 世纪之后,美国相继出台了一系列新的法案来推动基础教育课程改革。2002 年,美国政府颁布了一项具有里程碑意义的教育改革计划——《不让一个孩子掉队法案》,该法案的一个突出目标是让所有学生都实现平等,并将提高美国 K-12 科学教育的质量作为改革的重要目标。该法案的主要内容包括:建立中小学教育责任制;给地方和学校更大的自主权;给孩子父母更多的选择;保证每一个孩子都能阅读;提高教师质量;检查各州学生的学习成绩;提高移民儿童的英语水平。① 该法案的推行,虽然在基础教育整体质量提升上取得了不错的效果,但严格的考核评级制度,也使得整个基础教育处于"疲于应付考核"的状态,增加了教师和学生的负担。

2015 年,美国政府颁布了《每一个学生成功法案》,取代了之前的《不让一个孩子掉队法案》,新的法案主要在以下几个方面作出努力:确保每个州设置高标准,使得每个学生顺利从高中毕业,并为进入高校和就业做好准备;确保每个州为落后的学校和学生提供改进的支持;通过决策权下放使各州和地方能够基于现实的证据设置提升学校教育质量的教育系统;在维持年度评价的同时,减少平时的无效测试,减轻师生负担;为更多的儿童提供高质量的学前教育;建立新的资源系统以检验将要实施的措施,并且复制确证有效的策略。② 从两个法案的颁布和实施来看,美国的课程与教学改革愈加注重通过促进教育公平来提升基础教育的整体质量,并逐步从注重考试考核转向注重核心素养发展。

**(二)英国课程与教学改革的回顾及现状**

1. 20 世纪 80 年代英国课程与教学改革

20 世纪六七十年代,英国中小学课程始终存在这样几个问题:课程范围较窄,过

---

① 王文礼.《不让一个孩子掉队法案》对美国科学教育的双重影响——基于教育政策工具理论的视角[J].教育科学,2018(4):73-81.
② 高原.美国当代标准化测试的命运与教育权利的转移——从《不让一个孩子掉队法案》到《每一个学生成功法案》[J].课程·教材·教法,2016(9):121-127.

于专门化;课程具有不平衡性;学校控制课程。20世纪80年代的课程改革正是针对上述问题展开的。

英国于1988年7月29日通过了《1988年教育改革法》,这标志着自《1944年教育法》以来英国历史上最大的一次教育改革拉开序幕。法案规定从1989年起全英国所有公立小学实施统一的国家课程,国家课程主要由基础学科、成绩目标、学习计划、国际评定与考试四方面组成。英国国家课程的颁布使得中央获得了许多课程决策权,削弱了地方教育当局的权限,取消了教师的课程自主权。但国家课程颁布之后,由于其本身存在较大不足,因此实施工作的开展并不顺利。

**知识卡片 8-6**
**《欧洲统一条例》与英国国家课程的设立**

英国教育从发展的历史来看,有一个显著的特点,即中小学没有全国统一的课程设置要求。学校和教师可以自主地决定课程的设置、教材的选择及教学方法的选择,因此,课程呈现出复杂性和多样性。英国国家课程的设立源于人们对于教育机会均等、教育质量平等的追求以及对教育质量的不满等诸多原因,但促使英国最终实施全国统一课程的最后动力,是1987年欧共体通过的《欧洲统一条例》。该条例制定了对测试制度、证书发放和技术标准确定等一系列统一规定。这就表示当人们从一国迁到另一国后,他们所接受的教育、职业培训以及所获得的各类证书都将受到承认。英国没有全国统一实施的课程,显然不利于与欧洲各国的协调。于是英国从20世纪80年代开始了全国公立中小学的课程改革,并设立了统一的国家课程。

资料来源:饶玲.课程与教学论[M].北京:中国时代经济出版社,2004:384.

2. 20世纪90年代至今英国课程与教学改革

1997年10月1日,根据新通过的《1997年教育法》,英国成立了一个统一的具有法令权威性的新机构——课程与资格局(QCA)。1998年3月,教育大臣布伦基特给课程与资格局写了一封题为"通过国家课程实现卓越"的信件,提出了对21世纪国家课程的见解,并要求课程与资格局就国家课程的改革进行广泛的咨询。1998年,课程与资格局与1000多所学校和机构共同研究中小学全国性课程的改革,并向全社会咨询。1999年7月,国家课程改革方案出台,1999年9月9日,布伦基特宣布,英国中小学从2000年9月开始实施新的国家课程。英国的新国家课程以公立学校的适龄儿童为对象,由英语、数学、科学、设计和技术、信息和交流技术、历史、地理、现代外语、艺术和设计、音乐、体育、公民12门必修学科组成。同时,学校还有义务对学生进行宗教教育、性教育、升学与就业指导、人格培养、社会性的形成及健康教育,将这些作为横跨各门学科的学习主题。此外,社区活动、劳动体验等活动课程也被纳入学校课程体系,诸类课程的统整构成实际的学校课程。此次改革特别强调课程的精神价值,并着眼于迎接新世纪挑战,为学生的未来生活做准备。

对英国中小学而言,2007—2008学年可被称作是新的"改革年":历时两个月的11~14岁阶段课程改革草案咨询于2007年4月底结束,随后英国颁布了课程改革的正式方案,并于2008年9月开始实施新课程,这是英国对中学课程进行的较大规模的改革。英国2007年掀起的新一轮课程改革的特点是:加强课程内容与儿童生活的联系,强调让学校课程适应社会需要,特别重视儿童的"生活技能",要求学校培养出适应知识经济需求的"候选人"。然而,在课程改革的实践中人们发现,过分强调技能习得容易造成学生在学科核心知识上的匮乏。为此,2014年,英国开始实施《英国国家课程:关键阶段1至关键阶段4课程大纲》,其根本目标是为学生提供成为受过良好教育的公民所必备的基础知识。2008年版英国课程标准进一步丰富、拓展了跨学科的课程主题,2014年版英国课程标准则删除了跨学科的主题,使课程内容组织更聚焦于学科知识,其背后的理念是国家课程必须聚焦于学生必备的基本知识体系,而如何组织这些知识是教师在教学中要思考的问题。① 2014年版英国课程标准特别重视对教育公平的追求,认为"每个孩子都很重要",无论学生的种族、出身、家庭背景如何,教育都应该无差别地对待每个孩子,使他们成为有教养的公民。② 由此可见,英国近年来的课程与教学改革十分注重通过对学科基础知识的强调来提升学生的学科素养,并在对弱势学生群体学习需要的关注中促进教育公平。

### (三)日本课程与教学改革的回顾及现状

#### 1. 20世纪80年代日本课程与教学改革

随着国际化、信息化、知识经济时代的到来,日本和其他国家一样,面临着新的发展机遇和挑战。曾以"教育兴国"而著称的日本,面对新的发展环境,期望着建设一个具有国际竞争力、新的文化价值体系和有着丰富精神生活的社会。

日本于1984年开启了新一轮的课程与教学改革,中曾根首相成立的临时教育审议会于三年中提交了四次咨询报告,确立了课程改革的基本目标:培养具有丰富心灵和坚强意志的人;培养主动适应社会变化的人;重视作为国民所必需的基础性和基本性素养,并充实个性化教育;加深国际理解,养成尊重本国文化和传统的态度。以课程

---

① 张建珍,郭婧.英国课程改革的"知识转向"[J].教育研究,2017(8):152-158.
② 杨落娃,于伟.英国新一轮课程改革的特征分析[J].社会科学战线,2019(12):250-254.

目标为指导思想,日本于 1989 年修订了中小学教学大纲——《学习指导要领》。修订后的《学习指导要领》强调了构建终身学习基础和重视个性发展两个基本观点。经过一段时间的过渡性措施,日本的小学于 1992 年 4 月,初中于 1993 年 4 月,高中于 1994 年 4 月开始实施新教学大纲。

2. 20 世纪 90 年代至今日本课程与教学改革

1995 年 4 月,日本中央教育审议会接受了文部大臣"关于面向 21 世纪我国教育的发展方向"的咨询,并于 1996 年 7 月发表了第一次审议报告,把在"轻松宽裕"中培养孩子们的"生存能力"作为今后教育的根本出发点。

经过教育课程审议会的审议,文部科学省于 1998 年 11 月公布了《幼儿及小学、初中课程标准方案》,1999 年 4 月公布了《高中课程标准方案》,并颁布了新的学习指导要领。新课程标准具体修订的内容有:(1)大幅度削减教育内容、削减课时,真正给予学生实践上和精神上的"轻松宽裕",使他们能够充分进行独立思考、自主学习;(2)强调因人而异的教学;(3)加强综合学习;(4)扩大科目设置和选修的自由度;(5)增加国际化和信息化方面的内容;(6)加强道德教育。对于新的课程标准,小学和初中从 2002 年开始实行,高中从 2003 年开始实行。

这次课程改革是 20 世纪 80 年代课程改革的继续和深化,它在改革理念上的最大特点是"把儿童作为一个活生生的自我发展的人,从人性的角度来看待学校教育的职能和教师的作用,这就是'扶助儿童的自我发展'"。这是日本自明治维新经历近代公共教育制度后,教育理念上的彻底变革,标志着日本教育从以国家为中心向以人为中心、从统一化向个性化的真正开始。

 **知识卡片 8-7**

### 日本的"宽松教育"

按照新课程方案,日本的小学不再学习四位数的减法,小数也仅要求算到小数点后一位数,圆周率以 3 代替 3.14。批评者指出,圆周率按 3 计算,画出来的根本不是一个圆而是一个正六边形。一年级删除带分数的计算。初中阶段 3 年学生必学的英语单词从原来的 500 个猛减为 100 个,平均每月仅 3 个单词。小学、初中教学内容约被削减 30%,并把部分内容调后。年教学时数

减少70课时,平均每周减少2课时。课程标准实施以后,日本民众担心:"全世界小学生都会的知识,只有日本学生不会。"

资料来源:马德益.新世纪日本中小学课程改革阻力及调适[J].外国中小学教育,2010(2).

日本这次改革在减轻学生负担、营造宽松教育氛围的同时也导致了学生学业质量的严重下降。在2000年举行的PISA测试中,日本学生在数学应用和科学能力方面的排名都位居榜首,可是在2003年却下滑到第六位,到了2006年居然下降到第十位。日本民众要求停止新《学习指导要领》的呼声越来越高。为了切实提高学生学力、全面纠正"宽松教育",2008年2月,文部科学省修订并颁布了2008年版《学习指导要领》。2008年修订的学习指导要领仍强调学生"生存能力"的培养,但此时的"生存能力"与之前相比发生了一定的变化,比如,强调"基础知识"的重要性,重视培养学生"确实的学力"。总之,2008年的《学习指导要领》试图寻找"基础知识、技能"与"思考、判断"能力之间的平衡,并将二者有机地统一起来,以使学生掌握"确实的学力",从而获得"知识型社会"所需的生存能力。2016年,文部科学省发布了《对下次学习指导要领修订的审议总结》,对《学习指导要领》进行全面修改,并于2017年颁布了新的指导要领。在新修订的指导要领中,"生存能力"强调学生在急剧变化的社会中为了更好的生活所必备的能力,"资质与能力"作为"生存能力"的具体化得到格外重视,并被列为首要目标,具体包括与生存有关的"知识与技能"的习得、应对未知情境的"思考力、判断力和表现力"的培养、人生和社会中不断学习所需的"向学力与人性"三个要素。新指导要领还在课程内容、学习方式和教学方法上进行了大量变动,增加了综合活动时间,将英语提前到小学开设。①

知识卡片8-8

**PISA**

PISA(Programme for International Student Assessment,国际学生评估项目)是一项由经济合作与发展组织(Organization for Economic Co-operation and Development,OECD)统筹的学生能力国

---

① 李婷婷,王秀红.日本新一轮基础教育课程改革新动向——文部科学省"学习指导要领"(2017)述评[J].外国教育研究,2019(3):103-116.

际评估计划。主要对接近完成基础教育的 15 岁学生进行评估,测试学生们能否掌握参与社会所需要的知识与技能。第一次 PISA 评估于 2000 年举办,此后每 3 年举行一次。评估主要分为 3 个领域:阅读素养、数学素养及科学素养,由这 3 项组成评估循环核心,在每一个评核周期里,有 $\frac{2}{3}$ 的时间会对其中一个领域进行深入评估,其他两项则进行综合评测。PISA 会在各个国家中抽取 4500 到 10000 名初三与高一为主的 15 岁学生作为调查对象,以测试学生是否能够掌握社会所需的知识与技能,因此试题着重于应用及情境化。受测学生必须灵活运用学科知识与认知技能,针对情境化的问题自行建构答案,因此能深入检视学生的基础素养。

资料来源:杨岩岩,李永波."国家学生评估项目"(上海 PISA)对我国基础教育改革的启示[J].商品与质量(理论研究),2012(3):250-251.

## 二、国外课程与教学改革的发展趋势

进入 20 世纪 90 年代,基础教育课程与教学改革已是一场全球性的改革运动,它不仅重塑了今天各国新的课程体系,也将影响到未来各国的教育水平和民族素质。虽然各国的国情不同、教育体制各异、课程传统也不尽相同,但在课程与教学改革的总体方向、基本原则、体系结构等方面仍呈现出某些共同的特点或趋势,它们代表也预示着世界各国课程与教学改革的基本方向。

### (一)课程与教学目标的发展趋势

**1. 强调 21 世纪核心素养的培养**

进入 21 世纪,面对瞬息万变的社会与经济形势,全球许多国际组织、国家以及地区都在探讨面向 21 世纪的未来公民培养问题,并提出"核心素养"这一概念。对于"核心素养",不同的国际组织、国家或地区使用了不同的表达方式,例如,经济合作与发展组织以及欧盟的"核心素养"、美国 21 世纪技能合作组织的"21 世纪技能"、芬兰的"横贯能力"、澳大利亚的"通用能力"、日本的"资质与能力"等。他们基于本地社会经济发展与学生发展需求,建构面向 21 世纪的核心素养框架,并将其融入中小学课程与教学改革实践中,形成一套体现核心素养理念的课程与教学体系。例如,澳大利亚在 2009 年设计国家课程时,就提出要在课程中培养学生的七项"通用能力",即读写能力、计算能力、信息与通用技术能力、批判性和创造性思维、个人和社会能力、伦理道德、跨文化理解,并随后在 2010 年、2011 年发布一系列课程文件,将这些通用能力的培养有效、连贯地融入其各学科课程设计中。① 芬兰在2016年颁布实施的新国家课程大纲中明确提出七大横贯能力,包括思考与学会学习的能力;文化感知、互动沟通和自我表达的能力;自我照顾和管理日常生活的能力;多元识读的能力;信息及通信技术运用的能力;职业技能和创业精神方面的能力;参与、影响和构建可持续发展的未来的能力。为实现横贯能力的有效培养,芬兰创造性地提出跨学科的现象教学,主张以日常生活中的现象为主题开展跨学科项目式学习。② 可以说,对21世纪核心素养的探讨与强调是当前世界课程与教学改革的主要趋向,势必也将深刻影响未来一段时期内世界课程与教学改革的进程与发展。

2. 重视学生的价值观和道德教育

在现代社会,物质生活的丰富并不能代表精神世界的充实,经济的发展并不能避免价值观的失落与道德的沦丧。1989年联合国教科文组织在北京召开题为"面向21世纪的教育"国际研讨会,会上19个国家的80多位代表在分析讨论21世纪人类面临哪些挑战时,被列在第一位的是道德、伦理和价值观的挑战,会议的主题也因此被确定为:"学会关心:21世纪的教育"。近几十年,各国在课程与教学改革中都十分关注价值观、道德等方面的问题,强调学生价值观培养和促进学生道德发展。

2013年,英国颁布的国家课程改革文件特别指出:所有学校都必须准备开设"个人、社会、健康与经济教育"系列课程,"旨在帮助学生形成良好的生活方式,与人建立良好的人际关系,培养学生的责任心、自信心、社会适应性,促进学生作为个体及社会中的一员身心健康发展,为成为一个积极的好公民做好充分准备。"③ 此外,2014年,英国教育部发布《将促进基本英国价值观作为学生精神、道德、社会和文化发展的一部分:政府给公立学校的政策建议》,明确公立学校在价值观教育方面的重要责任。④ 2017年,日本文部省重新修订了《学习指导要领》,新学习指导要领明确提出通过课程培养学生的"生存能力",并且以课程为媒介,学校和社会共同合作以实现"创造美好社会的目标",修订的具体内容强调传统文化教育和道德教育。⑤ 其中,道德学科作为一门特殊学科,应融入所有教育活动中。除了道德学科之外,诸如外语活动、综合学习、特别活动等都应根据学生不同成长阶段和发展特点开展道德教育。

---

① 刘坚,等.面向未来的教育:培养21世纪核心素养的全球经验[A]//杨东平,等.中国教育发展报告(2017)[M].北京:社会科学文献出版社,2017:13-28.
② 李香玉.现象式学习,来自芬兰的"教育秘籍"[J].教育家,2021(41):33-34.
③ 黄志生,冯加渔.稳中求变:英国新一轮国家课程改革述评[J].当代教育科学,2014(1):40-43.
④ 李红梅.英国价值教育的经验及启示[J].中国德育,2021(14):44-51.
⑤ 吴呈苓."再生"与"复古"之间:日本2017年版《学习指导要领》述评[J].外国中小学教育,2018(6):1-7.

### (二) 课程与教学内容的发展趋势

1. 加强信息素养教育,促进课程的现代化

21世纪是一个信息技术的时代,社会的发展要求人们能够掌握信息技术,并灵活应用信息技术。所以,20世纪90年代以后,世界各国都积极地将信息技术教育引入课程,努力提高受教者的信息素养,使之能够与时代保持同步,并且运用信息技术不断实现教学方法的发展。

世界各国对核心素养所包含的内容表述虽各有不同,但信息素养是获得普遍重视的素养之一,如何构建支撑学生信息素养提升的课程体系及教学支持便成为各国基础教育课程改革的重要内容。比如,英国在基础教育课程改革中专门设置计算机作为国家基础课程,该课程贯穿1~11年级四个关键学段,课程以计算机教育为核心,融合数学、科学、设计与技术等课程知识,侧重培养学生利用计算机思维与创造力理解和改变世界的能力。[1] 美国专门颁布了《K-12计算机科学框架》,该框架描述了K-12阶段学生学习计算机科学需要掌握的概念和具备的技能,旨在在美国数字经济时代加强学生计算机科学技能和信息素养。[2] 法国发布了《2023—2027年教育数字化战略》,并提出了一系列相关措施,一方面旨在加强学生的数字能力并培养学生的数字素养,另一方面旨在为教师开展数字化教学提供支持。[3] 在这一过程中,课程的现代化水平得到大幅提升,政府与学校专门开设了计算机、人工智能、数字技术等学科课程,在其他课程的载体及内容中也注重信息技术的融入,比如建立课程内容与信息素养的联系、开发数字化教材等。

2. 加强教育与生活的联系,促进课程的综合化

如何处理生活世界和科学世界的关系,一直是世界各国课程与教学改革的重要论题之一。联合国教科文组织发表的一系列报告中把教育回归生活世界、培养社会实践能力作为重点,回归生活也就成为世界课程与教学改革的重要趋势。回归生活的课程在内容上意味着要突破狭隘的科学世界的约束,生活世界尽管离不开科学世界,但却不只是科学世界,除了科学以外,艺术、道德、个人世界、日常交往等都是重要的课程资源。因此,应加强课程与学生生活世界的联系,重视学科之间知识的统整,实现学生生活世界和科学世界的整合、感性经验同理性认识的融合。

当前各国基础教育课程与教学改革无一不把跨学科课程作为改革的重要一环,例

---

[1] 黄丽燕,李文郁.英国基础教育2014年国家课程计划述评[J].课程·教材·教法,2014(9):114-119.

[2] 赵蔚,李士平,姜强,郎咸蒙.培养计算思维,发展STEM教育——2016美国《K-12计算机科学框架》解读及启示[J].中国电化教育,2017(5):47-53.

[3] 刘钰.法国发布《2023—2027年教育数字化战略》[EB/OL].(2023-03-01)[2024-06-18]http://untec.shnu.edu.cn/e1/27/c26039a778535/page.htm,2023-03-01.

如芬兰的"基于现象的教学"、美国的"STEM"课程、英国的"个人、社会、健康与经济教育"系列课程、日本的"综合学习"等。课程的综合化打破了原有学科知识之间的隔阂状态,以主题、活动等方式将学科之间的联系凸显出来,在学科课程整合中实现知识的融通,促进学生跨学科综合素养的提升。

**(三)课程与教学实施的发展趋势**

在各国所推动的基础教育课程改革中,课程与教学实施的理念发生了明显的转变,以教师讲、学生听为主的传统实施模式不断受到批判,而教师发挥组织者、引导者作用并鼓励学生自主合作探究的新的实施模式不断得到推崇。比如,日本2017年颁布的《学习指导要领》围绕"学生如何学习"这一议题,从"积极学习"的视角出发,强调课堂实施要根据学生的兴趣和意愿,引导学生主体性学习、互动性学习以及深度学习。[①] 这种转变所体现的便是尊重学生主体地位的实施理念,将学生从作为实施的客体对象的角色中解放出来,强调学生在课程与教学实施过程中不是被动接受知识的,而是结合自身的生活经验、生命体验来自主建构知识的。

在尊重学生主体地位的理念指导下,课程与教学实施也更为注重对学生个性化需要的满足,主要方式有个性化课程的开发和多样化教学模式的探索。就个性化课程的开发来说,打破了传统的单一学科课程开发方式,更多具有综合性、情境化、主题式等新特点的课程被开发出来。比如,美国"21世纪主题"的教学活动通过生动、丰富的生活情境,将跨学科的五大素养有效融入核心学科教学中,通过跨学科的主题内容进一步帮助学生学会应对现实生活中可能面临的具体问题。英国的"日历主题"则关涉了各种主题,如季节变化、气候现象、重要历史事件等,实现学生对语言、数学、科学、地理、历史等多个学科知识的掌握。[②] 就多样化教学模式的探索来说,世界各国聚焦核心素养,重视师生互动,注重新技术的融入与应用,探索出了混合式教学、项目化教学、逆向设计教学等在世界范围内产生很大影响的教学模式。

另外,课程与教学实施还更加注重多元主体的参与。一方面,教育管理者、教师、学生、家长等传统的参与主体的功能作用有了更大的发挥空间,尤其是对教师在课程与教学实施中的关键作用进行了重视和强调,并为其能力提升提供全方位的支持。另一方面,技术人员、科技馆等馆所讲解员、研学营组织者等新群体也积极参与课程与教学实施过程,为课程与教学实施增添了新力量,为学生的发展提供技术支持和来自学校之外的资源支持。

---

[①] 李婷婷,王秀红.日本新一轮基础教育课程改革新动向——文部科学省"学习指导要领"(2017)述评[J].外国教育研究,2019(3):103-116.

[②] 刘宝存,顾高燕.基础教育课程现代化的国际经验与中国道路[J].现代远程教育研究,2023(4):3-13.

### (四)课程与教学管理的发展趋势

从整个世界来看,各国的课程行政管理体制存在两种倾向:中央集权制(如中国、日本等)和地方分权制(如美国、英国、澳大利亚等)。这两种管理体制无所谓优劣,各有优缺点。而为获得更好的教育发展,世界各国大都根据自己的教育背景及实际情况,在课程管理上表现出"均权化"的整体发展趋势。课程管理的"均权化",是指课程管理的权利在中央、地方、学校三方之间的重新分配(但并非指三方之间平均分配),力求课程管理权力分配的均衡化。均权化主要有两种模式:一种是权力下放,另一种是权力上收。

权力下放,是指课程管理的权力由高度集权向权力下放、非集权化的方向发展。如法国,从 1973 年就在中等教育中尝试下放课程管理权限,给学校 10% 的课时自由支配,到 1985 年颁布《分权法》,进一步明确中央学区、省、市、镇各级教育管理的职权范围。韩国第六次教育改革的特点之一就是:"实行教育课程决定分权化——改变过去的中央集权型课程为地方分权课程。"日本在新的课程改革方案中也致力于推进学校特色课程的开发。

权力上收,是指课程管理权力由高度分权向一定程度的统一的方向发展。如美国,由于历史原因,一直没有全国统一规定的学校课程。但 1991 年和 1993 年颁布的《美国 2000 年:教育战略》和《2000 年目标:美国教育法》都提出建立国家统一的课程标准。英国课程的主要影响力来自教师、学校,但这一传统从颁布《1988 年教育改革法》开始有所变化,该法规定了包括核心课程和基础课程的国家课程作为中小学的必修课。

### (五)课程与教学评价的发展趋势

评价的目的不仅仅是诊断,还可以促进发展,并且提供前进的方向和动力。随着对课程与教学评价在课程改革中重要地位认识的日益加深,越来越多的国家开始探索与实践与其课程与教学改革相适应的评价体系、评价模式与方法。从整个世界来看,课程与教学评价的发展表现出多元化的趋势。

课程评价多元化是应社会、经济的进步,教育理论、评价理论、心理学理论的发展与变化而产生的,是世界各国课程与教学评价的发展趋势。课程评价多元化主要表现为四个方面:(1)评价标准的多元:考虑不同地区、不同学校的发展水平和实际情况,使评价更具有适应性和灵活性。此外,考虑不同学生间的个体差异,课程与教学评价注意真正起到促进学生学业水平提高和更好发展的作用。(2)评价内容的多元:将学生的态度、价值观和人生观、情感、审美素养、身体素质、创新精神、分析问题和解决问题的能力等各个方面全部列入评价范围,而不只是注重对学生的知识与技能的掌握进行评价。(3)评价主体的多元:实现行政管理者、学校管理人员、教师、学生、家长、社区及专家在评价过程中的多方参与,强调评价主体间的互动,自评与他评相结合,促进评价的民主化。(4)评价方法的多元:不仅有定量评价,还要有定性评价,例如,档案袋评价法、实践作业法、表现性评价等。总之,在课程与教学的评价实践中,人们趋向于把定性评价作为量化评价的指导,同时把定量评价作为定性评价的基础,两者取长补短,共同发挥各自的优势。①

## 第三节 我国课程与教学改革

> **案例 8-3**
>
> **北京市丰台第五小学教育集团"幸福交响课堂"**
>
> "幸福交响课堂"的核心价值理念是:自主、公平、包容、协同成长。
>
> 自主,即强调自觉主动学习,对学习有需求,有动力。公平,即强调让每个学生都有学习权,使学习在每个学生身上真实发生。包容,即强调以尊重为基础,理解他人的观点或思想,并在他人观点中汲取自我成长的力量。协同成长,即强调基于倾听与有效表达,面对挑战性问题进行对话性研讨的互学形式,师生、生生之间协调一致、相互配合,形成拉动效应,推动共同学习。
>
> 北京丰台第五小学教育集团经过10年的教学探索,创造了一种课堂新样态:课堂变得更加润泽,教师在倾听中变得更加温润,学生在协同中真正成为学习伙伴,师生在多重对话中形成了学习共同体,他们不断与新的自己、新的世界相遇。
>
> 资料来源:褚清源,钟原.2021年课堂改革十大样本[N].中国教师报,2021-12-29(5).

我国是一个人口大国,面对日趋激烈的国际竞争,人口素质的高低决定了我国国际地位的高低,并直接关系到整个中华民族的繁荣昌盛。因此,不管在什么时期,承担着人才培养重担的教育改革都处于无可替代的重要地位。

### 一、我国课程与教学改革的回顾及现状

中华人民共和国成立以来,共进行了八次基础教育课程改革,而正式开启于2001年秋季的第八次基础教育课程改革,其步伐之大、速度之快、难度之大,都是前七次改革所不可比拟的。表8-4展示了中华人民共和国成立以来的前七次基础教育课程改

---

① 冯增俊.当代国际教育发展[M].上海:华东师范大学出版社,2002:231.

革的标志性文件及主要改革内容。

表 8-1 中华人民共和国成立以来的前七次基础教育课程改革

| 时间(年) | 标志性文件 | 主要改革内容 |
| --- | --- | --- |
| 1949—1952 | 《小学各科课程暂行标准(草案)》《中学暂行教学计划(草案)》《关于改革学制的决定》《小学暂行规程》《中学暂行规程》 | 这次课程改革,主要完成了改造旧中国中小学课程体系的任务,实现了教学计划、教学大纲、教科书的统一 |
| 1953—1957 | 《关于整顿和改进小学教育的指示》《关于改进和发展中学教育的指示》《中小学各科教学大纲(修订草案)》 | 这次改革着眼于建设比较系统的课程体系。中小学课程变动比较频繁,国家先后颁布了五个中学教学计划,变化表现在课程的时数和内容逐步精简 |
| 1958—1976 | 《关于教育工作的指示》《全日制中、小学暂行工作条例(草案)》《全日制中小学新教学计划(草案)》《关于调整和精简中小学课程的通知》 | 1958—1960 年:下放课程管理权力;缩短学制,自编教材,自请教师;组织参加生产劳动,建设生产劳动课程;强化思想政治教育和对教师的思想改造 |
| | | 1961—1976 年:(1)统一管理基础教育课程;(2)制订新教学计划;(3)制订新教学大纲,编写新教材;(4)缩短学制,精简课程,缩减教学总时数 |
| 1977—1985 | 《全日制十年制中小学教学计划(试行草案)》《全日制五年制小学教学计划(修订草案)》《全日制六年制重点中学教学计划(试行草案)》《中共中央关于教育体制改革的决定》 | 1977—1980 年:拨乱反正,恢复中小学的课程秩序。(1)统一规定全日制中小学学制十年;(2)恢复了"文化大革命"前实施的主要课程;(3)编写新的教材 |
| | | 1981—1985 年:(1)修订颁布五年制中、小学教学计划,调整课程和课时;(2)制定了一些课程的教学大纲;(3)人教社组织编写第六套全国通用教材 |
| 1986—1991 | 《中华人民共和国义务教育法》《义务教育全日制小学、初级中学教学计划(试行草案)》 | 国家教委公布了义务教育教学计划初稿,突出了新型教育方针的具体要求,适当增加了基础学科的教学时数,在教学计划中给课外活动留出固定的足够的空间 |
| 1992—2000 | 《九年义务教育全日制小学、初级中学课程方案(试行)》《全日制普通高级中学课程计划(试验稿)》 | 1992 年国家教委第一次将"教学计划"改为"课程计划"。1993 年,新的计划突出了以德育为首,德智体美劳五育并举的全面发展的教育方针。掀起了国家课程、地方课程、校本课程以及活动课程、研究性学习课程研究的热潮 |

1998 年,教育部颁发了《面向 21 世纪教育振兴行动计划》,要求在 2000 年初步形成现代化基础教育课程框架和课程标准,并改革教育内容和教学方法等,由此拉开了新一轮基础教育课程改革的帷幕。1999 年 6 月,党中央召开了改革开放以来的第三次全国教育工作会议,公布了《中共中央 国务院关于深化教育改革 全面推进素质教育的决定》,指明了基础教育课程改革的方向。2001 年,《国务院关于基础教育改革与

发展的决定》发布,为了贯彻《中共中央 国务院关于深化教育改革 全面推进素质教育的决定》和《国务院关于基础教育改革与发展的决定》,通过各方的反复协商、讨论,在充分调查研究的基础上,2001 年 6 月教育部颁布了《基础教育课程改革纲要(试行)》,我国新一轮基础教育课程改革于 2001 年秋季正式启动(见表 8-2、表 8-3)。

表 8-2　21 世纪初基础教育课程改革的具体目标

| 改革维度 | 课程体系存在的问题 | 新课程改革的具体目标 |
| --- | --- | --- |
| 课程功能 | 过于重视知识传授的影响 | 强调形成积极主动的学习态度,使获得基础知识与基本技能的过程同时成为学会学习和形成正确价值观的过程 |
| 课程结构 | 过于强调学科本位、科目过多、缺乏整合 | 整体设置九年一贯的课程门类和课时比例,设置综合课程,以适应不同地区和学生发展的需求,体现课程结构的均衡性、综合性和选择性 |
| 课程内容 | "繁、难、偏、旧"和过于注重书本知识 | 加强课程内容与学生生活以及现代社会科技发展的联系,关注学生的学习兴趣和经验,精选终身学习必备的基础知识和技能 |
| 课程实施 | 过于强调接受学习、死记硬背、机械训练 | 倡导学生主动参与、乐于探究、勤于动手,培养学生搜集和处理信息的能力、获取新知识的能力、分析和解决问题的能力,以及交流与合作的能力 |
| 课程评价 | 过分强调甄别与选拔的功能 | 发挥评价促进学生发展、推动教师提高和改进教学实践的功能 |
| 课程管理 | 过于集中 | 实行国家、地方、学校三级课程管理模式,增强课程对地方、学校及学生的适应性 |

进入 2010 年,特别是 2014 年以后,我国基础教育课程改革进入了全面深化阶段。2010 年 7 月,国务院印发的《国家中长期教育改革和发展规划纲要(2010—2020 年)》提出应全面深化基础教育课程改革。2014 年 3 月,教育部颁布《关于全面深化课程改革 落实立德树人根本任务的意见》(以下简称《意见》),标志着新一轮基础教育课程改革进入全面深化阶段。深化阶段的课程改革在延续前期课程改革主体框架的基础上,进一步凸显了课程在立德树人中的核心作用,并提出新时期深化基础教育课程目标、课程内容、课程实施、课程管理、课程评价等改革的新举措。在课程目标上,《意见》提出研究制定学生发展核心素养体系和学业质量标准,同时依据学生发展核心素养体系修订课程方案和课程标准;在课程管理上,对语文、历史、德育三科教材进行统一编写、统一审查和统一使用,强化了国家对课程的管理和控制;在课程评价上,强化考试招生和评价的育人导向等。这些新举措对后续基础教育课程改革产生了深远的影响。

2016 年 9 月,教育部委托北京师范大学,联合国内高校近百位专家历时 3 年完成的《中国学生发展核心素养》研究成果发布。2017 年秋季,义务教育道德与法治、语文、历史三科统编教材在义务教育阶段起始年级投入使用,标志着三科教材由"一纲多本"变为统编、统审、统用。2017年12月,包括14门课程的普通高中课程方案和课程标准(2017年版)修订完成,并于2018年秋季学期开始执行。2019年6月,中共中央、国务院印发的《关于深化教育教学改革 全面提高义务教育质量的意见》对新时代我国深化教育教学改革、全面提高义务教育质量做出顶层制度设计。2022年4月,教育部印发新的《义务教育课程方案》和新的义务教育阶段各学科课程标准,于2022年秋季学期开始执行。经历二十余年的探索,随着基础教育课程与教学改革的不断深入,新时代中国特色的课程与教学体系正逐渐成型。

表8-3 全面深化基础教育课程改革以来的代表性文件

| 年份 | 印发单位 | 文件 |
| --- | --- | --- |
| 2010年 | 国务院 | 《国家中长期教育改革和发展规划纲要(2010—2020)》 |
| 2014年 | 教育部 | 《关于全面深化课程改革 落实立德树人根本任务的意见》 |
| | 国务院 | 《关于深化考试招生制度改革的实施意见》 |
| | 教育部 | 《关于普通高中学业水平考试的实施意见》 |
| | 教育部 | 《关于加强和改进普通高中学生综合素质评价的意见》 |
| 2016年 | 中共中央办公厅、国务院办公厅 | 《关于加强和改进新形势下大中小学教材建设的意见》 |
| 2017年 | 教育部 | 《普通高中课程方案(2017年版)》 |
| 2019年 | 中共中央、国务院 | 《关于深化教育教学改革 全面提高义务教育质量的意见》 |
| | 国务院办公厅 | 《关于新时代推进普通高中育人方式改革的指导意见》 |
| | 教育部 | 《关于加强和改进新时代基础教育教研工作的意见》 |
| 2020年 | 国家教材委员会 | 《全国大中小学教材建设规划(2019—2020年)》 |
| | 教育部 | 《中小学教材管理办法》《普通高等学校教材管理办法》《职业院校教材管理办法》《学校选用境外教材管理办法》 |
| | 中共中央办公厅、国务院办公厅 | 《关于全面加强和改进新时代学校体育工作的意见》《关于全面加强和改进新时代学校美育工作的意见》 |
| | 中共中央、国务院 | 《深化新时代教育评价改革总体方案》 |
| 2021年 | 教育部 | 《国家义务教育质量监测方案(2021年修订版)》 |
| 2022年 | 教育部 | 《义务教育课程方案(2022年版)》 |

## 二、我国新一轮基础教育课程改革的特点

从世纪之交正式启动到现在,我国基础教育课程改革已经历了20余年。经历20余年的改革探索,我国正逐步建立起"素养导向""育人为本"的新时代基础教育课程与教学体系,并呈现出一些新的特点。

### (一)坚持育人为本,确立核心素养导向的课程目标

核心素养是学生通过课程学习逐步形成的正确价值观、必备品格和关键能力,是课程育人价值的集中体现。核心素养是在"双基""三维目标"基础上对课程目标的进一步整合与提升,那么,如何理解知识、技能、能力、素养之间的不同呢?崔允漷教授以开车为例对其进行生动描述:对开车来说,交通规则是知识,移库是技能,路考则是能力,想要获得能力就需要有真实的情境。但有了能力不一定有素养。对开车来说,安全驾驶就是关键能力,礼貌行车就是必备品格,尊重生命就是价值观念。从能力到素养,需要学习者主体的反思,是主体发挥主观能动性的结果。[①] 总之,核心素养是学生在真实情境中解决问题时所表现出来的综合性品质——可普遍迁移的正确价值观、必备品格和关键能力。

2016年,中国学生发展核心素养框架发布,核心素养以培养全面发展的人为核心,分为文化基础、自主发展、社会参与三个方面,综合表现为人文底蕴、科学精神、学会学习、健康生活、责任担当、实践创新六大素养,具体细化为国家认同等十八个基本要点。2022年义务教育各学科课程标准围绕全面落实习近平总书记关于培养担当民族复兴大任时代新人的要求,结合各学科课程性质与课程理念,进一步明确各学科应着力培养的学生核心素养,综合构建了素养型课程目标体系。或者说,课程目标是核心素养的具体化,是对特定阶段学生课程学习所应达到的核心素养发展水平的预设和期待。从核心素养角度对各学科课程总目标及学段目标进行表述,确立核心素养导向的课程目标,有利于转变以往将知识获得、技能习得等同于学生发展的目标取向,克服过分强调双基目标、情感态度价值观目标虚化等问题,确保课程育人价值的实现。

表8-4　义务教育各学科的学生核心素养

| 课程 | 培养的核心素养 |
| --- | --- |
| 道德与法治 | 政治认同、道德修养、法治观念、健全人格、责任意识 |
| 语文 | 文化自信、语言运用、思维能力、审美创造 |
| 历史 | 唯物史观、时空观念、史料实证、历史解释、家国情怀 |
| 英语(日语、俄语) | 语言能力、文化意识、思维品质、学习能力 |
| 数学 | 会用数学的眼光观察现实世界、会用数学的思维思考现实世界、会用数学的语言表达现实世界 |
| 地理 | 人地协调观、综合思维、区域认知、地理实践力 |
| 科学 | 科学观念、科学思维、探究实践、态度责任 |
| 化学 | 化学观念、科学思维、科学探究与实践、科学态度与责任 |

---

① 崔允漷.素养与知识、技能、能力的区别[J].基础教育课程,2018(3):16-17.

续表

| 课程 | 培养的核心素养 |
| --- | --- |
| 物理 | 物理观念、科学思维、科学探究、科学态度与责任 |
| 生物 | 生命观念、科学思维、探究实践、态度责任 |
| 体育与健康 | 运动能力、健康行为、体育品德 |
| 信息科技 | 信息意识、计算思维、数字化学习与创新、信息社会责任 |
| 艺术 | 审美感知、艺术表现、创意实践、文化理解 |
| 劳动 | 劳动观念、劳动能力、劳动习惯和品质、劳动精神 |

**（二）优化课程设置，体现课程结构的均衡性、综合性和选择性**

为了充分发挥课程的育人价值，确保不同类型、性质以及功能的课程整体上达到最合理的结构状态，必须优化课程设置，确保课程结构的均衡性、综合性、选择性。

均衡性是指学校课程体系中的各类课程类型、具体科目以及课程内容能够保持一种恰当、合理的比重。例如，2022年义务教育课程方案整体设置了九年一贯制课程门类和课时比例，同时通过课时比例调整，使其保持适当的比重关系。

综合性旨在改变传统课程结构过分强调学科本位、科目过多、缺乏整合等问题，加强课程综合建设，对课程进行横向整合，注重培养学生在真实情境中综合运用所学内容解决问题的素养。具体表现在：第一，设置综合课程，例如道德与法治、科学、信息科技、体育与健康、艺术等；第二，设置跨学科的活动课程，例如劳动课程、综合实践活动课程等；第三，开展跨学科主题学习，强化课程的协同育人功能。2022年义务教育课程方案明确要求，各门课程用不少于10%的课时设计跨学科主题学习。

选择性是针对地方、学校以及学生的差异而提出的，要求课程结构要适应地区间经济文化差异与发展需要，具有一定的变通性；要适应不同学校的办学定位与特色优势，体现选择性；要适应不同学生的个性差异和发展需求，建立和完善选修制。

**（三）精选课程内容，突出课程内容结构化**

新一轮基础教育课程改革改变了教师之前主要注重"怎么教"的教学思维，引导教师在思考"怎么教"之前，要重视"教什么"。所以，课程内容的选择与组织一直是此次课程改革的一项重要内容。2022年义务教育课程方案明确提出，基于核心素养培养要求，明确课程内容选什么、选多少，注重与学生经验、社会生活的关联，加强课程内容的内在联系，突出课程内容结构化，探索主题、项目、任务等内容组织方式。总的来说，课程内容改革主要包括两个方面：第一，精选促进学生核心素养发展的课程内容，注重结合学生生活经验，反映学科发展和科技发展的新成就，体现基础性、生活性、时代性等特征。第二，注重课程内容与生活、与其他学科的有机联系，加强课程内容的内在整合，建构以主题、项目、任务等为引领的内容体系，实现课程内容结构化。

课程内容结构化强调以核心素养为引领,把学科核心知识融入学科或跨学科的主题、项目和任务等学科活动中,形成横向关联、纵向衔接的课程内容体系。课程内容结构化,对教师提出很高的要求,需要教师整体把握教学内容、整体设计教学活动,改变知识逐"点"解析、技能逐"项"训练的散碎的、切片式教学思路,从关注知识技能的"点状""传输"变革为关注学生对知识技能的主动学习,关注教学的关联性、整体性及综合效应,通过将知识转化为学生观察、思考、想象、表达、制作的对象,进而在学生主动活动中化为学生自己的血肉、骨骼,成为学生的现实力量。① 例如,2022年义务教育语文课程内容以中华优秀传统文化、革命文化、社会主义先进文化为主题和载体形式,以语文实践活动为主线,分三个层面设置学习任务群,其中第一层设"语言文字积累与梳理"1个基础型学习任务群,第二层设"实用性阅读与交流""文学阅读与创意表达""思辨性阅读与表达"3个发展型学习任务群,第三层设"整本书阅读""跨学科学习"2个拓展型学习任务群。每个任务群包括学习主题、学习活动、学习情境以及学习资源等关键要素,按学段呈现学习内容,实现语文课程内容结构化。②

### (四)深化教学改革,构建实践型的学科育人方式

教学是实现各学科课程目标和育人价值的主渠道,是全面贯彻党的教育方针、落实立德树人根本任务、培育学生核心素养的主阵地。"以核心素养为纲"的义务教育新课标对深化教学改革提出了新的挑战与要求——探索与核心素养目标和内容结构化相匹配的、学科典型的学习方式,推进以学科实践为标志的育人方式变革。③ 为此,必须变革教与学的关系,从以教为主走向以学为主,建构学习中心课堂教学新生态;必须强化实践意识,以学科实践为抓手,构建实践型的育人方式。④

教学改革的深化推动了教学理念的巨大转变,以"先学后教""少教多学"等为特征的课堂教学改革实践不断得到推进,并涌现出杜郎口中学、洋思中学、东庐中学等课改名校。在这一过程中,人们日益认识到,探索促进学生学会学习、深度学习的课堂教学方式,实现从"教为中心"到"学为中心"的转型,建构学习中心课堂教学新生态变得更为重要。基于这一认识,教师越来越重视营造多样化的学习情境,设计多层次的学习任务,营造独立思考、自由探索、勇于创新的"学习场",激发学生的学习兴趣,推动学生积极思考与质疑问难,鼓励学生开展研究性、项目化、合作式学习。

教学是基于学科的教学,学习是基于学科的学习,教学理念与学习方式的转变只

---

① 郭华.落实学生发展核心素养 突显学生主体地位——2022年版义务教育课程标准解读[J].四川师范大学学报(社会科学版),2022(4):107-115.
② 吴刚平.课程内容结构化改革新动向[N].中国教师报,2022-05-18(6).
③ 崔允漷.学科实践,让"自主、合作、探究"迭代升级[N].中国教师报,2022-05-04(6).
④ 余文森.以核心素养为导向:建立与义务教育新课标相适应的新型教学[J].中国教育学刊,2022(5):17-22.

有落实到学科育人的成效中才能体现出应有的意义。所以,深化教学改革还要落实到学科教学实践中,在此过程中,能否构建实践型的学科育人方式至关重要。学科实践指的是具有学科意蕴的典型实践,即学科专业共同体怀着共享的愿景与价值观,运用该学科的概念、思想与工具,整合心理过程与操控技能,解决真实情境中的问题的一套典型做法。[①] 实践型学科育人方式就是通过突出实践特性的学科实践来促进人的核心素养提升,这就要求教师不能再将学科知识视为抽象的、静态的知识,而应结合时代的发展、真实的情境、日常的生活对其进行理解,并通过引导学生进行观察、体验、应用、反思来促其转化为自身的核心素养。

> **案例 8-4**
>
> ### 北京市的综合实践活动探索
>
> 为加强学科教学内容与社会、自然的联系,让学生在实践中学习鲜活的知识和技能,培养学生的实践创新能力,北京市教委要求学校组织学生走出校门,中小学校各学科平均应有不低于 10% 的课时用于开展校内外综合实践活动;采用多样化教学方式,丰富课堂教学的实现形式,倡导"玩中学""做中学",为学生提供丰富的体验、合作、探究类的学习活动。例如,《北京市初中科学类学科教学改进意见》明确要求,在实践中学习科学知识,充分利用学生日常生活中的科学问题,组织学生开展探究学习活动,为学生创设独立思考和实践的机会;加强实验教学,确保完成课程标准中规定的学生必做实验,指导学生在探究、应用过程中体会概念之间的联系,深化认识和理解;加强与社会教育机构的合作,通过购买服务,市、区县两级共同推动整合利用博物馆、科技馆、大学实验室和图书馆等社会资源;依托北京数字学校、高中开放式重点实验室以及"翱翔计划""雏鹰计划"提供的各类课程资源,在市、区县、学校网站为学生提供综合实践活动菜单式服务,提供丰富的"实验"学习资源选择;学生初中三年参与开放性科学实践活动的考核情况纳入中考评价体系,按一定比例折算计入中考物理、化学学科成绩。
>
> 资料来源:韩宝江. 北京市基础教育课程改革 20 年历程与思考[J]. 基础教育课程,2021(17):44-51.

---

① 崔允漷. 学科实践,让"自主、合作、探究"迭代升级[N]. 中国教师报,2022-05-04(6).

### (五)更新评价观念,有效推进"教-学-评"一体化

评价改革是推进基础教育课程与教学改革的关键环节,是促进学生全面发展、提升教师教学水平、改进教学质量的重要保障。为全面落实新时代教育评价改革精神,新时代的课程评价改革应打破传统评价观念,树立核心素养立意的评价育人观念,发挥评价的导向、诊断、反馈作用,建构促进学生全面发展的多元评价体系,有效推进"教-学-评"一体化。

为落实立德树人根本任务,新修订的课程标准将核心素养培育作为教学和评价的出发点与落脚点,这就使得评价不再局限于对碎片化知识技能的考核,而是转向关注学生核心素养发展水平,聚焦学生在真实的问题解决情境中表现出来的综合性品质。以历史学科为例,对于晚清政府签订的《马关条约》相关内容,以往的考试主要是直接考查学生是否记住了时间、事情、内容等具体的知识点。素养立意的考试则不仅要考查学生历史知识的掌握情况,更主要的是考查学生唯物史观、时空观念、史料实证、历史解释、家国情怀等方面素养的综合表现,例如设计这样的题目:《马关条约》签署以后,清政府被迫允许外国人在中国投资办厂。改革开放以后,中国也允许外国人来投资办厂,这两者有什么不同?[①]通过高质量的考试命题来引导学生不要停留在对知识本身的识记背诵上,更应在知识习得的基础上进行深度学习,提高应用知识解决问题的能力。

"教-学-评"一体化是当前课程改革提出的重要评价理念。在新修订的普通高中各学科课程标准和义务教育各学科课程标准中,都对"教-学-评"一体化进行了强调。与传统评价通常游离在教师"教"与学生"学"之外,旨在对教学结果做出判断以发挥甄别和选拔功能不同,"教-学-评"一体化评价强调将评价贯穿于教师"教"和学生"学"的全程,实现"教""学""评"三者的有机结合和良性互动,充分发挥评价的导向、诊断、反馈作用,实现以评促教、以评促学,促进学生全面发展。这就要求教师在进行评价时要有整体意识,既要对教学目标有明确的认识,也要结合教学过程设计评价任务,同时还要注重评价结果的及时反馈及评价过程的总结反思。

### (六)规范课程管理,实行三级课程管理制度

本次课程改革从我国的国情出发,探索建立国家、地方、学校三级课程管理制度。三级课程管理制度的建立旨在改变课程管理过于集中的状况,增强课程对地方、学校以及学生的适应性,有利于提升地方和学校课程建设实施和管理的水平,适应人才培养的需求。为实现上述目标,本次课程改革重新划分了国家、地方、学校在基础教育课程管理中的职责分工,调整了国家课程在整个课程计划中所占的比重,在课程内容和

---

① 李玉兰.让核心素养落地,为知识运用赋能[N].光明日报,2022-04-22(8).

课时安排上增加了一定的弹性,让地方和学校拥有相应的选择余地。

《基础教育课程改革纲要(试行)》明确建立国家、地方和学校三级课程管理制度,对三级管理提出了明确的职责要求。教育部总体规划基础教育课程,制订基础教育课程政策,确定国家课程门类和课时,制订国家课程标准。省级教育行政部门依据国家课程管理政策和本地区实际,制订本省(自治区、直辖市)实施国家课程的计划,规划地方课程,报教育部备案并组织实施。学校在执行国家课程和地方课程的同时,视当地社会、经济发展的具体情况,结合本校的传统和优势、学生的兴趣和需要,开发或选用适合本校的课程。特别强调各级教育行政部门要对课程的实施和开发进行指导和监督。普通高中课程方案(2017年版2020年修订)和义务教育课程方案(2022年版)对国家、地方和学校三级课程管理制度进行了进一步强调和说明。

总之,新一轮的课程改革为基础教育领域带来了生机与活力,显示出了不可忽视的价值与意义。但是,我们必须清晰地认识到,课程与教学改革是一项复杂且艰巨的任务。在推进教育现代化、建设教育强国的时代背景下,高质量的教育需要进一步深化课程与教学改革,转变育人方式。课程与教学改革是一个渐进、继承与革新并存的过程,每一次的课程与教学改革都只是其中的一个阶段,它既承接历史,又指引未来。因此,课程与教学改革只有起点,没有终点。

## 三、新课程与教学改革的成绩与问题反思

课堂教学改革作为课程改革的落脚点和最直接体现,是我们评价课程改革成效的核心和焦点,其实施情况直接影响课程改革的效果。二十余年的改革实践表明,新一轮课程与教学改革一方面取得了可喜的成果,另一方面也出现了不容忽视的问题。

### (一)课程目标演进与目标落实问题

从"双基"到三维目标再到核心素养,构成了我国基础教育课程目标演进的三个阶段。有学者指出,"如果说从'双基'走向三维目标是新一轮课程改革的一个标志,那么从三维目标走向核心素养则是当前课程改革全面深化的一个标志",[①]也有学者对三者之间的关系进行分析,认为"'双基'与三维目标的关系、三维目标与核心素养的关系,不是等距的,也不是等值的。前者是转折性的,彼此冲突;后者是递进式的,两者有着高度的内部一致性"。[②] 可以说,从"双基"到三维目标再到核心素养的演进,说明我国对课程目标的认识愈加全面和深入,并推动着课程目标从对学科的关注提升到对人的关注。但是,课程目标如何在课程实践中予以落实的问题依然存在,尤其是在三维目

---

① 余文森.从三维目标走向核心素养是课改深化的标志[J].人民教育,2016(19):27.
② 杨九诠.三维目标,核心素养的分析框架[J].上海教育科研,2021(01):1.

标和核心素养阶段,由于课程目标涵盖的维度和要素更复杂,目标落实问题也更为凸显。

三维目标的确立被视为新一轮基础教育课程改革的显著成绩之一,但随着三维目标在教学实践中的落实,三维目标的虚化问题也逐渐暴露出来。正如有学者所指出的那样,"新课程教学改革最根本的成绩就是三维目标的确立和落实,教学突破了以往'双基'的局限,走向了知识、能力、态度共同发展的方向;其存在的突出问题则是三维目标的虚化,即基本知识和基本技能被弱化,过程与方法出现了'游离'现象,情感态度与价值观出现了'贴标签'现象"。① 比如,过程与方法这一目标是传统教学中所忽视的,所以很多一线教师在新课改的大环境下都有意识地加强了对这方面的教学设计,但在具体实施过程中,出现了为过程而过程,为方法而方法的现象,使过程与方法完全与教学内容和教学任务,甚至与学生的发展相脱离;对于情感态度与价值观这一维度的目标,一些教师脱离具体内容和特定情境,孤立地、人为地、机械生硬地进行情感态度与价值观教育,甚至是像讲解知识点一样,通过讲解的办法,把情感态度与价值观直接"教"给学生,缺少学生自身的体验与感悟。

三维目标在具体落实时往往被简化为三种目标,失去了应有的整体性。与三维目标将课程目标作三个维度的划分不同,核心素养以目标总体框架的方式进行构建,"以培养'全面发展的人'为核心,分为文化基础、自主发展、社会参与三个方面,综合表现为人文底蕴、科学精神、学会学习、健康生活、责任担当、实践创新六大素养,具体细化为国家认同等十八个基本要点。"② 可以说,相对于三维目标,核心素养涵盖的目标要素更多、更全面。由于核心素养要落实还是要回到学科的课堂教学中去,所以,在各学科新修订的课程标准中也提出了各自的学科核心素养,这就带来了新的问题,核心素养和学科核心素养之间是怎样的关系?有学者指出,"在被分割成细小部分之后,核心素养整体是否还存在,从各学科具体核心素养出发真的可以通向核心素养本身吗,会不会陷入从简单到简单的无限循环中去……这时,核心素养便已不再是原本的核心素养,而成了从属于学科的核心素养"。③ 可见,目标落实问题依然也是核心素养所要面对的现实问题,如何在核心素养导向下开展学科教学实践以及如何在学科教学实践中达成核心素养,需要在新课改的推进过程中持续去研究和探索。

### (二)课程资源开发与教学内容泛化

课程资源开发是新一轮基础教育课程改革的一个亮点。课程意识的确立和课程

---

① 余文森.从"双基"到三维目标再到核心素养——改革开放40年我国课程教学改革的三个阶段[J].课程·教材·教法,2019(9):40-47.
② 林崇德.中国学生发展核心素养:深入回答"立什么德、树什么人"[J].人民教育,2016(19):14-16.
③ 陈柳.危机与转向:对核心素养学科化还原论倾向的反思[J].中国教育学刊,2020(02):15-20.

资源的开发使教学从内涵到外延都发生了实质性的变化。教师不再仅仅把教材当成学生学习的唯一对象,而是以教材为平台和依据,充分地挖掘、开发和利用各种课程资源,并注重教材与社会生活和学生经验的联系和融合。陶行知在创办晓庄师范学校时,便提出"本校之校舍,上以天为盖,下以地为址,所造者不过避风躲雨之所。一方读,一方做,一方教,须以大自然为范本"[①]的理念,认为"真教育是在大自然与大社会里办,要冲锋到大自然里去追求真知识",[②]这都内蕴着课程资源开发的思想。

但是,由于对课程资源的开发和利用缺乏有效把握的经验,在实施层面上便出现了教学内容泛化的现象。

教学内容泛化是指在实际的教学实践中,由于无法合理处理教材内容与教材之外的内容、教学内容的学科特征与生活化之间的关系,而导致对教学内容进行泛化理解的现象。具体表现为,不少教师在课堂教学中忽视了学生对教材内容的掌握与理解,过早、过多地补充教材之外的内容,甚至完全脱离教材内容去组织各种互动活动,教材上的知识在整个教学过程中变得无足轻重,导致教学活动失去了认知的"停靠点"。比如,一位教师在讲《最苦与最乐》时,引导学生展开质疑。这时,学生思维活跃,马上对作者的苦乐观形成或赞同或贬斥两种针锋相对的观点,教师组织双方展开辩论,气氛热烈,临近下课时才止住辩论,并作如下总结:"今天的辩论非常成功,正方、反方谁是正确的?我认为大家都有道理,都是胜方!重要的是过程而不是结论。谢谢大家的参与!"[③]教师直接将语文课上成了辩论课。虽然这种课能够体现出教学内容的生活化,也打破了将教材视为唯一的课程资源的陈旧观念,使教学内容具有开放性与生成性的特点,但它忽视了教材虽然不再是唯一的课程资源但仍是十分重要的课程资源,并且,教材的生活化是建立在尊重学科特点基础之上的,否则就会因"生活味"而冲淡了"学科味"。

### (三) 学生主体性凸显与虚假的主体性

新一轮基础教育课程改革坚持以人为本的指导思想,以弘扬人的主体性为宗旨,将实现学生充分的、有个性化的发展放到了突出的地位,尊重每一个学生做人的尊严和价值,关注每一个学生的个性差异,鼓励学生多样化、个性化的学习。应该说,无论是从理念还是从实践角度来看,这都体现了教育的进步。但是,这个过程中出现的问题也不容忽视。佐藤学曾在《静悄悄的革命》一书中,针对当时日本课堂教学中所呈现出来的将学生的"主体性"凌驾于一切教学要素之上的绝对化倾向,提出了"主体性"神

---

① 方明.陶行知全集:第11卷[M].成都:四川教育出版社,2005:230.
② 方明.陶行知全集:第8卷[M].成都:四川教育出版社,2005:264.
③ 张保昌.反思语文教学的虚化[N].张掖日报,2009-12-12.

话的概念。佐藤学对教师在教学中常用的"手势教学"进行了具体评析,认为在"手势教学"中,看似充满互动对话、气氛热烈的课堂,实质上是在教师操控下所呈现出来的人为的"游戏"。

事实上,这种现象在我国的课堂教学中也是存在的。严华银在《回归真实:语文课堂教学的一条出路》中就指出,"无论是讲学案还是展示课堂中学生的预习或者自学,都是在教师精心'备课'设计安排后的程序指引下的学习。学习的内容、过程甚至答案都是教师预设好了的。因此,哪怕是在展示的课堂中,尽管没有多少老师干预的成分,实际上学生学习的过程、结果、展示的内容,老师们几乎无一例外地都了如指掌,成竹在胸。假如说其中真的有什么'自主',那就是学生们一律不由自主地顺应着语文指引的学习方向次第前行,一路直抵教师自以为'正确'的规定性答案","我们万万不要被形式和名义上的'自主'蒙蔽了双眼,有时,无形的'牵引'和'限定'比有条件的约束还要恐怖,带来的危险和灾难可能更大"。[①] 有的教师为了防止学生的表现减弱了课堂教学"发挥学生自主性"的特征,往往会通过快节奏、多形式的教学来让学生"动"起来。比如,在观摩新课程的研讨课时,我们常常能看到师生活动形式不断翻新,活动变换越来越频繁,节奏越来越快,表面上气氛十分活跃,但整个过程很难看到学生的宁静和沉思。[②] 结果,在呈现出虚假的主体性的课堂中,本来要体现学生自主性的教学却偏离了自主,流于形式。

**(四) 教学方法多样化与教学过程形式化**

教学方法作为教学的基本要素之一,对它的认识及其具体运用直接影响到教学的成败。正所谓"教师如果不能科学地选择和使用教学方法,会导致师生消耗精力大、学生负担重、教学效果差,给工作造成不应有的损失"。[③] 教学方法不仅在数量上是繁多的,在类别上也是复杂的,而且,教学方法与教学方法之间并不是孤立的,而是经常结合在一起共同发挥作用的。在新一轮基础教育课程改革推进过程中,教学方法方面的探索取得很大成绩,对话教学法、体验教学法、互动教学法、活动教学法、探究教学法等越来越多的教学方法得到教师的关注和应用。

教学方法的运用是在教学理念指导下的运用,表达着运用主体的意志,即便是同一个教学方法,运用主体所持有的教学理念不同,它的运用方式、效果也是不同的。由于很多教师习惯在操作应用层面认识教学方法,而轻视自身教学理念的更新,导致没有形成相对应的方法观,在实践中存在跟风盲从和形式化的问题。比如,将"对话教

---

① 严华银.回归真实:语文课堂教学的一条出路[J].中学语文教学,2011(4):11-14.
② 陈大伟.在新课程中:困惑与成长[M].成都:四川大学出版社,2004:31.
③ 李秉德.全国中小学教师继续教育学习参考书 教学论[M].北京:人民教育出版社,2000:183.

学"简单理解成"问答教学"。对话是时代精神的反映,既是一种精神,又是一种方法。新课程所提倡的对话教学是对传统独白式教学的超越。但是有不少教师把对话等同于师生问答,认为对话即教师说一句,学生说一句,并没有真正理解对话的含义,忽视了思维层面和精神层面的对话。再比如,一些教师片面追求小组合作学习这一形式,在课堂教学过程中,不论是否真正需要,都要安排一些小组合作学习的活动,对小组合作学习的目的、时间及过程都没有进行认真的设计。

新课程改革所取得的成绩,一方面体现了新课程理念的先进性、正确性,另一方面反映了教师的实践智慧和改革热情。对课程改革中出现的问题,我们需要用科学理性的态度来审视,既不能把它绝对化,也不能置之不理。我们坚信,随着课程改革的不断深入,教师对新课程理念的把握将会越来越到位,越来越准确,与此同时,实施和驾驭新课程的能力和经验也会与日俱增,相关问题将会随着改革的深入而得到有效解决。

## 本章小结

进入 20 世纪以来,世界各国都基于自身的发展和现实需要进行了相应的课程与教学改革。尽管不同的国家由于其政治、经济、科技、文化等影响因素的不同,在改革中表现出了不同的特点,但在课程与教学目标、课程与教学内容、课程与教学实施、课程与教学评价方面也呈现出一些共同的发展趋势。中华人民共和国成立以来,共进行了八次基础教育课程与教学改革,开启于 2001 年秋季的第八次基础教育课程改革,范围之广、规模之大、对社会形成的冲击波之强都是前七次改革所不可比拟的。新一轮基础教育课程改革所表现出的显著特点是:坚持育人为本,确立核心素养导向的课程目标;优化课程设置,体现课程结构的均衡性、综合性和选择性;精选课程内容,突出课程内容结构化;深化教学改革,构建实践型的学科育人方式;更新评价观念,有效推进"教-学-评"一体化;规范课程管理,实行三级课程管理制度。但由于如此大规模的课程改革属于"摸着石头过河",在改革的过程中出现了某些偏差和不理想,这意味着基础教育课程改革是一项复杂的、艰巨的、长期的任务,任重而道远。

## 思考与练习

1. 简述国外课程改革的主要特点。
2. 分析我国新世纪课程改革的主要特点。
3. 如何理解"课程与教学改革只有起点,没有终点"这句话?
4. 在借鉴其他国家课程与教学改革经验时,我们应该如何做到"不迷失自我"?
5. 为什么说当前的基础教育课程改革是我国政治、经济发展的客观需要?

6. 谈谈对我国当前基础教育课程改革的认识。

7. 案例分析

请根据我国新一轮基础教育课程与教学改革的特点,分析以下案例。

在江苏省锡东高级中学,"创造"成为学校发展的"主旋律"。学校通过30多年探索,结合研究性学习、创意学习、艺术与科技等学校特色,找到了教育变革的基本要素:"课堂""思维"与"学习",关注了"做中学"在"亲历""探究"等学习体验中对学生学习的意义,提出了"创中学",以"创中学"变革学习方式,促进育人模式的转变。

与广为流行的"教中学""做中学"理念不同,锡东高级中学认为,"创中学"是对一个具有创造性的学习任务或问题展开的创造性学习。

课堂上,教师会创造性设计教学,用情境、任务、项目、专题引领学生探究问题、提出各种各样的解决方案。除了学科课程的"创中学"校本化实施,在锡东高级中学以"创中学"为中心的课程体系中,跨学科的"创中学"校本课程、超学科的"创中学"主题课程同样致力于激发学生的兴趣、打开学生的思维。

其中,跨学科的"创中学"校本课程是教师在某个学科知识的基础上,结合某个生活问题、某种技艺、某个热点专题等开发而成,以项目化学习、创意学习等方式进行,指向更复杂的问题解决和跨学科知识的应用。

在江苏省教育学会名誉会长杨九俊看来,锡东高级中学正在践行的"创中学",是在"引导学生为未来而学习,成功探索出一条让普通学生走向卓越的新路径"。

资料来源:褚清源,钟原.2021年课堂改革十大样本[N].中国教师报,2021-12-29(5).

## 参考文献

1. 杨燕燕.国外课程改革政策及价值取向[M].杭州:浙江大学出版社,2010.
2. 和学新.课程改革:新世纪的国际视野[M].北京:中国社会科学出版社,2018.
3. 张永祥.基础教育课程改革知识观研究[M].北京:中国社会科学出版社,2018.
4. 潘希武.基础教育课程与教学改革研究[M].广州:中山大学出版社,2021.
5. 鲍东明.21世纪核心素养与课程教学改革[M].大连:辽宁师范大学出版社,2021.
6. 冯增俊.当代国际教育发展[M].上海:华东师范大学出版社,2002.

# 北京大学出版社
## 教育出版中心 精品图书

**21世纪高校广播电视专业系列教材**
| | |
|---|---|
| 电视节目策划教程（第二版） | 项仲平 |
| 电视导播教程（第二版） | 程 晋 |
| 电视文艺创作教程 | 王建辉 |
| 广播剧创作教程 | 王国臣 |
| 电视导论 | 李 欣 |
| 电视纪录片教程 | 卢 炜 |
| 电视导演教程 | 袁立本 |
| 电视摄像教程 | 刘 荃 |
| 电视节目制作教程 | 张晓锋 |
| 视听语言 | 宋 杰 |
| 影视剪辑实务教程 | 李 琳 |
| 影视摄制导论 | 朱 怡 |
| 新媒体短视频创作教程 | 姜荣文 |
| 电影视听语言——视听元素与场面调度案例分析 | 李 骏 |
| 影视照明技术 | 张 兴 |
| 影视音乐 | 陈 斌 |
| 影视剪辑创作与技巧 | 张 拓 |
| 纪录片创作教程 | 潘志琪 |
| 影视拍摄实务 | 翟 臣 |

**21世纪信息传播实验系列教材**（徐福荫 黄慕雄 主编）
| | |
|---|---|
| 网络新闻实务 | 罗 昕 |
| 多媒体软件设计与开发 | 张新华 |
| 播音与主持艺术（第三版） | 黄碧云 睢 凌 |
| 摄影基础（第二版） | 张 红 钟日辉 王首农 |

**21世纪数字媒体专业系列教材**
| | |
|---|---|
| 视听语言 | 赵慧英 |
| 数字影视剪辑艺术 | 曾祥民 |
| 数字摄像与表现 | 王以宁 |
| 数字摄影基础 | 王朋娇 |
| 数字媒体设计与创意 | 陈卫东 |
| 数字视频创意设计与实现（第二版） | 王 靖 |
| 大学摄影实用教程（第二版） | 朱小阳 |
| 大学摄影实用教程 | 朱小阳 |

**21世纪教育技术学精品教材**（张景中 主编）
| | |
|---|---|
| 教育技术学导论（第二版） | 李 芒 金 林 |
| 远程教育原理与技术 | 王继新 张 屹 |
| 教学系统设计理论与实践 | 杨九民 梁林梅 |
| 信息技术教学论 | 雷体南 叶良明 |
| 信息技术与课程整合（第二版） | 赵呈领 杨 琳 刘清堂 |
| 教育技术学研究方法（第三版） | 张 屹 黄 磊 |

**21世纪高校网络与新媒体专业系列教材**
| | |
|---|---|
| 文化产业概论 | 尹章池 |
| 网络文化教程 | 李文明 |
| 网络与新媒体评论 | 杨 娟 |
| 新媒体概论（第二版） | 尹章池 |
| 新媒体视听节目制作（第二版） | 周建青 |
| 融合新闻学导论（第二版） | 石长顺 |
| 新媒体网页设计与制作（第二版） | 惠悲荷 |
| 网络新媒体实务 | 张合斌 |
| 突发新闻教程 | 李 军 |
| 视听新媒体节目制作 | 邓秀军 |
| 视听评论 | 何志武 |
| 出镜记者案例分析 | 刘 静 邓秀军 |
| 视听新媒体导论 | 郭小平 |
| 网络与新媒体广告（第二版） | 尚恒志 张合斌 |
| 网络与新媒体文学 | 唐东堰 雷 奕 |
| 全媒体新闻采访写作教程 | 李 军 |
| 网络直播基础 | 周建青 |
| 大数据新闻传媒概论 | 尹章池 |

**21世纪特殊教育创新教材·理论与基础系列**
| | |
|---|---|
| 特殊教育的哲学基础 | 方俊明 |
| 特殊教育的医学基础 | 张 婷 |
| 融合教育导论（第二版） | 雷江华 |
| 特殊教育学（第二版） | 雷江华 方俊明 |
| 特殊儿童心理学（第二版） | 方俊明 雷江华 |
| 特殊教育史 | 朱宗顺 |
| 特殊教育研究方法（第二版） | 杜晓新 宋永宁 等 |
| 特殊教育发展模式 | 任颂羔 |

**21世纪特殊教育创新教材·发展与教育系列**
| | |
|---|---|
| 视觉障碍儿童的发展与教育 | 邓 猛 |
| 听觉障碍儿童的发展与教育（第二版） | 贺荟中 |
| 智力障碍儿童的发展与教育（第二版） | 刘春玲 马红英 |
| 学习困难儿童的发展与教育（第二版） | 赵 微 |
| 自闭症谱系障碍儿童的发展与教育 | 周念丽 |
| 情绪与行为障碍儿童的发展与教育 | 李闻戈 |
| 超常儿童的发展与教育（第二版） | 苏雪云 张 旭 |

**21世纪特殊教育创新教材·康复与训练系列**
| | |
|---|---|
| 特殊儿童应用行为分析（第二版） | 李 芳 李 丹 |

| | |
|---|---|
| 特殊儿童的游戏治疗 | 周念丽 |
| 特殊儿童的美术治疗 | 孙 霞 |
| 特殊儿童的音乐治疗 | 胡世红 |
| 特殊儿童的心理治疗（第三版） | 杨广学 |
| 特殊教育的辅具与康复 | 蒋建荣 |
| 特殊儿童的感觉统合训练（第二版） | 王和平 |
| 孤独症儿童课程与教学设计 | 王 梅 |

### 21世纪特殊教育创新教材·融合教育系列

| | |
|---|---|
| 融合教育本土化实践与发展 | 邓 猛等 |
| 融合教育理论反思与本土化探索 | 邓 猛 |
| 融合教育实践指南 | 邓 猛 |
| 融合教育理论指南 | 邓 猛 |
| 融合教育导论（第二版） | 雷江华 |
| 学前融合教育（第二版） | 雷江华 刘慧丽 |
| 小学融合教育概论 | 雷江华 袁 维 |

### 21世纪特殊教育创新教材（第二辑）

| | |
|---|---|
| 特殊儿童心理与教育（第二版） | 杨广学 张巧明 王 芳 |
| 教育康复学导论 | 杜晓新 黄昭明 |
| 特殊儿童病理学 | 王和平 杨长江 |
| 特殊学校教师教育技能 | 昝 飞 马红英 |

### 自闭谱系障碍儿童早期干预丛书

| | |
|---|---|
| 如何发展自闭谱系障碍儿童的沟通能力 | 朱晓晨 苏雪云 |
| 如何理解自闭谱系障碍和早期干预 | 苏雪云 |
| 如何发展自闭谱系障碍儿童的社会交往能力 | 吕 梦 杨广学 |
| 如何发展自闭谱系障碍儿童的自我照料能力 | 倪萍萍 周 波 |
| 如何在游戏中干预自闭谱系障碍儿童 | 朱 瑞 周念丽 |
| 如何发展自闭谱系障碍儿童的感知和运动能力 | 韩文娟 徐 芳 王和平 |
| 如何发展自闭谱系障碍儿童的认知能力 | 潘前前 杨福义 |
| 自闭症谱系障碍儿童的发展与教育 | 周念丽 |
| 如何通过音乐干预自闭谱系障碍儿童 | 张正琴 |
| 如何通过画画干预自闭谱系障碍儿童 | 张正琴 |
| 如何运用ACC促进自闭谱系障碍儿童的发展 | 苏雪云 |
| 孤独症儿童的关键性技能训练法 | 李 丹 |
| 自闭症儿童家长辅导手册 | 雷江华 |
| 孤独症儿童课程与教学设计 | 王 梅 |
| 融合教育理论反思与本土化探索 | 邓 猛 |
| 自闭症谱系障碍儿童家庭支持系统 | 孙玉梅 |
| 自闭症谱系障碍儿童团体社交游戏干预 | 李 芳 |
| 孤独症儿童的教育与发展 | 王 梅 梁松梅 |

### 特殊学校教育·康复·职业训练丛书 （黄建行 雷江华 主编）

| | |
|---|---|
| 信息技术在特殊教育中的应用 | |
| 智障学生职业教育模式 | |
| 特殊教育学校学生康复与训练 | |
| 特殊教育学校校本课程开发 | |
| 特殊教育学校特奥运动项目建设 | |

### 21世纪学前教育专业规划教材

| | |
|---|---|
| 学前教育概论 | 李生兰 |
| 学前教育管理学（第二版） | 王 雯 |
| 幼儿园课程新论 | 李生兰 |
| 幼儿园歌曲钢琴伴奏教程 | 果旭伟 |
| 幼儿园舞蹈教学活动设计与指导（第二版） | 董 丽 |
| 实用乐理与视唱（第二版） | 代 苗 |
| 学前儿童美术教育 | 冯婉贞 |
| 学前儿童科学教育 | 洪秀敏 |
| 学前儿童游戏 | 范明丽 |
| 学前教育研究方法 | 郑福明 |
| 学前教育史 | 郭法奇 |
| 外国学前教育史 | 郭法奇 |
| 学前教育政策与法规 | 魏 真 |
| 学前心理学 | 涂艳国 蔡 艳 |
| 学前教育理论与实践教程 | 王 维 王维娅 孙 岩 |
| 学前儿童数学教育与活动设计 | 赵振国 |
| 学前融合教育（第二版） | 雷江华 刘慧丽 |
| 幼儿园教育质量评价导论 | 吴 钢 |
| 幼儿园绘本教学活动设计 | 赵 娟 |
| 幼儿学习与教育心理学 | 张 莉 |
| 学前教育管理 | 虞永平 |
| 国外学前教育学本文献讲读 | 姜 勇 |

### 大学之道丛书精装版

| | |
|---|---|
| 美国高等教育通史 | [美]亚瑟·科恩 |
| 知识社会中的大学 | [英]杰勒德·德兰迪 |
| 大学之用（第五版） | [美]克拉克·克尔 |
| 营利性大学的崛起 | [美]理查德·鲁克 |
| 学术部落与学术领地：知识探索与学科文化 | [英]托尼·比彻 保罗·特罗勒尔 |
| 美国现代大学的崛起 | [美]劳伦斯·维赛 |
| 教育的终结——大学何以放弃了对人生意义的追求 | [美]安东尼·T.克龙曼 |
| 世界一流大学的管理之道——大学管理研究导论 | 程 星 |
| 后现代大学来临？ | [英]安东尼·史密斯 弗兰克·韦伯斯特 |

### 大学之道丛书

| | |
|---|---|
| 以学生为中心：当代本科教育改革之道 | 赵炬明 |
| 市场化的底限 | [美]大卫·科伯 |
| 大学的理念 | [英]亨利·纽曼 |
| 哈佛：谁说了算 | [美]理查德·布瑞德利 |
| 麻省理工学院如何追求卓越 | [美]查尔斯·维斯特 |

| | |
|---|---|
| 大学与市场的悖论 | [美] 罗杰·盖格 |
| 高等教育公司：营利性大学的崛起 | [美] 理查德·鲁克 |
| 公司文化中的大学：大学如何应对市场化压力 | |
| | [美] 埃里克·古尔德 |
| 美国高等教育质量认证与评估 | |
| | [美] 美国中部州高等教育委员会 |
| 现代大学及其图新 | [美] 谢尔顿·罗斯布莱特 |
| 美国文理学院的兴衰——凯尼恩学院纪实 | [美] P.F.克鲁格 |
| 教育的终结：大学何以放弃了对人生意义的追求 | |
| | [美] 安东尼·T.克龙曼 |
| 大学的逻辑（第三版） | 张维迎 |
| 我的科大十年（续集） | 孔宪铎 |
| 高等教育理念 | [英] 罗纳德·巴尼特 |
| 美国现代大学的崛起 | [美] 劳伦斯·维赛 |
| 美国大学时代的学术自由 | [美] 沃特·梅兹格 |
| 美国高等教育通史 | [美] 亚瑟·科恩 |
| 美国高等教育史 | [美] 约翰·塞林 |
| 哈佛通识教育红皮书 | 哈佛委员会 |
| 高等教育何以为"高"——牛津导师制教学反思 | |
| | [英] 大卫·帕尔菲曼 |
| 印度理工学院的精英们 | [印度] 桑迪潘·德布 |
| 知识社会中的大学 | [英] 杰勒德·德兰迪 |
| 高等教育的未来：浮言、现实与市场风险 | |
| | [美] 弗兰克·纽曼 等 |
| 后现代大学来临？ | [英] 安东尼·史密斯 等 |
| 美国大学之魂 | [美] 乔治·M.马斯登 |
| 大学理念重审：与纽曼对话 | [美] 雅罗斯拉夫·帕利坎 |
| 学术部落及其领地——当代学术界生态揭秘（第二版） | |
| | [英] 托尼·比彻 保罗·特罗勒尔 |
| 德国古典大学观及其对中国大学的影响（第二版） | 陈洪捷 |
| 转变中的大学：传统、议题与前景 | 郭为藩 |
| 学术资本主义：政治、政策和创业型大学 | |
| | [美] 希拉·斯劳特 拉里·莱斯利 |
| 21世纪的大学 | [美] 詹姆斯·杜德斯达 |
| 美国公立大学的未来 | |
| | [美] 詹姆斯·杜德斯达 弗瑞斯·沃马克 |
| 东西象牙塔 | 孔宪铎 |
| 理性捍卫大学 | 眭依凡 |

## 学术规范与研究方法系列

| | |
|---|---|
| 如何为学术刊物撰稿（第三版） | [英] 罗薇娜·莫瑞 |
| 如何查找文献（第二版） | [英] 萨莉·拉姆齐 |
| 给研究生的学术建议（第二版） | [英] 玛丽安·彼得 等 |
| 社会科学研究的基本规则（第四版） | [英] 朱迪斯·贝尔 |
| 做好社会研究的10个关键 | [英] 马丁·丹斯考姆 |
| 如何写好科研项目申请书 | [美] 安德鲁·弗里德兰德 等 |
| 教育研究方法（第六版） | [美] 梅瑞迪斯·高尔 等 |
| 高等教育研究：进展与方法 | [英] 马尔科姆·泰特 |
| 如何成为学术论文写作高手 | [美] 华乐丝 |
| 参加国际学术会议必须要做的那些事 | [美] 华乐丝 |
| 如何成为优秀的研究生 | [美] 布卢姆 |
| 结构方程模型及其应用 | 易丹辉 李静萍 |
| 学位论文写作与学术规范（第二版） | 李 武 毛远逸 肖东发 |
| 生命科学论文写作指南 | [加] 白青云 |
| 法律实证研究方法（第二版） | 白建军 |
| 传播学定性研究方法（第二版） | 李 琨 |

## 21世纪高校教师职业发展读本

| | |
|---|---|
| 如何成为卓越的大学教师 | [美] 肯·贝恩 |
| 给大学新教员的建议 | [美] 罗伯特·博伊斯 |
| 如何提高学生学习质量 | [英] 迈克尔·普洛瑟 等 |
| 学术界的生存智慧 | [美] 约翰·达利 等 |
| 给研究生导师的建议（第2版） | [英] 萨拉·德拉蒙特 等 |
| 高校课程理论——大学教师必修课 | 黄福涛 |

## 21世纪教师教育系列教材·物理教育系列

| | |
|---|---|
| 中学物理教学设计 | 王 霞 |
| 中学物理微格教学教程（第三版） | 张军朋 詹伟琴 王 恬 |
| 中学物理科学探究学习评价与案例 | 张军朋 许桂清 |
| 物理教学论 | 邢红军 |
| 中学物理教学法 | 邢红军 |
| 中学物理教学评价与案例分析 | 王建中 孟红娟 |
| 中学物理课程与教学论 | 张军朋 许桂清 |
| 物理学习心理学 | 张军朋 |
| 中学物理课程与教学设计 | 王 霞 |

## 21世纪教育科学系列教材·学科学习心理学系列

| | |
|---|---|
| 数学学习心理学（第三版） | 孔凡哲 |
| 语文学习心理学 | 董蓓菲 |

## 21世纪教师教育系列教材

| | |
|---|---|
| 青少年心理发展与教育 | 林洪新 郑淑杰 |
| 教育心理学（第二版） | 李晓东 |
| 教育学基础 | 庞守兴 |
| 教育学 | 余文森 王 晞 |
| 教育研究方法 | 刘淑杰 |
| 教育心理学 | 王晓明 |
| 心理学导论 | 杨凤云 |
| 教育心理学概论 | 连 榕 罗丽芳 |
| 课程与教学论 | 李 允 |
| 教师专业发展导论 | 于胜刚 |
| 学校教育概论 | 李清雁 |
| 现代教育评价教程（第二版） | 吴 钢 |
| 教师礼仪实务 | 刘 霄 |
| 家庭教育新论 | 闫旭蕾 杨 萍 |
| 中学班级管理 | 张宝书 |
| 教育职业道德 | 刘亭亭 |
| 教师心理健康 | 张怀春 |

| | |
|---|---|
| 现代教育技术 | 冯玲玉 |
| 青少年发展与教育心理学 | 张 清 |
| 课程与教学论 | 李 允 |
| 课堂与教学艺术（第二版） | 孙菊如 陈春荣 |
| 教育学原理 | 靳淑梅 许红花 |
| 教育心理学（融媒体版） | 徐 凯 |
| 高中思想政治课程标准与教材分析 | 胡田庚 高 鑫 |

## 21世纪教师教育系列教材·初等教育系列

| | |
|---|---|
| 小学教育学 | 田友谊 |
| 小学教育学基础 | 张永明 曾 碧 |
| 小学班级管理 | 张永明 宋彩琴 |
| 初等教育课程与教学论 | 罗祖兵 |
| 小学教育研究方法 | 王红艳 |
| 新理念小学数学教学论 | 刘京莉 |
| 新理念小学音乐教学论（第二版） | 吴跃跃 |
| 初中历史跨学科主题学习案例集 | 杜 芳 陆优君 |
| 青少年心理发展与教育 | 林洪新 郑淑杰 |
| 名著导读12讲——初中语文整本书阅读指导手册 | 文贵良 |
| 小学融合教育概论 | 雷江华 袁 维 |

## 教师资格认定及师范类毕业生上岗考试辅导教材

| | |
|---|---|
| 教育学 | 余文森 王 晞 |
| 教育心理学概论 | 连 榕 罗丽芳 |

## 21世纪教师教育系列教材·学科教育心理学系列

| | |
|---|---|
| 语文教育心理学 | 董蓓菲 |
| 生物教育心理学 | 胡继飞 |

## 21世纪教师教育系列教材·学科教学论系列

| | |
|---|---|
| 新理念化学教学论（第二版） | 王后雄 |
| 新理念科学教学论（第二版） | 崔 鸿 张海珠 |
| 新理念生物教学论（第二版） | 崔 鸿 郑晓慧 |
| 新理念地理教学论（第三版） | 李家清 |
| 新理念历史教学论（第二版） | 杜 芳 |
| 新理念思想政治（品德）教学论（第三版） | 胡田庚 |
| 新理念信息技术教学论（第二版） | 吴军其 |
| 新理念数学教学论 | 冯 虹 |
| 新理念小学音乐教学论（第二版） | 吴跃跃 |

## 21世纪教师教育系列教材·语文教育系列

| | |
|---|---|
| 语文文本解读实用教程 | 荣维东 |
| 语文课程教师专业技能训练 | 张学凯 刘丽丽 |
| 语文课程与教学发展简史 | 武玉鹏 王从华 黄修志 |
| 语文课程学与教的心理学基础 | 韩雪屏 王朝霞 |
| 语文课程名师名课案例分析 | 武玉鹏 郭冶锋等 |
| 语用性质的语文课程与教学论 | 王元华 |
| 语文课堂教学技能训练教程（第二版） | 周小蓬 |
| 中外母语教学策略 | 周小蓬 |
| 中学各类作文评价指引 | 周小蓬 |
| 中学语文名篇新讲 | 杨 朴 杨 旸 |
| 语文教师职业技能训练教程 | 韩世姣 |

## 21世纪教师教育系列教材·学科教学技能训练系列

| | |
|---|---|
| 新理念生物教学技能训练（第二版） | 崔 鸿 |
| 新理念思想政治（品德）教学技能训练（第三版） | 胡田庚 赵海山 |
| 新理念地理教学技能训练（第二版） | 李家清 |
| 新理念化学教学技能训练（第二版） | 王后雄 |
| 新理念数学教学技能训练 | 王光明 |

## 王后雄教师教育系列教材

| | |
|---|---|
| 教育考试的理论与方法 | 王后雄 |
| 化学教育测量与评价 | 王后雄 |
| 中学化学实验教学研究 | 王后雄 |
| 新理念化学教学诊断学 | 王后雄 |

## 西方心理学名著译丛

| | |
|---|---|
| 儿童的人格形成及其培养 | ［奥地利］阿德勒 |
| 活出生命的意义 | ［奥地利］阿德勒 |
| 生活的科学 | ［奥地利］阿德勒 |
| 理解人生 | ［奥地利］阿德勒 |
| 荣格心理学七讲 | ［美］卡尔·霍尔 |
| 系统心理学：绪论 | ［美］爱德华·铁钦纳 |
| 社会心理学导论 | ［美］威廉·麦独孤 |
| 思维与语言 | ［俄］列夫·维果茨基 |
| 人类的学习 | ［美］爱德华·桑代克 |
| 基础与应用心理学 | ［德］雨果·闵斯特伯格 |
| 记忆 | ［德］赫尔曼·艾宾浩斯 |
| 实验心理学（上下册） | ［美］伍德沃斯 施洛斯贝格 |
| 格式塔心理学原理 | ［美］库尔特·考夫卡 |

## 21世纪教师教育系列教材·专业养成系列（赵国栋 主编）

| | |
|---|---|
| 微课与慕课设计初级教程 | |
| 微课与慕课设计高级教程 | |
| 微课、翻转课堂和慕课设计实操教程 | |
| 网络调查研究方法概论（第二版） | |
| PPT云课堂教学法 | |
| 快课教学法 | |

## 其他

| | |
|---|---|
| 三笔字楷书书法教程（第二版） | 刘慧龙 |
| 植物科学绘画——从入门到精通 | 孙英宝 |
| 艺术批评原理与写作（第二版） | 王洪义 |
| 学习科学导论 | 尚俊杰 |
| 艺术素养通识课 | 王洪义 |